安徽工程大学校级一流学科及校级科研项目（Xjky05201907）的资助出版

中国绿色产业
发展的路径选择与制度创新研究

张芳◎著

九州出版社
JIUZHOUPRESS

图书在版编目（ＣＩＰ）数据

中国绿色产业发展的路径选择与制度创新研究 / 张
芳著 . -- 北京：九州出版社，2022.10
ISBN 978-7-5225-1240-2

Ⅰ . ①中… Ⅱ . ①张… Ⅲ . ①绿色产业—产业发展—
研究—中国 Ⅳ . ① F269.2

中国版本图书馆 CIP 数据核字（2022）第 189385 号

中国绿色产业发展的路径选择与制度创新研究

作　者	张　芳　著	
责任编辑	李　品	
出版发行	九州出版社	
地　址	北京市西城区阜外大街甲 35 号（100037）	
发行电话	（010）68992190/3/5/6	
网　址	www.jiuzhoupress.com	
电子信箱	jiuzhou@jiuzhoupress.com	
印　刷	三河市龙大印装有限公司	
开　本	710 毫米 ×1000 毫米　16 开	
印　张	15.25	
字　数	234 千字	
版　次	2023 年 4 月第 1 版	
印　次	2023 年 4 月第 1 次印刷	
书　号	ISBN 978-7-5225-1240-2	
定　价	68.00 元	

目　录

第一章 导 论

第一节 研究背景及选题意义

一、研究背景及问题提出

自工业革命以来，人类在享受科技进步带来的丰富物质的同时，也承受着资源消耗和环境破坏的不可逆的代价。当今世界，无论是发达国家还是发展中国家，都面临资源越来越紧缺、环境越来越恶劣的现实挑战。联合国环境规划署曾经统计发现，"20世纪90年代初，世界各国每年排入大气中的有害气体达10亿吨以上，有1800万公顷的森林从地球上消失，600万公顷土地变成沙漠……"[①]进入21世纪后，世界各国对环境保护与经济发展同样重要逐渐达成共识，以牺牲资源环境为代价的传统经济发展模式变得越来越不可持续，人类必须从可持续发展的角度认真考量绿色发展问题。

中国是拥有14亿人口的发展中大国，既面临着发展经济，提高人民生活水平，又面临着资源日益匮乏的挑战。大力推进产业转型升级，发展绿色产业，走环境友好型的绿色发展道路，是中国的必然选择。"十三五"规划中提出了"五大"新发展理念，其中绿色发展被提到前所未有的高度，成为指导国民经济改革发展的核心理念之一。传统的粗放式经济发展

---

① 焦必方：《环保型经济增长：21世纪中国的必然选择》，复旦大学出版社，2001，第43页。

路径不仅对生态环境造成了破坏，也使地球资源加速枯竭，其发展模式越来越受到诟病。因此，世界各国对绿色产业发展日渐重视，理论界与实业界也广泛关注，把绿色产业发展视为突破当前发展瓶颈的新路径。2015 年9 月，国务院环境保护部（现生态环境部）发布了《新常态下环保对经济的影响分析》，在报告中指出要实施绿色产业重大工程，制定和实施国家绿色清洁能源、智慧环保等八大工程体系，以绿色大投入带动产业大发展，力图创造新的经济增长点。因此，我国发展绿色产业不仅肩负着经济可持续发展的历史重任，更承载着保护环境、节约资源、人与自然和谐发展的时代选择。然而，由于绿色产业在我国发展起步较晚，整体的产业发展速度也较慢，对经济和环境的影响尚不明显，学术界对其缺乏系统的、深层次的研究，这使得我国绿色产业的发展步伐和速度落后于一些发达国家。

"十三五"时期，我国将肩负着实现"两个一百年"奋斗目标和综合国力赶超欧美发达国家的历史任务。同时，这一时期也是资源短缺、传统产业产能过剩、产业转型升级、生态环境等问题凸显的时期。如何平衡和处理好经济持续稳定发展与保护生态环境之间的关系，成为新时代中国改革发展所面临的理论研究和实践探索的热点。

二、本研究的意义

进入 21 世纪以来，传统的粗放式经济发展模式已经受到资源短缺的挑战，世界各国普遍反思人与自然、环境与科技之间的关系。我国在改革开放的 40 多年里，以 GDP 为主要导向，大力发展经济，改善人民生活水平，取得了举世瞩目的成就，但这种高污染、高耗能、高消费的经济发展模式越来越受到环境资源的约束，近年来的资源紧缺和环境污染问题已是不争的事实。因此，我国亟须加快推进绿色发展道路，推动发展方式向绿色转型。本书的研究不仅旨在推进各级政府对绿色产业发展由理念转向实践，更在于"十四五"期间为优化我国绿色产业发展的路径和制度设计提供有益的参考。绿色产业如何稳步发展，路径如何选择对我国国民经济有着重要影响，因此本书对绿色产业发展的路径选择和制度创新问题的研究既有着重要的理论价值，也具有较强的现实意义。

1. 本研究的理论价值

近20年来，我国学术界对绿色产业的研究取得了丰硕的成果，但这些已有的研究成果大多从微观角度切入，就某一层面、某一领域或某一区域展开研究，而且很多观点和意见不统一，无法系统而全面地阐释绿色产业的发展模式和运行机制。因此，本书选题的理论价值表现在以下两个方面。

第一，有利于拓展绿色产业的理论体系。本书的研究运用产业结构理论、产业组织理论和资源与环境经济学相关理论，从传统产业发展路径的局限性入手，从国内外绿色产业发展路径的比较、我国绿色产业发展路径选择及其实践障碍以及绿色产业发展的系统性制度创新等多重角度展开深入研究。这将有利于推进我国绿色产业发展理论的系统性研究，从而拓展绿色产业的理论体系。

第二，通过优化绿色产业发展路径选择和制度创新，对丰富和发展供给侧结构性改革理论具有一定的理论价值。当前结合我国社会经济发展状况以及自然资源约束，通过典型的绿色产业国内外案例比较研究，本书提出并阐释了传统产业转型升级、促进科技创新及国有资本引领三大路径选择推进绿色产业发展以及进行相关制度创新，有利于丰富和拓展我国绿色产业发展的研究视域，对丰富和发展供给侧结构性改革理论也具有一定的理论价值。

2. 本研究的现实意义

党的十九大报告中明确要求："推进绿色发展，建立健全绿色低碳循环发展的经济体系。"从近年的整体发展态势和水平来看，我国绿色产业客观上仍处于起步阶段即处于产业幼稚期，甚至在相当长一段时间内还难以在国民经济中有突出的表现。因此，本书对推进和加快绿色产业发展具有以下现实意义。

第一，有利于促进制度创新，加快我国绿色产业的发展，也有利于培育新的经济增长点。发展绿色产业既有利于优化资源配置、提高效率、减少生态破坏和环境污染，也能促使企业技术创新，生产出具有绿色技术的绿色产品，从而实现经济增长方式的转变。从人类社会经济的发展历程来看，绿色产业发展是不可阻挡的历史趋势，是世界各国角逐的未来新兴产业，也是我国培育新的经济增长点的有效举措，这也是本书的现实意义。

第二，本研究可以为传统产业的相关企业在发展绿色产业方面提供有益的参考和指导，也可以为相关政府管理部门的宏观决策和监督提供参考。在供给侧结构性改革和绿色发展背景下，如何通过有效的路径选择和制度创新促进我国绿色产业发展，是摆在相关企业与政府部门面前的现实而复杂的问题。因此，从这个角度来说，本书着重研究的我国绿色产业发展路径选择和制度创新具有实践价值，这也是本书现实意义的重要体现。

第二节　相关基本概念的界定

一、绿色经济的历史演变及其概念

当前，大力发展绿色经济成为全社会热议的话题，原因就在于环境污染、资源日益匮乏逐渐成为社会各界的共识，发展绿色经济已刻不容缓，并且绿色经济的发展对我国国民经济以及社会公众的未来生活也有着很大影响。但是，绿色经济并非伴随人类的出现而出现的，也有着复杂而漫长的历史演变过程，人类对其认识也是逐步深入的。

1. 绿色经济的历史演变

经济形态是对当时社会生产力总体水平的一个综合反映，生产力的水平决定了人们经济活动的范围、领域、结构、产出等，从而最终决定了社会生产关系。在古老的农业社会，由于生产力水平低下，人类的经济活动也就局限于"男耕女织""靠山吃山、靠水吃水"，经济形态是典型的农业经济。1776年瓦特发明了第一台有实用价值的蒸汽机之后，人类逐步迈入工业社会。随着生产力水平的不断提高，人类在工业生产中与自然环境的关系越来越密切，对自然资源的开发和利用与日俱增，工业生产技术提高了人类生产产品的能力和水平，电灯、电话、汽车等工业产品大大提高了人类社会的生活水平，这一时期是典型的工业经济形态。20世纪70年代之后，人类逐渐发现工业文明对自然、环境和生态的破坏触目惊心，1972年以梅多斯为首的专家小组向罗马俱乐部提交了题为《增长的极限》的报告，其中预测"如果在世界人口、工业化、污染、粮食生产和资源消耗方面现在的趋势继续下去，这个行星上增长的极限将在今后100年中发生"①。此后，国际社会开始广泛关注资源环境的保护和可持续发展问题，而作为可持续发展的重要实现路径的绿色经济开始受到世界各国的关注。因此，21世纪后工业社会的绿色经济，开始作为一种新型的经济形态逐步走上历史舞台。

2. 绿色经济的概念

国内学者从20世纪80年代开始探讨绿色经济问题，总体上还处于起步阶段，对绿色经济概念的界定主要有以下几个代表性的观点：第一，绿色经济是围绕人的全面发展，以生态环境容量、资源承载能力为前提，以实现环境持续改善、资源持续利用、生活质量持续提高和经济持续发展为目的的一种经济发展形态②；第二，绿色经济不是局部的经济现象，也不是狭义的环保产业或生态产业，而是一种环境合理性和经济效率性在本质上相统一的市场经济形态③；第三，绿色经济是指人们在社会经济活动中，通过正确处理人与自然、人与人之间的关系，高效、文明地实现对自然资源的永续利用，使生态环境不断持续改善和生活质量不断持续提高的一种生产方式或经济发展形态④。总的来看，学者的观点随着社会经济发展不断向前推进，结合本书研究和探讨的问题，我们认为：所谓绿色经济就是追求经济社会可持续发展，以节约资源、改善生态环境为主要目标，大力发展低碳环保和可循环利用的绿色产业，以实现人、环境、社会、资源与

---

① ［美］丹尼斯·米都斯等：《增长的极限——罗马俱乐部关于人类困境的报告》，李宝恒译，吉林人民出版社，1997，第17页。
② 曲格平：《中国的环境与发展》，中国环境科学出版社，1992，第93页。
③ 崔如波：《绿色经济：21世纪持续经济的主导形态》，《社会科学研究》2002年第4期。
④ 黄海燕：《循环经济理论的起源及其概念的内涵和外延》，《经济参考》2010年第19期。

经济的协调发展,最终实现经济效益、社会效益、生态效益相统一的发展模式和人类新的经济形态。

二、绿色产业的内涵

1989 年,加拿大环境部长提出了"绿色计划",这是第一次在宏观层次上把绿色同整个国家的社会经济发展远景规划结合起来。随后,在 20 世纪 90 年代共有 12 个工业化国家分别提出了 20 多项根据本国国情制订的"绿色计划",尽管各国的"绿色计划"有所差异,但有一点基本是一致的,那就是"绿色计划"的最终目的是促进可持续发展。"绿色计划"构想的提出可以说是绿色经济的理念朝着产业化、实践化和应用化迈出了重要一步,虽然绿色产业已逐步受到学界、实业界和政府的重视,但是关于绿色产业的定义,现在还没有达成共识。因此,国内外许多学者和相关机构从不同角度对绿色产业的概念进行了阐释,具体见表 1-1 和表 1-2。

表 1-1　国外关于绿色产业的不同定义

作者或单位	含　义	资料来源
联合国发展计划署	防止和减少污染的产品、设备、服务和技术,以及减少资源投入、提高效率和产品的设备、产品、服务与技术	转自陈健的《我国绿色产业发展研究——以珠三角为例》,武汉:华中农业大学博士学位论文,2008 年
国际绿色产业联合会(International Green Industry Union)	基于环保考虑,借助科技,以绿色生产机制力求在资源使用上节约以及减少污染(节能减排)的产业,我们可称其为绿色产业	转自熊英、别智的《绿色产业与绿色产品、绿色商标》,《中华商标》2010 年第 11 期
Charles R. Hall,Alan W. Hodges,John J. Haydu	绿色产业(如环境园艺产业)可以为当地和区域经济中的个人收入和就业增长做出贡献,绿色产业对经济可持续发展具有重要影响	Economic Impacts of the Green Industry in the United States. Southern Agricultural Economics Association Annual Meetings, Orlando, Florida, February 5-8, 2006.

作者或单位	含 义	资料来源
世界银行（The World Bank）	绿色产业是由一系列工业组成的，是实现可持续增长的有效途径，为实现绿色发展政府实施一定的绿色产业政策是必需的	Inclusive Green Growth: the Pathway to Sustainable Development, 2010.
Adil Najam & Henrik Selin	绿色产业是指能够实现节能减排，实现全球经济可持续发展，促进社会公平和解决贫困的发展模式，其发展也依赖于一系列经济制度的支持	Institutions for a Green Economy. Rev. Policy Res, 2011. 28（5），451-457.
联合国环境规划署	绿色产业不仅可以实现全球经济的稳定可持续增长，还能实现不同社会福利的结合	Green Economy in Action: Articles and Excerpts that Illustrate Green Economy and Sustainable Development Efforts, 2012.

资料来源：作者根据知网文献资料整理。

表 1-2　国内关于绿色产业的不同定义

作者或单位	含 义	资料来源
刘小清	在国民经济发展过程中把治理环境破坏和环境污染、改善和提高自然生态环境质量作为主要目标而发动的，包括一系列技术开发以及自然生态保护等的行动	《绿色产业——迎着朝阳走来的新兴产业》，《商业研究》1999年第9期
陈飞翔、石兴梅	从广义来看，绿色产业是指各种对环境友好的产业	《绿色产业的发展和对世界经济的影响》，《上海经济研究》2000年第6期
刘思华	广义的绿色产业是指在保护环境、改善生态、建设自然的生产建设活动中，从事生产、创造生态环境产品或生态环境收益的产业和为生态环境保护与建设服务的产业	《创建五次产业分类法——推动21世纪中国产业结构的战略性调整》，《生态经济》2000年第6期

续表

作者或单位	含 义	资料来源
林毓鹏	绿色产业是基于可持续发展要求，以绿色技术的采用为其内在需求，以消除或最大限度地减少外部成本，追求环境效益和经济效益最大化为其目的的企业及其相关组织的集合	《加快发展我国绿色产业》，《生态经济》2000 年第 2 期
刘景林、隋舵	所谓绿色产业，是对其生产经营过程及产品符合环保要求或对自然资源及生态环境可进行保护和修复的产业的总称	《绿色产业：第四产业论》，《生产力研究》2002 年第 6 期
曾建民	绿色产业是指从事绿色产品生产、经营以及提供绿色服务活动并能获取较高经济和社会效益的综合性产业群体	《略论绿色产业的内涵与特征》，《江汉论坛》2003 年第 11 期
李春才	绿色产业是指那些用绿色生产力和绿色生产方式来生产和提供绿色产品和绿色劳务的产业	《略论绿色产业》，《江西财经大学学报》2004 年第 5 期
刘国涛	绿色产业是一种适应区域型绿色产业发展的新兴产业类型，其内涵是不断发展变化的	《绿色产业与绿色产业法》，《中国人口·资源与环境》2005 年第 4 期
裴庆冰、谷立静、白泉	狭义的绿色产业是指提供有利于资源节约、环境友好、生态良好的产品或服务的企业的集合体	《国内外绿色产业和绿色项目界定情况比较研究》，《环境保护》2018 第 10 期
李晓西、王佳宁	绿色产业是以可持续发展为宗旨，坚持环境、经济和社会协调发展，达到生态和经济两个系统的良性循环，实现经济效益、生态效益、社会效益相统一的产业模式	《绿色产业：怎样发展，如何界定政府角色》，《改革》2018 年第 2 期

资料来源：笔者根据相关资料整理所得。

通过比较表 1-1 与表 1-2 中关于绿色产业概念研究的相关表述，我们发现国内外相关机构、学者从不同的角度研究和阐释了对绿色产业发展的认识，对绿色产业的认识也是逐步深入的过程。由于本书研究的对象是绿色产业的发展问题，其在我国当前转型升级和供给侧结构性改革的背景下，有着特殊的意义。因此，虽然我国当前还没有对绿色产业的概念形成统一的共识，但是随着研究的推进和技术的发展，有几个核心理念基本为大家所公认：其一，绿色产业与可持续发展是紧密联系的；其二，绿色产业源于环境问题，最终利于环境改善；其三，绿色产业是全新的产业和行业，具有系统的绿色产业链和价值链。基于此，本书将绿色产业定义为：以环境保护和生态改善为核心，以绿色资源开发为基础，通过绿色技术创新实现自然资源充分高效的利用，向市场提供从设计、研发、生产、经营、销售和服务等全产业链和价值链创新的绿色产品，最终实现人类社会福利持续改进和经济社会可持续发展的产业。

三、绿色产业的特征

根据前文所述，绿色经济是后工业化时代人类进入的一个新的经济形态，而作为发展绿色经济主要途径的绿色产业必将成为主导产业，通过对国内外关于绿色产业概念的梳理，我们发现绿色产业与传统产业既有相同的特征，也有着根本的区别，在总结不同学者研究分析的基础上，我们认为绿色产业的特征主要表现在以下几个方面。

1. 绿色产业是现代国家国民经济的基础性产业

绿色产业是以保护生态和持续改善环境为核心的，因此，只有加大传统产业改造，大力发展无污染、低污染和低能耗的产业，推进产业转型升级，才能真正实现国民经济可持续发展。绿色产业覆盖面广，在第一、第二、第三产业中都能发现绿色产业的身影，如农业、林业、旅游业、制造业、建筑业、商业、信息产业、电子商务等。因此，可以说绿色产业将来会覆盖国民经济的各个产业部门，逐渐成为国民经济的基础性产业。

2. 绿色产业是环境友好型产业

绿色产业是以绿色技术和绿色资源开发为基础的，通过绿色技术创新实现自然资源充分高效的利用，是典型的环境友好型产业。通过绿色产业的发展，促进人类实现绿色生产、绿色消费和绿色生活，有利于实现人与自然环境的和谐共处，实现人类生存发展"取之于自然，回馈于自然"。

3. 绿色产业是创新型的新兴产业

绿色产业的发展离不开创新，打破传统产业高能耗、高污染的发展模式必须以技术创新为支撑；企业的管理如何降低成本，提高绩效，实现高效管理也依赖于管理创新；产品的销售服务如何促进绿色消费和循环利用也需要服务创新。因此，绿色产业是一个把生态环境和经济发展高度统一而又融合了大量创新活动的新兴产业。

4. 绿色产业是渗透性强的综合性产业

绿色产业是以实现人类社会福利的持续改进和经济社会的可持续发展为最终目标的。可以说，绿色产业是迄今为止把人、自然、环境和经济发展高度统一的新兴产业，因此，它必然会与人们的衣、食、住、行有着千丝万缕的联系，也必然会渗透人们生活和经济发展的方方面面。另外，绿色产业也有其独特的产业链和价值链，这些不仅发生在绿色产业内部的上下游产业之间，还会对整个社会乃至全人类有着不可低估的影响，从这个角度上讲，绿色产业又是一个渗透性强的综合性产业。

四、绿色经济、绿色产业及产业绿色化的关系

通过对绿色经济和绿色产业相关概念的归纳和总结，我们发现绿色经济、绿色产业以及产业绿色化三者之间既存在着联系，也有着明显的区别，厘清这几者之间的关系对我们更深入地把握绿色产业的属性和边界有着重要作用。

1. 绿色经济涵盖了产业绿色化和绿色产业

绿色经济以低碳环保循环利用自然资源为要旨，以实现可持续发展为目标。因此，对于发展绿色经济而言，一切能够实现降低能耗、节能减排

以及资源循环再利用，有利于保护环境改善生态的经济行为，都属于绿色经济的范畴。产业绿色化是指对传统产业进行技术改造，通过技术创新提高生产力，大大降低单位 GDP 的资源消耗。减少碳排放，竭力减少对环境和生态的破坏，这就是所谓的绿色化。近年来，我国对钢铁行业淘汰落后产能，大力推进技术改造升级，降低钢铁产业相关产品的能耗比，这就是典型的传统产业绿色化。而绿色产业如前文所述，则是强调全新的绿色技术创新，高效利用自然资源，全产业链和价值链的低碳环保的绿色产品和服务。因此，绿色经济涵盖了产业绿色化和绿色产业，它们是绿色经济在现实中的具体表现。

2. 产业绿色化是绿色产业发展的初级阶段

绿色产业的发展不是一蹴而就的。从产业转型升级的角度来看，绿色产业中既有通过科技革命带来的全新的产业，如人工智能产业、互联网产业、光伏等，这些新兴产业中有的已然成为绿色产业的生力军。但是，更多的传统产业通过产业链不同环节的技术创新逐渐绿色化，并逐步向绿色产业转变，比如近年来，汽车行业大力推进新能源汽车的研发和市场化。传统产业的绿色化，实质上不仅是绿色产业发展的重要构成，还是绿色产业发展的初级阶段，没有传统产业通过转型升级向绿色产业过渡，绿色经济形态是难以实现的。

3. 绿色经济的核心是推进和实现绿色产业发展

绿色经济的发展一方面要依靠传统产业转型升级，实现产业结构调整，推进"绿色化"改造；另一方面，更重要的是大力进行绿色技术创新，从产品研发到产品最后的销售服务乃至产品回收再利用，打造全产业链和价值链的绿色产品和服务。通过大力加快和推进绿色产业的发展，改变中国传统的粗放型发展模式，实现低碳环保、资源节约和环境友好的绿色产业逐渐成为国民经济的主导产业，保障绿色经济得到稳定健康的发展，从而有利于促进中国经济发展模式实现根本性转变。

第三节　绿色产业发展路径的相关理论与文献综述

一、绿色产业发展路径的相关理论

1. 生态经济学理论

从 20 世纪中期开始，伴随着科学技术的不断发展，第二次科技革命深深地影响了人类的生活方式和工业发展模式，世界经济出现了快速增长。但是，随着工业的快速发展，世界范围内逐渐显露出各种资源与环境问题，如粮食紧缺、人口激增、水资源短缺、环境污染、能源危机以及资源匮乏等。这些问题既制约了当代人的发展，又威胁着后代人的生存，人们开始反思社会经济传统发展模式存在的问题、原因及解决途径。不同学科领域的学者从不同角度探讨和研究着人类的未来之路。经济学家发现传统经济学追求的资源配置效率、成本与效益等没有把环境与生态考虑进去，他们逐渐认识到只有把生态学与经济学联系在一起，才能破解社会经济发展与生态环境保护这对矛盾，从而探寻到新的发展路径，因此生态经济学应运而生。

从 20 世纪 60 年代开始，关于生态经济学的研究方兴未艾，生态环境的现实窘境使得这门新兴的交叉学科受到了理论界、政府和实业界的共同关注。美国经济学家肯尼斯·鲍尔丁（Kenneth E. Boulding）在其发表的论文《一门科学——生态经济学》中，第一次提出了"生态经济学"的概念。战略性、综合性、层次性和地域性，是生态经济学理论的主要研究特点。总的来看，生态经济学理论的主要观点可以归纳为以下三个方面。第一，经济系统是生态系统的必不可少的重要组成部分。经济系统是生态系统的子系统，而生态系统则包含了内容更多、承受能力更强的整体。[①]第二，社会经济系统的正常运行，离不开并依赖于生态系统提供的各种资源。生态经济学理论认为，由企业生产后分配给消费者的各种产品依赖于

[①]　陈静生：《人类—环境系统及其可持续性》，商务印书馆，2001，第 45—53 页。

生态系统提供的资源，而这些使用过后的产品部分变成废弃物，又回到生态系统中去，其与生态系统提供的最初资源的最大区别是存在着资源消耗。第三，生态经济学专门把环境要素纳入社会福利的核算之中。传统经济学认为经济增长无极限，福利增长无极限。但是，生态经济学家巴克莱和塞克勒指出：要想让为经济增长而追加的费用与追加的效益相等，为了不引起大范围环境恶化，经济就必须减缓或停止发展。[①]

2. 可持续发展理论

随着工业革命的推进和人类工业化的持续发展，如何在资源和环境的约束下实现人类的可持续发展，成为世界各国共同关心的议题。1980 年 3 月，联合国大会首次在世界范围内提出"可持续发展"的理念。1987 年，世界环境与发展委员会在题为《我们共同的未来》的报告中，正式提出了可持续发展战略，并对可持续发展做了定义，这标志着一种新的经济发展观的诞生。1992 年 6 月，联合国在巴西的里约热内卢召开了环境与发展大会，在这次会议中通过了《21 世纪议程》等一系列文件，这些纲领性文件使可持续发展逐步从理论探索阶段走向了实践行动阶段。[②]

从经济学的角度来看，早在可持续发展概念提出之前，经济学家已经对在资源稀缺条件下如何实现配置效率和促进发展，进行了卓有成效的研究，形成了许多经典理论，也成为可持续发展理论的研究基石，主要包括以下几个方面。

第一，马尔萨斯的绝对稀缺论。1789 年，英国经济学家马尔萨斯（Malthus）在其著作《政治经济学原理》中指出："资源在数量的有限性和经济上的稀缺性是绝对存在的，不会因为技术进步和社会发展而发生根本改变。"这一经济思想被后人认为是资源的绝对稀缺模式。第二，李嘉图的相对稀缺论。1817 年，英国另一位著名经济学家李嘉图出版了著作《政治经济学及税赋原理》，他在书中明确否认"自然资源在经济利用方面

---

① 张昌勇：《我国绿色产业创新的理论研究与实证分析》，武汉理工大学博士论文，2011.
② 《可持续发展是科学发展的基本要求》，中国共产党新闻网，http://dangjian.people.com.cn/GB/18184772.html

存在绝对极限"。李嘉图认为，自然资源总的来说是相对稀缺的，而对经济发展来说相对稀缺并不是不可逾越的障碍和制约。第三，穆勒的静态经济论。英国经济学家穆勒（Mill）后来又拓展了李嘉图的资源相对稀缺论，将资源相对稀缺论引入环境分析中，成为第一位将生态环境纳入经济分析视角的经济学家。1821 年，穆勒开创性地提出了"静态经济论"，他认为"自然环境、人口以及财富的利用与发展均应保持在一个远离自然资源极限的静态稳定水平，反对无休止地开发和利用自然资源"。从实践意义上看，穆勒的"静态经济论"思想已经体现了可持续发展的思想。

近年来，关于经济社会可持续发展理论的研究，主要集中在两方面。一方面是加大对发展可持续路径的考察。蒂坦伯格和刘易斯指出，发展的可持续性主要体现在三个方面：（1）存在正的可持续福利水平；（2）最终的可持续福利水平相当于当前福利水平的大小；（3）后代福利水平对前人行动的敏感性[①]。另一方面是关于可持续性的衡量方法。比如国民幸福指数、人类发展指数和真实发展目标等，其中最具代表性的是生态足迹法。以生态足迹指标的衡量方法来看，工业化国家已处于生态赤字之中，目前的全球消费水平也是不可持续的，原因就在于现有的生态生产性土地已经不能满足当前的消费水平。

3. 循环经济理论

循环经济学理论与生态经济学理论在研究对象、目标以及路径等方面有很多相似之处，因此，生态经济学的相关研究成果也为循环经济学研究提供了借鉴和参考。20 世纪 60 年代，鲍尔丁在《即将到来的太空船地球经济学》一文中最早提出了"循环经济"这一理念，并且指出环境经济学是循环经济学的主要研究内容。2001 年，美国学者莱斯特·布朗在《生态经济——有利于地球的经济构想》一书中明确指出："在自然界中，营养物质在不停的循环之中。"[②] 这本书对循环经济学的理论体系、基本框架和

---

① ［美］汤姆·蒂坦伯格、琳恩·刘易斯等：《环境与自然资源经济学》第十版，王晓霞译，中国人民大学出版社，2016，第 398 页。

② Lester R. Brown. *Eco - Eeonomy：Building an Economy for the Earth*，NewYork：W. W. Norton&ComPany Ine，2001.

发展路径做了很好的描述和阐释。

循环经济理论强调的基本原则是"3R"原则，即"减量化（Reduce），再利用（Reuse），再循环（Recycle）"。所谓"减量化"就是指既减少生产中资源的投入量，也减少生产及消费中废弃物的产生量；所谓"再利用"是指尽可能地延长产品或服务的使用时间，并且在不改变基本物理形态和结构的情况下仍然继续使用或重复使用；所谓"再循环"则是指通过一系列物理或化学反应过程，使原本的废弃物再次变成可以利用的资源，并再次投入生产和消费的经济活动之中。从"3R"原则我们可以看出，循环经济理论与新古典经济理论的核心，区别在于对效率的界定不同：新古典经济理论把效率看作是生产过程资源一次性投入产出，不考虑资源循环再利用问题；而循环经济理论更强调生态综合利用效率，强调经济活动中"低资源消耗，低污染排放，高经济产出，高循环重复利用"，这种"双底双高"构成了考察生态效率的重要标准，也是观测循环经济实际效果的核心指标。

4. 产业结构升级理论

苏东水在《产业经济学》一书中，把产业结构分为产业结构演变理论、产业关联理论、产业优化理论及产业布局理论四个部分。[①] 绿色产业本身是国民经济的重要组成部分，其涵盖领域非常广泛，在传统的农业、工业和第三产业中都有涉及，随着社会经济的发展，绿色产业不仅在国民经济中占比会越来越大，还会对传统产业的结构调整和升级产生重要影响。本书涉及的产业结构优化和产业布局的相关理论主要有以下两个方面。第一，产业结构优化理论是产业结构升级的重要内容之一。所谓产业结构优化是指通过国家和政府产业政策调整影响市场的供给和需求，促进资源优化配置，以推进产业结构向更合理和更优化的方向发展。从产业结构优化的对象角度来看，产业结构优化主要包括供给结构优化、需求结构优化、国际贸易结构优化以及投资结构优化四个方面，而发展绿色产业主要体现了供给结构的优化。第二，产业布局理论是人类社会的经济发展和

---

① 苏东水：《产业经济学》，高等教育出版社，2010。

生存空间不断扩展到一定程度的必然产物。产业布局理论主要涉及产业布局的条件、特点、层次、机制和区域产业结构等。其中：① 产业布局条件主要是指，产业布局时面临的客观外部环境，既包括可度量的、物质化的硬环境，也包括难以测量的非物质化的软环境；② 产业布局特征主要是指，各地区要因地制宜，发挥比较优势，形成不同区域特色鲜明的、差异化的产业结构；③ 产业布局层次主要是从宏观角度研究不同层次、不同地域的产业布局规律，不仅要研究全国性和地区性的产业布局，还要研究产业布局在全球范围内的国际分工以及产业转移问题；④ 产业布局机制是指，对产业空间分布及组合的各种影响因素，以及它们之间相互影响、相互制约、相互作用的内在机理；⑤ 区域产业结构则是指，对产业布局产生影响的、一定的外部经济和技术条件，不同的区域产业结构反映着区域社会生产力的发展状况，也反映了一个地区经济社会发展的整体水平。

5. 产业创新理论

奥地利经济学家熊彼特（J. A. Schumpeter）是公认的产业创新理论的开创者，最早提出了"创新"的概念，因此也被后人尊称为"创新经济学之父"。熊彼特认为，经济发展是从内部自行发生的变化，唯有创新才是促成经济发展的内在因素。熊彼特指出了创新的五种情况：引进新产品，采用新技术，开辟新市场，挖掘原材料新的供应来源，实现企业新的组织。① 其实，熊彼特提出的所谓破坏式创新理论，不仅包括企业的技术创新，还包括企业组织进行的管理和制度创新。

自熊彼特之后，创新理论逐步得到学术界的重视并取得了长足发展，既有以曼斯菲尔德（Mansfield）、施瓦茨（Schwartz）等为代表的强调技术创新重要性的学者，又有以诺斯（North）为代表的强调制度创新重要性的学者，还有以克里斯托夫·弗里曼（Christopher Freeman）、理查德·纳尔逊（Charles Nelsen）等为代表的研究国家创新体系的构建的学者。其中，

---

① Sehum Peter. Capitalism, *Soeialism and Democracy*, NewYork: Harper Perennial Modenl Classics, 2008.

英国学者弗里曼系统地提出了产业创新理论①，开辟了产业创新研究的新领域。此后，产业创新理论逐步被国内外学者关注并得到了迅速发展，理论体系也不断完善。

近年来，随着产业创新理论与企业创新实践的不断结合，绿色技术创新理论应运而生，也成为绿色新兴产业诞生和发展不可替代的重要路径。当前，国内外研究主要体现在三个方面。一是关于绿色技术创新的内涵的研究。绿色技术从根本上来说是一种环境友好型技术，具有明显的可持续发展属性，兼具突破性创新和渐进性创新两个特征，涉及的行业也包含低碳、节能减排、清洁能源、生物技术等多个领域。二是关于绿色技术创新演化过程的研究。学者们从技术转移的视角来看，认为绿色技术创新包括了从绿色新技术知识创造到市场商业价值实现的各个环节和阶段，涉及的技术创新主体包括社会组织、科研机构、企业和政府相关部门等。三是绿色技术创新的社会效益研究。由于绿色技术创新的特殊性，使得绿色技术创新的效益在企业经济效益之外，还带来了长久的生态效益和社会外部正效应。

6. 市场失灵与政府干预理论

新古典经济学认为，所谓的市场失灵就是指市场机制对资源配置失去了效率，也即当市场配置资源时出现低效或无效的状态。市场失灵理论主要运用和研究垄断、公共产品和外部性。其中，垄断被认为是市场竞争机制导致的结果，是市场失灵的表现，而围绕着能否让市场来内生化外部性和公共产品问题，现代市场失灵理论找到了市场化和政府干预两条解决的途径。② 由于垄断问题还会涉及规模经济、研发等理论，且很多学者研究发现，在一定程度上垄断可能比自由竞争对资源配置更有效，因此，现代市场失灵理论研究和运用的最主要的问题是外部性和公共产品，而对于本书来说市场失灵理论支撑和验证了国有资本支持和参与绿色产业发展的重

---

① Chris. Freeman, Luc. Soete. *The Economic of Industrial Innovation*, London: Penguin Books, 1974: 33-76.

② 刘辉：《市场失灵理论及其发展》，《当代经济研究》1999 年第 8 期。

要路径。

所谓外部性，是指一个厂商或一个人的行为对其他厂商或其他人的外部影响，但是这种影响却是市场机制无法正常体现的，也就是说无法用现实的"交易价格"表现出来，最终导致社会边际成本与私人边际成本，社会净收益与私人净收益，不一致的现象，使供求关系偏离了均衡状态。对于外部性问题的纠正，经济学家主要从两个方面着手：一是通过政府干预，通过征收庇古税等附加税或者通过发放补贴、津贴等方式方法，使得私人或厂商的决策不断向社会决策的均衡点靠近；二是遵循科斯定理，强调产权的重要性。只要产权能够明晰，就可以通过市场的各种交易活动来实现资源的最优配置，比如排污权交易、碳交易等，从而通过市场交易使得外部性问题能够内部化。

所谓公共产品，是指一个人对某些物品或劳务的消费并没有减少其他人对其进行同样的消费，因此公共产品有两个突出的特征，即非排他性和非竞争性。由于公共产品的特殊性，带来了"搭便车"问题和公共物品供给无效率问题。

随着社会经济的发展，市场失灵理论也在不断发展，技术和信息不对称成为市场失灵研究的新方向。市场失灵理论主张政府通过强制性、计划性、非市场化的手段来解决市场失灵问题，从而促进资源配置效率的提升。[1] 在绿色产业发展路径问题上，市场失灵理论有着重要的解释作用。如前文所述，市场经济的发展，导致了生态环境的破坏和资源紧缺，实践也表明市场是无法自己解决生态环境问题的。人类的生产活动与生态环境的平衡必须由国家进行监督、管理和保护，而不能仅靠市场进行调节。[2] 因此，在人类实现可持续发展和绿色发展的问题上，政府这一"有形之手"必须发挥纠正市场失灵的独特作用。

7. 新制度经济学理论

新古典经济学一开始对制度问题没有关注，认为在经济发展中制度是

---

① 李俊生、姚东旻：《财政学需要什么样的理论基础？——兼评市场失灵理论的"失灵"》，《经济研究》2018 年第 9 期。

② 王冰：《市场失灵理论的新发展与类型划分》，《学术研究》2000 年第 9 期。

给定的，并没有把制度作为一种经济发展要素加以考察。1937年科斯在其著作《企业的性质》一书中创造性地提出交易成本的概念之后，不少经济学家开始认识到制度的重要性，随后以诺斯、德姆塞茨、弗鲁博顿、威廉姆森等为代表的经济学家，沿着科斯的交易费用理论逐步拓展，形成了独树一帜的新制度经济学派。他们把制度要素纳入新古典分析方法和模型中，并成功地解释了社会经济发展中制度因素是如何发挥作用的，以及制度变革对经济绩效的影响机理。新制度经济学理论告诉我们，面对路径依赖和复杂的制度变迁问题时，制度创新是绿色新兴产业在市场中萌芽、成长直至成熟的过程中不可或缺的发展条件。

新制度经济学家认为，制度环境和制度安排是新制度经济学研究的两个重要内容。制度环境是指一系列为生产、交易和分配奠定基础的政治、社会和法律规则，它们共同构成了生产、交换和分配的基础，如各种选举、产权以及契约权的规则。制度安排就是经济单位之间的某种安排，这种安排规定了这些单位能够协调或竞争的方式。① 新制度经济学认为制度还可以分为正式制度和非正式制度。在人类社会发展中，正式制度构建了一个国家经济社会运行的基本框架和结构，而非正式制度则是对人们行为的约束，并对社会经济的发展具有重要的影响。新制度经济学认为，制度变迁是制度不均衡时追求潜在获利机会的自发交替过程，制度变迁从变迁的诱因和主体来看，又可以分为强制性制度变迁和诱导性制度变迁。诺斯在研究制度变迁过程及其对经济绩效的影响时曾指出，在实施正式规则变迁的过程中一定要注意非正式规则的改变，因为"虽然正式规则可以在一夜之间改变，但非正式规则的改变只能是渐进的"。

二、关于绿色产业发展路径的文献综述

1. 绿色产业发展路径的历史趋势研究

国外学者关于绿色产业发展路径的趋势研究较早，也更加侧重微观的

---

① Davis, Lance E., Douglas C. North. *Institutional Change and American Economic Growth*, Cambridge: Cambridge University Press, 1971: 6-7.

研究。Halletal. 考察了美国环境园艺产业，估算了绿色产业对美国的经济影响，发现 2002 年美国绿色产业的经济影响估计为 1478 亿美元，提供了 1964339 个就业岗位、951 亿美元的增加值、643 亿美元的劳动收入和 69 亿美元的间接营业税。[①] Robert F. Brzuszek & Richard L. Harkess 对美国东南部本土植物市场绿色产业的机会和制约因素进行了问卷调查，调查表明，绿色产业市场需求和加强公共教育对这一不断增长的市场的进一步发展起着关键作用。[②] Wenhui Chen et al. 应用统计描述，通过灰色关联、比例和弹性系数分析评估了 2008—2012 年绿色产业对国家发展的贡献。研究发现：中国经济产业的平均绿色程度为 45%，相对较低；绿色产业增长高度相关国民经济增长的灰色关联系数为 0.8532；绿色产业对就业的拉动作用不大显著，贡献率约为 8%。在政府的支持下，绿色产业取得的成就虽然有很大改进，但长期来看仍有很大的发展空间[③]。Chamroo 曾指出毛里求斯自 1968 年独立以来发生了巨大的变化，它已经从以糖为主的单一作物经济转变为充满活力的多部门、工业岛国经济，其中出口导向的制造业对国内生产总值的贡献最大，但是对环境影响也与日俱增，而毛里求斯政府仍坚持不懈地通过与私营企业合作促进可持续发展，在新经济方面，毛里求斯的几家公司投资于绿色技术，发展绿色产业。[④]

早在 20 世纪 90 年代，不少国内学者注意到绿色产业是社会经济发展的必由之路和趋势。刘小清[⑤]、曾健民[⑥]指出绿色产业是一个有前途且具有实用价值的新兴产业。发展绿色产业是全民共识，绿色产业符合国家关于可持续发展的战略目标，是最具潜力的新的经济增长点之一。最初，人们

---

① Charles R. Hall, Alan W. Hodges, John J. Haydu, The Economic Impact of the Green Industry in the United States, HortTechnology, Vol. 16, No. 2, 2006, pp. 345-353.

② Robert F. Brzuszek, Richard L. Harkess, Green Industry Survey of NativePlant Marketing in the Southeastern United States, HortTechnology, Vol. 19, No. 1, 2009, pp. 168-172.

③ Wenhui Chen, Jiancheng Chen, Danyun Xu, Junchang Liu, Nana Niu, "Assessment of the practices and contributions of China's green industry to the socio-economic development", Journal of Cleaner Production, No. 153, 2017, pp. 648-656.

④ Chamroo, Dev, "Developing Green Industry in Mauritius", International Trade Forum, No. 4, 2012, pp. 22-23.

⑤ 刘小清：《绿色产业——迎着朝阳走来的新兴产业》，《商业研究》1999 年第 9 期。

⑥ 曾健民：《论中国绿色产业的发展》，《江汉论坛》2002 年第 10 期。

对绿色产业的认识局限于环保产业和污染处理等行业，随着学者们研究的不断深入，对绿色产业的发展路径认识也不断推进。陈飞翔、石兴梅从绿色产业发展对世界经济的影响角度指出绿色产业是以环境友好为基本标准，既包括对现有传统产业的绿色化改造，也包括一些相关的新兴产业。姜彦秋认为，绿色产业的发展直接关系到中国将以什么样的姿态和什么样的形象活跃在国际经济大舞台上，影响国际社会对中国的认同程度。① 还有不少学者认为，中国绿色产业发展与可持续发展是互相联系的，认为要实现可持续发展战略就必须加快发展绿色产业；② 刘景林和隋舵则认为，绿色产业即第四产业，它是一个以环境和发展"双赢"为目标的新兴产业群体，由三类、八项产业组成③。虽然我们对发展绿色产业的历史趋势认识较早，但是实践中绿色产业发展是缓慢而滞后的，何潇指出，我国环境和生态平衡受到严重破坏，而我国远未形成生产低污染、低消耗的绿色产品与绿色技术的产业群，因此发展绿色产业、开发绿色市场是解决我国环境与发展问题的有效手段。④

　　近年来，尤其是"十三五"规划明确提出"五大"发展理念之后，如何实现绿色发展被各级政府提上了政策议程，发展绿色产业成为转变经济发展方式，实现绿色发展的重要实践路径。李晓西、王佳宁指出，加快推进生态文明建设，应重点发展绿色产业。⑤ 何爱平、安梦天则指出，习近平绿色发展思想以绿色财富观和绿色生产力理论为根本出发点和理论基础，以构建绿色产业体系为核心动力，以发展方式绿色转型为战略实践途径。⑥ 而赵春明认为，绿色产业的发展是"一带一路"倡议的一个有机组成部分。⑦ 黄维娜、袁天荣以2006—2018年的A股工业企业并购为研究对象，考察了绿色产业政策对企业绿色并购的影响，并以绿色并购前后，企

① 陈飞翔、石兴梅：《绿色产业的发展和对世界经济的影响》，《上海经济研究》2000年第6期。
② 姜彦秋：《增强可持续发展意识，拓展绿色产业》，《经济理论与经济管理》2000年第3期。
③ 刘景林、隋舵：《绿色产业：第四产业论》，《生产力研究》2002年第6期。
④ 何潇：《加快我国绿色产业发展探析》，《吉首大学学报（社会科学版）》2008年第5期。
⑤ 李晓西、王佳宁：《绿色产业：怎样发展，如何界定政府角色》，《改革》2018年第2期。
⑥ 何爱平、安梦天：《习近平新时代中国特色社会主义绿色发展思想的科学内涵与理论创新》，《西北大学学报（哲学社会科学版）》2018年第5期。
⑦ 赵春明：《"一带一路"战略与我国绿色产业发展》，《学海》2016年第1期。

业在绿色创新上"质"与"量"的变化为切入点，探究了企业的绿色并购动机。[①]

2. 发展绿色产业与传统产业相互关系的研究

如何有效处理绿色产业发展与传统产业之间的关系，是很多学者关心的现实问题。Gunno Park & Jina Kang 考察了新兴太阳能电池行业的进入条件和企业战略的多维效应。结果表明，对于绿色产业来说，比竞争对手更早进入市场所获得的创新绩效的效益，始终大于企业规模扩张的收益，进入市场后，企业的合作策略与创新绩效正相关，然而，构建技术组合对创新绩效具有负向影响，这种影响在后发企业中更为明显。[②] 李忠指出，发展绿色经济的核心是构建绿色产业体系，这就要限制高耗能、高污染、高排放的产业发展，以发展节能环保、高新技术产业以及现代服务业等绿色产业为导向。[③] 叶敏弦也指出，推进城市发展绿色转型要具体落实在构建都市化的绿色农业体系、集约化的绿色工业体系以及高效的绿色服务业体系上。[④] 而刘蓉则提出了产业绿色化概念，在产业经济中发展生态代价和社会成本最低的现代产业绿色发展模式。[⑤] 推进生产方式的绿色化，要求推行清洁生产，推进传统制造业绿色改造。[⑥] 但是，王吉霞指出，传统的企业对绿色产业认识不足，积极性不高，也受制于企业规模的影响，对绿色产业往往投资不足，[⑦] 因此，导致发展绿色产业与开发绿色产品存在经济、观念、技术等方面的障碍。[⑧]

---

① 黄维娜、袁天荣：《实质性转型升级还是策略性政策套利——绿色产业政策对工业企业绿色并购的影响》，《山西财经大学学报》2021 年第 3 期。

② Gunno Park，Jina Kang，"Entry conditions, firm strategies and their relationships to the innovation performance of an emerging green industry: The case of the solar cell industry", *Asian Journal of Technology Innovation*，Vol. 18, No. 2, 2010, pp. 21-42.

③ 李忠：《大力发展绿色经济，加快转变经济发展方式》，《宏观经济管理》2011 年第 9 期。

④ 叶敏弦：《城市绿色转型的产业形成机理与对策思考》，《福建论坛（人文社会科学版）》2013 年第 9 期。

⑤ 刘蓉：《我国产业绿色化对策探析》，《农村经济》2003 年第 4 期。

⑥ 秦书生、胡楠：《中国绿色发展理念的理论意蕴与实践路径》，《东北大学学报（社会科学版）》2017 年第 6 期。

⑦ 王吉霞：《发展绿色产业过程中的企业行为分析》，《山西财经大学学报》2009 年第 2 期。

⑧ 何建奎：《发展绿色产业与开发绿色产品问题研究》，《生态经济》2005 年第 8 期。

　　另外，传统产业如何通过技术创新实现转型升级；如何加大对绿色产业的政策扶持，促进投、融资也是学者关心的议题。张安忠指出，必须着手建立健全且有利于绿色产业投资的内外部激励机制，拓宽资金来源渠道，逐步完善绿色投资的相关约束机制；[①] 而要克服绿色经济发展中政府失灵和市场失灵两个问题，就必须从制度均衡角度考虑，提供完善、均衡的制度体系作为绿色产业发展的基础保障和前提。[②] Marija et al. 指出，近几十年来，发达的后工业经济体及转型经济体去工业化趋势加快，随着经济危机的爆发，政策制定者开始重新考虑"无产业政策"并考虑再工业化，而绿色产业通过产业政策获得扶持，这可能是可持续经济增长的有效解决方案。[③] 造纸工业是典型的传统产业，不仅是一个高污染行业，而且在长期产能过剩的情况下，纸质产品的价格往往受到抑制，从而降低了盈利能力，造纸业如何实现绿色生产，Wen-Hsien Tsai & Shang-Yu Lai 以某造纸企业的生产数据为基础，建立了绿色制造技术、作业成本法和约束理论相结合的数学规划决策模型，该模型有助于制订最佳生产计划，实现最佳利润。因此，将工业 4.0 最流行的相关技术应用于生产控制，可以提高生产效率和质量，有利于实现传统产业的绿色转型。[④] 技术创新是中国工业未来发展的重要方向。如何根据不同行业的特点选择最有效的技术创新模式，一直是一个关键问题。Tong Zhang 在对工业中 32 个行业的绿色全要素生产率进行测度的基础上发现，传统高投入、高污染、高能耗行业的绿色全要素生产率明显低于绿色特征明显的行业。对于资源密集型产业，自主创新和政府支持是实现绿色转型的重要途径；对于劳动密集型产业，技术创新是实现绿色转型的最佳途径，而对于技术密集型产业，自主创新是

[①]　张安忠：《我国绿色产业投资机制建立与启动》，《中国人口·资源与环境》1999 年第 4 期。

[②]　田文富：《制度均衡下的绿色发展及其机制创新》，《河南社会科学》2016 第 4 期。

[③]　Beg Marija；Sekur Tomislav；Smolic Sime，"Industral Policies of Today：The Green Industry Concept"，*Economic and Social Development：Book of Proceedings*，2018，pp. 717-727.

[④]　Tsai，W.；Shang-Yu，L.，"Green production planning and control model with ABC under industry 4.0 for the paper industry"，*Sustainability*，Vol. 10，No. 8，2018，pp. 29-32.

促进绿色发展的主要动力。[①]

陈璐怡等基于中国纺织行业 27827 家企业 1998—2013 年 86988 条企业运行、环境排放与专利申请等企业级数据的研究发现，绿色产业政策能够同时提升企业的环境与创新绩效，还能影响企业的创新方向；而且这些绿色产业政策对企业绩效的影响会受到企业属性的调节作用，即在相同的绿色产业政策冲击下，国有企业在环境绩效方面明显优于非国有企业，但是国有企业的创新绩效与非国有企业之间没有显著的差别[②]。

3. 绿色产业发展路径的相关评价研究

绿色产业发展的路径选择及其经济效应问题，已成为西方学术界关注的热点议题。Charles R. Hall et al. 采用区域投入产出方法对美国绿色产业发展对国民经济产生的经济效应进行了评估；[③] Workforce Information Council of USA 则采用问卷调查和统计分析相结合的方法，对美国绿色产业发展对就业的影响进行了评估与分析；[④] Andrew Jarvis et al. 对世界主要发展中国家的绿色产业发展带来的就业潜力进行了预测[⑤]。Yajuan Li et al. 利用广义倾向评分法研究了广告支出对绿色产业企业年总销售额的影响。结果表明，对于小型绿色产业公司来说，增加广告支出在一定范围内会带来更高的销售额；超过这个范围，广告支出的增加不再影响销售。另一方面，对于大公司来说，目前的证据并不支持广告支出和销售之间的正向关系[⑥]。Wei-Feng Guo et al. 以绿色生产为研究对象，采用 DEMATEL 方法评

① Tong Zhang；Hongfei Yue；Jing Zhou；Hao Wang，"Technological innovationpaths toward green industry in China"，*Chinese Journal of Population Resources and Environment*，Vol. 16，No. 2，2018，pp. 97-108.

② 陈璐怡等：《绿色产业政策与重污染行业高质量发展》，《中国人口·资源与环境》2021 年第 1 期。

③ Charles R. Hall；Alan W. Hodges；John J. Haydu，"The Economic Impact of the Green Industry in the United States"，*HortTechnology*，Vol. 16，No. 2，2006，pp. 345-353.

④ Workforce Information Council，Measurement and analysis of employment in green economy，WIC Green jobs study group final report，2009.

⑤ Andrew Jarvis；Adarsh Varma；Justin Ram，Assessing green jobs potential in developing countries：A practitioner's guide，Geneva：International Labour Office，2011.

⑥ Yajuan Li；Palma Hall；Hayk Khachatryan；Oral Capps Jr，"Measuring the effects of advertising on green industry sales：a generalized propensity score approach"，*Applied Economics*，No. 10，2018，pp. 1-16.

价和研究了绿色企业的社会责任问题，并建立了 GCSR 评价指标体系，指出绿色企业的社会责任应该向所有利益相关者展示而不是仅仅向股东展示，企业应以公平和负责任的态度，重视可持续发展，对其行为对利益相关者的影响负责①。Hui Wang et al. 应用模糊控制的方法构建绿色产业评价模型，并以大连市为例进行了应用，研究发现大连市绿色产业评价水平较低，呈现下降趋势，表明地方政府应加强监督管理，鼓励绿色企业创新改进。"绿色"产业是可持续经济和环境发展的必然选择。为了评估绿色产业，需要对发展有更深入和更全面的了解②。

尹艳冰从产业发展水平、产业发展潜力和公众效益等 6 个方面构建了绿色产业发展不同路径的具体评价指标体系③。王军、井业青基于钻石理论模型，运用因子分析方法对全国 30 个省份的相关指标进行了实证分析④。石宝峰、迟国泰则依据信息含量最大和冗余信息剔除原则进行了指标筛选，构建了由 26 个具体指标组成的绿色产业发展路径评价指标体系⑤。杜永强、迟国泰研究发现万元地区生产总值能耗下降、煤炭消费总量等 23 个指标是评估绿色产业发展状况的关键指标⑥。周颖、王洪志和迟国泰构建了涉及绿色生产、绿色消费与绿色环境的 3 个准则层，囊括了 26 个指标的绿色产业评价指标体系，并对大连市进行实证分析⑦。杨丽等以绿色产业内涵为出发点，创新性地从基础竞争力、科技竞争力、环境竞争力三个维度构建对云南省 16 个地州市绿色产业竞争力的评价模型，并分析

① Wei-Feng Guo；Jian Zhou；Chih-Lang Yu；Sang-Bing Tsai；You-Zhi Xue；Quan Chen；Jiann-Jong Guo；Po-Yu Huang；Chia-Huei Wu, Evaluating the green corporate social responsibility of manufacturing corporations from a green industry law perspective, *International Journal of Production Research*, Vol. 53, No. 2, 2018, pp. 665-674.

② Hui Wang；Jing Wang；Baofeng Shi, Model and application of green industry evaluation based on fuzzy control, *Journal of Intelligent & Fuzzy Systems*, Vol. 29, No. 6, 2015, pp. 2489-2494.

③ 尹艳冰：《基于 ANP 的绿色产业发展评价模型》，《统计与决策》2010 年第 23 期。

④ 王军、井业青：《基于钻石理论模型的我国绿色产业竞争力实证分析——以山东省为例》，《经济问题》2012 年第 11 期。

⑤ 石宝峰、迟国泰：《基于信息含量最大的绿色产业评价指标筛选模型及应用》，《系统工程理论与实践》2014 年第 7 期。

⑥ 杜永强、迟国泰：《基于指标甄别的绿色产业评价指标体系构建》，《科研管理》2015 年第 9 期。

⑦ 周颖等：《基于因子分析的绿色产业评价指标体系构建模型及实证》，《系统管理学报》2016 年第 2 期。

了其绿色产业竞争力空间分布态势的变化。[①]

4. 绿色产业发展路径与区域经济的相关研究

近年来，许多国外学者从绿色产业发展路径的选择方面对不同国家和区域经济的影响展开了深入研究。Shyi-Min Lu 通过对台北市环境与工业等系统的 SWOT 分析，指出台北市应该优先发展电动车、LED 照明、变频空调和能源服务公司（ESCO），新能源绿色产业带来的商业机会超过7 000亿元[②]。Dakshina G. De Silva et al. 利用美国劳工统计局（BLS）最近提出的绿色产业定义，研究得克萨斯州内这些行业的发展特征。对影响绿色产业本土化和市场的因素进行调查表明，除了区域集聚之外，没有任何内在的原因可以在没有特定的非市场政策干预的情况下，使绿色活动会扩大。因此，在没有国家政策干预的情况下，地方决策者制定的政策应该本地化，以实现在地方和区域经济中扩大和促进绿色产业的发展，而政策制定者在刺激绿色投资和增长方面可能会发挥特别关键的作用[③]。从各国推进绿色产业发展的政策来看，有的成功，有的失败，即使在同一个国家，不同的绿色产业政策的收效也是不同的，Daugbjerg, C. & Svendsen, G. T. 发现，丹麦政府自 1987 年和 1992 年以来，出于环境原因对风力发电行业和有机农业部门进行了集中干预，但影响非常不同。2007 年，风能的电力市场份额达到20%，而有机食品消费落后，2007 年食品市场份额约为 8.5%。丹麦政府对风力发电行业的干预强调了使用旨在增加风能需求的政策工具，而有机农业政策则更加强调鼓励农民增加供应的工具，这可能是解释增长差异的一个重要原因。[④] 但是 Gert Tinggaard Svendsen 则认为，丹麦风电行

---

① 杨丽等：《云南省绿色产业竞争力评价与空间分布态势研究》，《林业经济》2020 年第 12 期。

② Shyi-Min Lu；May-Yao Huang；Pu-Ti Su；Kuo-Tung Tseng；Falin Chen, "Development strategy of green energy industry for Taipei—A modern medium-sized city", *Energy Policy*, No. 62, 2013, pp. 484-492.

③ Dakshina G. De Silva；Timothy P. Hubbard；Robert P. McComb, Anita R. Schiller, "Entry, growth and survival in the green industry", *Regional Studies*, Vol. 51, No. 12, 2017, pp. 1774-1785.

④ Daugbjerg C.；Svendsen G. T, "Government intervention in green industries: lessons from the wind turbine and the organic food industries in Denmark", *Environ Dev Sustain*, Vol. 13, No. 2, 2011, pp. 293-307.

业发展的一个主要原因是，自1973年第一次石油危机以来，风能一直得到补贴。绿色产业的产品价格可以通过税收和补贴等经济手段进行调整，这样，可再生能源和绿色产业就会变得更具竞争力，从而可以促进从灰色经济向绿色经济的转变。①

由于国内不同地区的经济基础和资源状况差异巨大，国内学者对绿色产业的发展路径选择与区域经济的相互关系进行了研究。牛艳梅利用反梯度推移理论对陕南地区进行了研究，认为陕南应依托其现有的经济基础、资源状况等优势，以经济反梯度推移理论为指导，大力发展绿色产业。②王正环等则从实现绿色产业集聚可持续发展的角度，提出了促进福建省绿色产业集群建设的举措。③刘绍敏在对河北钢铁产业调研的基础上，从发展理念转变、企业整合重组、建立绿色制造体系和循环经济产业链等方面，提出了构建河北钢铁行业绿色产业链的具体对策。④朱春红、马涛以ANP方法构建出区域绿色产业评价体系各项指标的具体权重，从而能有效地识别区域绿色产业发展的效果和潜力⑤。张中华、张沛则以西部欠发达山区为案例，深入解析了绿色产业开发的特色模式、循环模式和共生模式，并以此为理论基础，探索西部欠发达山区绿色产业开发的有效路径。⑥刘励敏以洞庭湖生态经济区的绿色工业化为例，探讨了中国大湖区域绿色产业发展的模式，强调必须实施绿色工业化战略，建立生态环境保护与产业高效发展相融合的生产方式。⑦吴传清和黄磊指出，要大力推进长江经

---

① Gert Tinggaard Svendsen, Environmental Reviews and Case Studies: From a Brown to a Green Economy: How Should Green Industries Be Promoted?, *Environmental Practice*, Vol. 15, No. 1, 2013, pp. 72-78.

② 牛艳梅：《基于反梯度推移的绿色产业发展问题研究》，《农村经济》，2012年第7期。

③ 王正环等：《构建福建绿色产业集群发展的评价指标体系》，《福建论坛（人文社会科学版）》2008年第4期。

④ 刘绍敏：《河北钢铁业绿色产业链构建》，《开放导报》2016年第1期。

⑤ 朱春红、马涛：《区域绿色产业发展效果评价研究》，《经济与管理研究》2011年第3期。

⑥ 张中华、张沛：《西部欠发达山区绿色产业经济发展模式及有效路径》，《社会科学家》2015年第10期。

⑦ 刘励敏：《中国大湖区域绿色产业发展模式研究——以洞庭湖生态经济区绿色工业化为例》，《求索》2013年第12期。

济带绿色发展的进程，必须加快建设绿色基础设施，发展壮大绿色产业。^①
张玉等研究发现东部沿海省份在绿色产业发展水平和发展质量上居全国前列，而中西部地区部分省份在绿色产业发展效率上具有明显优势。^②

5. 绿色产业发展与制度创新相关性的研究

近年来，国内外学者对绿色产业发展与制度创新及其与产业政策的相关性进行了研究。Valerie J. Karplus et al. 通过分析美国燃油经济性标准制度，发现了燃油经济性标准与旨在减少石油和温室气体排放的替代政策相比，会产生潜在的巨大成本，并进一步指出，在研究政府政策组合的能源、环境和经济结果时，需要考虑对车辆技术、替代燃料可用性和成本敏感性以及整个经济体的反应。^③ Tian Hongna、Bi Kexin 认为，制造业绿色工艺创新系统是一个动态的、复杂的、自组织的系统。^④ Jonas Mecklinga、Jonas Nahmb 研究发现，产业升级者可以诱导生产国参与绿色产业政策竞争，导致能源技术政策目标"涨价"，这与典型的环境政策竞争模式相反，在这种模式中，先进的工业化国家是领跑者。^⑤ Qiuman Lin、Qin Liu 研究表明，环境规制可以显著促进绿色技术创新。当环境监管力度适当时，政府补贴是实现绿色技术创新的最佳动力。^⑥ 本书从微观角度揭示了企业绿色技术创新的影响因素和机理，为优化政府政策、促进我国制造业的绿色发展提供科学依据。

许多国内学者都在关注制度创新对绿色产业发展及绿色技术创新的影

---

① 吴传清、黄磊：《长江经济带绿色发展的难点与推进路径研究》，《南开学报（哲学社会科学版）》2017 年第 3 期。

② 张玉等：《区域绿色产业发展的评价与对策研究》，《生态经济》2017 年第 9 期。

③ Valerie J. Karplus et al, Should a vehicle fuel economy standard be combined with aneconomy-wide greenhouse gas emissions constraint? Implications for energy and climate policy in the United States, Energy Economics, No. 36, 2013, pp. 322-333.

④ Hongna T; Kexin B, The evolution of green process innovation system for the manufacturing industry based on self-organization theory, Science Research Management, 2012.

⑤ Jonas Meckling; Jonas Nahm, The politics of technology bans: Industrial policy competition and green goals for the auto industry, Energy Policy, No. 126, 2019, pp. 470-479.

⑥ Lin Q; Liu Q, Analysis on the Policy Mechanism and Optimization of Green Technology Innovation in Manufacturing Industry—Based on the Data of Listed Companies in the New Energy Vehicle Industry, IOP Conference Series: Earth and Environmental ence, 2020, 510 (3), pp. 032022 (6pp).

响。俞国平提出，经济活动中选择何种技术取决于一定的制度环境，环境资源无偿使用制度抑制了绿色技术的创新，只有通过制度创新才能推动绿色技术创新，实现可持续发展。[1] 李宁宁则从管理体制、模式以及制度供给三个方面，分析了中国绿色经济所面临的制度性困境，并提出通过制度创新，推动创新管理体制、管理模式以及治理工具，才能加以解决。[2] 李烨等通过实证研究发现，内部因素中的技术创新、市场创新和制度创新对贵州省磷化工业绿色转型升级的效果具有较大的影响力。[3] 在供给侧结构性改革背景下，制度创新、技术创新和商业模式创新的共同作用，是制造业实现绿色转型的基本路径。[4] 但是，李瑞琴研究发现，通过环境规制促进绿色技术创新，存在"不完全规制"现象；制度质量提升不仅直接对绿色技术创新产生了显著的促进作用，还对环境规制与绿色技术创新的关系具有显著的正向调节作用[5]，因此，有效的制度安排是推动绿色技术创新的重要保障[6]。王文佳、熊涓在实证研究的基础上提出，要结合区位因素制定区域动态差异化制度体系、发挥知识产权制度对创新的激励保护作用，尽快释放制度供给效应，调整制造业产业结构向高端化和服务化发展，从而强化制度供给对制造业绿色创新发展的促进作用。[7] 然而，在优化制度软环境的同时，既要防范权力寻租类政治关联对企业绿色创新的负面影响，又要增强政府与市场优势互补的良性政治关联对企业绿色创新的正效应，有效推进绿色创新制度优势转化为绿色发展效能。[8]

梳理近年来的国内外研究文献可以看出，国内外学者普遍关注的是绿色产业概念的界定、发展趋势，绿色产业发展的经济和社会价值以及绿色

---

① 俞国平：《制度创新是建立绿色技术创新机制的关键》，《财经论丛》2002 年第 6 期。

② 李宁宁：《中国绿色经济的制度困境与制度创新》，《现代经济探讨》2011 年第 11 期。

③ 李烨等：《资源型产业绿色转型升级的驱动因素》，《技术经济》2016 年第 4 期。

④ 董秋云：《供给侧结构性改革背景下的制造业绿色转型路径探讨》，《生态经济》2017 年第 8 期。

⑤ 李瑞琴：《环境规制、制度质量与绿色技术创新》，《现代经济探讨》2019 年第 10 期。

⑥ 宗楠、孙育：《红新常态下绿色技术创新的制度保障探析》，《东北师大学报（哲学社会科学版）》2018 年第 5 期。

⑦ 王文佳、熊涓：《制造业创新发展中的制度供给效应研究》，《技术经济与管理研究》2020 年第 5 期。

⑧ 李杰、陈子钰：《制度优势转化：政治关联与企业绿色创新》，《财经科学》2020 年第 9 期。

产业发展的评价研究，把绿色产业的发展路径与传统产业等而视之，对绿色产业发展的路径选择往往采取同传统产业一样的举措，形成路径依赖。但是在现实中，国内外绿色产业的发展并不尽如人意，走传统产业的老路来发展绿色产业是行不通的，在现实市场经济中绿色产业发展受到多重约束，尤其是在面对市场失灵和外部性问题时，如何大大降低绿色产业的发展成本，优化产业发展路径，摆脱传统产业发展的固有模式，避免路径依赖，政府必须对推进绿色产业发展进行系统性的制度安排和创新，这也正是本书着力研究和探讨的角度和方向。

第四节　研究思路和研究方法

一、研究思路和基本框架

1. 研究的基本思路

本书对中国绿色产业发展的路径选择与制度创新问题进行研究的基本思路，首先是对绿色经济和绿色产业相关概念和内涵进行界定和阐释，这是本书后续相关研究的前提和基础。其次是对绿色产业发展路径选择的相关理论和文献进行系统梳理，为本书后续研究打下理论基础。再次是从分析传统产业发展路径的局限性入手，分析我国发展绿色产业的动因，剖析其必要性和紧迫性，并总结了近年来我国相关绿色产业的发展现状；然后通过对我国绿色产业发展路径的历史演变和制度体系现状进行系统性分析，从而为本书后续研究做好经验总结。接着，本书对国外发达国家发展绿色产业的经验进行了研究，从而得出对我国发展绿色产业路径选择的有益启示；继而，本书选取了国内近年来发展迅速的新能源汽车产业和发展经历波折的光伏产业进行对比研究，发掘绿色产业发展中的路径选择和制度创新的重要性。在此基础上，本书实证研究了中国绿色产业的全要素生产率及其影响因素，基于实证结果理性剖析了中国发展绿色产业的路径选择，并通过分析现状提出发展绿色产业进行制度创新的必要性。最后，在前面研究的基础上，针对促进我国绿色产业发展的路径优化提出了系统的制度创新对策。

2. 结构框架

全书共分为八章。

在导论中，首先，阐述本书写作的时代背景及其意义；其次，着重对绿色经济的历史演变及其概念进行界定，进而对绿色产业在国内外的不同内涵及其特征进行阐述，对绿色产业发展路径的相关理论进行了系统回顾和梳理，并对近年来关于绿色产业发展路径问题的国内外研究文献进行综述；再次，对本书的研究思路、写作的结构框架以及运用的研究方法进行了介绍；最后，指出了本研究的主要创新和不足之处。

第二章主要分析了我国传统产业在发展路径上的局限性以及绿色产业发展的动因。首先，分析开放条件下我国传统产业发展路径的局限性，发现传统产业发展路径依赖对资源和环境的破坏并不可持续；其次，从理论上分析中国发展绿色产业的动因，主要运用产业组织和资源环境经济学理论从环境、产业发展和国家竞争力提升的角度进行分析；最后，本章还对近年来我国新能源汽车产业、环保产业、风力发电以及其他绿色新兴产业的发展现状进行了总结，并分析了绿色产业发展所带来的良好的经济效益与社会效益。

第三章主要从历史与现实的角度分析了绿色产业发展路径的历史演变与制度体系现状。首先，从产业组织演化的视角对市场经济与绿色产业发展的内在联系进行深入剖析，并探讨了中国绿色产业发展路径的历史演变及其时代特征；其次，对近年来中国发展绿色产业的制度体系现状进行总结回顾，并进行了反思和展望。

第四章主要对国外发展绿色产业的路径选择经验进行系统分析。首先，对发达国家绿色产业的发展经验进行总结，主要分析美国、日本和法国等国在绿色产业发展路径方面的成功经验，并着重分析这些发达国家绿色产业在路径选择和制度创新方面的有效举措；其次，结合我国的国情，总结西方发达国家的经验对我国发展绿色产业路径选择的借鉴意义和启示。

第五章主要是我国绿色产业发展路径的案例对比研究。本章选取了两个发展路径不同的案例来验证发展绿色产业过程中路径选择的重要性。一个是新能源汽车产业，传统汽车产业通过转型升级，产业链协同发展，提高资源使用效率，大力促进科技创新，国有资本的全产业链支持提升了新能源汽车的市场化、商业化进程，从而使新能源汽车产业不断发展壮大；另一个是光伏产业，其在发展过程中盲目扩张，发展路径过于依靠政策补贴，且出现了发展战略混乱、技术创新不足的问题，最终不但没有使光伏产业获得市场竞争力，反而在短时间内造成产能过剩，致使整个行业停滞不前，甚至曾经的行业领军企业也濒临倒闭。本章通过对这两个案例进行对比研究，剖析了绿色产业发展路径的不同选择和制度创新的重要性。

第六章主要对中国绿色产业生产率及其影响因素进行了实证研究，并从理论上分析了中国绿色产业发展的具体路径选择问题。首先，对中国绿色产业的生产率进行了实证研究，结果显示从总体上看，我国以高技术产业为代表的绿色产业生产效率呈现上升趋势，技术进步对生产率的带动作用明显，而规模效应不明显；其次，实证分析了影响绿色产业生产率的主要因素，验证了理论假设；最后，根据实证研究的结果，从理论上提出并论述了我国绿色产业发展的三大路径选择，即加快传统产业转型升级是发展绿色产业的有效路径，促进科技创新是发展绿色产业的根本路径，国有资本引领是发展绿色产业的现实路径。

第七章主要对中国绿色产业发展路径的实践障碍及制度原因进行了分析。首先，从理论和现实的视角分析了中国绿色产业发展的三大路径在实践中遇到的障碍和困难；其次，对当前绿色产业发展路径遭遇的实践障碍进行了制度层面的分析，并阐释了优化绿色产业发展路径制度创新的必要性。

第八章主要是促进中国绿色产业发展路径优化的制度创新研究。首先，从产权角度论述了绿色资源产权的界定和保护的相关制度创新问题；其次，系统地阐释了优化绿色产业发展路径的激励机制创新问题，主要从传统产业转型升级、促进科技创新、绿色产业投融资、绿色税收等方面进行激励制度创新；最后，本章还探讨了绿色产业发展与非正式制度创新的关系，主要从绿色文化、绿色社会责任和非政府绿色组织建设等角度探讨非正式制度的创新问题。

最后，对本书的全部内容和相关结论做了简要总结。

本书研究的基本框架结构图如图1-1所示。

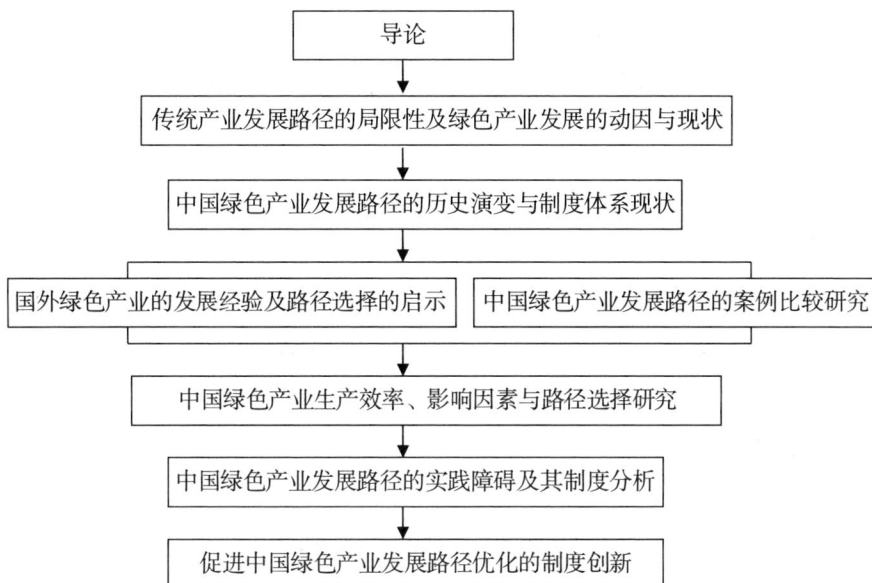

```
          ┌──────────────┐
          │    导 论      │
          └──────┬───────┘
                 ↓
┌────────────────────────────────────────────────┐
│  传统产业发展路径的局限性及绿色产业发展的动因与现状  │
└────────────────────────┬───────────────────────┘
                         ↓
┌────────────────────────────────────────────────┐
│    中国绿色产业发展路径的历史演变与制度体系现状      │
└────────────────────────┬───────────────────────┘
                         ↓
┌──────────────────────────┐  ┌──────────────────────────┐
│ 国外绿色产业的发展经验及路径选择的启示 │  │ 中国绿色产业发展路径的案例比较研究 │
└──────────────────────────┘  └──────────────────────────┘
                         ↓
┌────────────────────────────────────────────────┐
│   中国绿色产业生产效率、影响因素与路径选择研究      │
└────────────────────────┬───────────────────────┘
                         ↓
┌────────────────────────────────────────────────┐
│    中国绿色产业发展路径的实践障碍及其制度分析       │
└────────────────────────┬───────────────────────┘
                         ↓
┌────────────────────────────────────────────────┐
│     促进中国绿色产业发展路径优化的制度创新         │
└────────────────────────────────────────────────┘
```

图1-1　本书研究的基本框架结构图

二、研究方法

本研究以产业经济学理论为基础，结合生态经济学、制度经济学、管理学以及政治学等学科理论和研究方法进行了多学科交叉研究，主要采用了以下研究方法。

1. 规范分析和实证研究相结合

本书通过对产业组织理论、产业结构理论以及制度经济学理论的梳理，提炼出相关理论观点。对中国绿色产业发展路径和传统产业转型的相关性进行理论性的规范研究。另外，通过收集和整理各种数据和资料，利用大量数据和客观事实阐述绿色产业发展的现状及未来趋势，并实证研究了中国绿色产业的生产效率及其影响因素问题，进而有力地佐证了相关论点的客观性和有效性。

2. 案例研究方法

不同的绿色产业，发展路径具有不同的特点，但是绿色产业不同的路径选择所遇到的不同命运实际上折射出了绿色产业发展的内在规律，典型案例可以为探索新兴产业发展规律提供生动的例证。本书通过对新能源汽车产业和光伏的发展历程进行对比分析，总结出绿色产业发展中成功的经验和失败的教训。

3. 比较分析法

本研究将运用比较研究的方法，一方面对国外发达国家，如美国、日本、法国的绿色产业发展进行比较分析；另一方面，对国内绿色产业的不同行业、不同企业、同一行业的不同阶段，进行横向与纵向比较。通过比较研究，力求揭示出国内外绿色产业发展路径的普遍规律以及中国国情下发展绿色产业路径选择的特殊性。

第五节　创新之处

通过分析传统产业发展路径的局限性，以及国内外绿色产业发展路径选择的理论、案例及相关实证研究，本书的研究在以下几个方面获得了突破和创新。

第一，系统地构建了我国绿色产业发展路径选择的研究框架和理论支撑。本书以经济学、管理学、社会学和政治学等学科的相关理论为指导，借鉴了前人的研究成果，在总结绿色产业发展现状和路径演化的基础上，分别从产业结构调整、传统产业转型升级、科技创新和国有资本引领发展等角度，研究我国绿色产业发展路径的理性选择问题，结合实证和案例研究提出推进我国绿色产业发展的三大路径选择，从而系统地构建和丰富了我国发展绿色产业的研究框架和理论支撑。

第二，运用规范和实证相结合的方法对我国绿色产业发展的路径选择进行研究。首先，本书以国内外绿色产业的发展过程为切入点，运用产业组织理论和资源经济学等理论和方法，从历史的角度对我国绿色产业的发展进行了规范研究；为了更客观、科学地分析中国绿色产业发展的路径选择问题，对中国绿色产业的生产效率及其影响因素进行了实证研究，结果表明，我国以高技术产业为代表的绿色产业生产效率呈现上升趋势，技术进步对生产率的带动作用明显，而规模效应不明显。其次，实证分析了影响绿色产业生产率的主要因素，研究发现各区域的绿色产业的生产效率提升与行业内企业的研发创新意愿呈现强正向相关性；而政策扶持对促进产业生产效率提升具有不确定性，说明目前政府资金和国有资本扶持比较低效，国有资本投资应该加大传统产业的转型升级，大力支持科技创新，从而吸引和带动更多非公资本参与绿色产业发展；绿色产业的生产效率提升与行业技术交易市场规模呈现弱负向相关性，主要原因在于我国产权保护制度尚不健全，阻碍了绿色产权市场交易，遏制了投资者、企业对绿色产业市场的投资热情。

第三，定性和定量相结合深入剖析了中国绿色产业发展路径的实践障碍，这也是本书的一个创新点。本书研究发现，传统产业转型升级的路径障碍主要表现为：与战略新兴产业发展结合不到位、推进传统产业"绿色化"发展迟滞、与新经济形态融合发展不足。本书以地方政府的科技创新政策为对象，收集相关科技创新数据，在构建模型对地方政府科技创新绩效进行定量评价研究的基础上，客观地分析出科技创新加快绿色产业发展路径障碍的症结，主要表现为：绿色科技创新的重点领域不突出、不明显，绿色科技资源配置效率较低，绿色科技资源和知识共享机制缺失，绿色科技政策失灵、预警机制滞后，绿色科技创新市场导向机制欠缺；而国有资本引领绿色产业发展的路径障碍则表现为：在供给侧结构性改革背景下国有资本有序进退不足，国有资本优选重点发展绿色产业滞后，国有资本对绿色技术研发投资不足且缺少关键绿色技术的突破。

第四，运用案例研究方法对国内外绿色产业发展路径的选择进行了对比研究。在对国外绿色产业的发展经验和路径选择的分析中，通过对美、法、日等国绿色产业发展的历程和发展路径选择的经验进行总结和梳理，我们发现，绿色产业发展需要政府政策的扶持，绿色产业发展要循序渐进，与传统产业发展有序衔接，科技创新是绿色产业发展的内在动力，绿色产业持续健康发展依赖于有效的绿色管理机制创新，培养绿色消费文化是推动绿色产业发展的"助推器"。通过对国内新能源汽车和光伏两个典型绿色产业发展路径的案例进行对比分析，笔者发现绿色产业发展路径的选择、产业政策的运用、完整产业链的发展以及相关制度创新对绿色产业可持续健康发展具有重要作用。

最后，理论与实践相结合，系统地研究了优化中国绿色产业发展路径的相关制度创新问题。本书着重从优化绿色产业发展路径的制度体系入手，探索通过一系列制度创新举措来构建与绿色产业发展路径激励相容的制度体系和框架。其一，从产权角度阐释了新时代推进中国绿色产业发展的产权制度创新问题，主要从绿色产业产权界定、绿色技术产权保护、绿色产业产权交易等方面进行制度创新；其二，本书研究了优化绿色产业发展路径的激励机制问题，主要从传统产业转型升级、投融资、绿色税收等方面进行制度创新；其三，本书还探讨了绿色产业发展路径优化与非正式制度创新的关系，主要研究了从绿色文化、绿色社会责任和非政府绿色组织建设等方面研究非正式制度创新问题。

第二章　传统产业发展路径的局限性及
绿色产业发展的动因与现状

第一节　开放条件下我国传统产业
发展路径的局限性

从人类经济发展史来看，传统产业发展是以资源消耗为基础的，因此，谁拥有资源谁就具有发展潜力，无论是在封建王朝还是现代国家，争夺资源始终是各国谋求发展和超越的主要路径。随着我国改革开放的不断深入，我们也曾经提出在开放经济条件下，大胆利用"两种资源、两种市场"，我国传统产业也取得了突破性发展，但是随着全球资源紧张和科学技术的发展，传统产业发展也出现了瓶颈和障碍，世界各国相继或主动或被动地调整产业发展战略和方向。近年来，我们也发现即使在开放经济的条件下，传统产业发展路径的局限性也越发突出和明显，必须要认真思考和分析。

一、传统产业发展依赖的主要经济学理论

传统产业发展有其强大的生命力，也为人类生产力的不断提高提供了产业基础，为此经济学理论与传统产业发展也互相促进，新古典经济学理论更是为传统产业发展提供了诸多理论指引，突出的理论主要有以下几个方面。

1. 生产要素理论

新古典经济学把厂商的生产活动看成是一系列生产要素组合的函数关系，生产要素主要包括资本、劳动力、土地和企业家才能等。基于此，假定生产过程中投入 n 种生产要素，Q 为最大生产产量，则生产函数可以表示为 $Q = f(X_1, X_2, \cdots, X_n)$。基于此，厂商在组织生产活动时，会时时考虑要素投入量与产出量的关系，从而使得短期生产与长期生产的各生产要素变量的组合投入成为约束厂商生产组织形式和生产能力的关键。在传统产业发展中，要素决定论常常支配着厂商的生产决策，厂商总是希望占有更多的生产要素，以提高自己的生产能力和总产量，而这就驱动传统产业厂商将资源的获取始终摆在重要位置。

2. 规模经济理论

与生产要素理论一脉相承的，对传统产业发展具有重要影响的，还有规模经济理论。厂商拥有充分的生产要素并不能完全决定其在市场竞争中的地位，尤其是从长期生产来看，如何使成本最小化是赢得市场竞争的关键所在。因此，企业一方面要获取更多的生产要素，一方面要大力扩大生产规模，降低总成本，并且着力控制平均总成本和边际成本，从而达到最优生产规模，实现规模经济。然而，厂商或企业发展也并非规模越大越好，当规模达到一定程度时反而会出现长期平均成本上升，产生规模不经济。厂商的发展规模能否经济还受到外部环境的影响，会出现外在经济或外在不经济问题。传统产业发展受规模经济理论指导，往往在规模经济和规模不经济之间循环演进。

3. 价格理论

新古典经济学理论推崇市场对资源配置具有基础性作用，而市场的有效运转依赖于价格机制作用的发挥。因此，价格理论也是古典经济学和新古典经济学的基础理论。在市场中，各种生产要素的配置依赖于价格，企业为了追求利润最大化，会竭力降低成本，进而使产品价格具有市场竞争力，企业间的竞争也主要通过价格体现出来。因此，对于一个产业的市场来说，供给与需求的均衡也是依靠价格机制来实现的，但是企业间为了获取竞争优势，往往会倾向于占用更多的生产要素和资源，扩大产量和规模，导致市场的均衡产量和均衡价格很难达到，即使实现也难以维持，反而常常出现供给不足和生产过剩的现象。在传统产业的发展历史中，价格理论始终是一个重要的经济学理论支撑。

二、我国传统产业发展的主要路径及其依赖性

如前文所述，传统产业发展遵循了古典和新古典经济学理论，理论发展为实践提供了指导，反过来产业发展又为经济理论的不断突破和创新提供了实践经验。下面我们分析我国传统产业发展的主要路径及其依赖性问题。

1. 传统产业发展的主要路径

回顾人类经济社会发展的历史，传统产业发展给人类带来的工业文明不容抹杀，古典和新古典经济学理论虽然是建立在资源稀缺的现实假设之上，但是没有把环境、生态等人类赖以生存的要素纳入经济理论考察的范畴，因此，在理论与实践互动的背景下传统产业的发展路径主要有以下三种。

第一，要素驱动发展。如前文所述，我国传统产业的萌芽、发展和壮大突出体现了要素驱动的路径选择。无论是农业、工业还是第三产业，生产要素始终是各产业中企业间追逐和竞争的核心，因此，谁拥有更多的生产要素谁就具有竞争优势，无论哪家厂商，只要能雇佣更多的工人、建造更多的厂房、拥有更多的资本和生产原材料，就能够在市场竞争中击败竞争对手。因为，按照新古典经济学理论，在社会资源稀缺的状态下，最大限度地获取和占用生产要素是一种竞争手段，反过来也驱动了传统产业的不断发展。在我国传统产业发展历史中，很多产业具有明显的要素驱动发展特点，比如：家电、纺织、交通运输等传统产业，属于典型的劳动密集型产业，在发展中既要有大量劳动投入也要占用大量土地建造厂房等，还需要资本持续投入，一旦某种要素出现短缺或消耗殆尽就会波及整个产业发展。随着中国人口红利的逐渐消失，产业工人短缺现象越来越严重，成

本也越来越高，因而对要素驱动发展的传统产业影响也越来越大。

第二，规模扩张发展。与要素驱动发展相伴而生的传统产业往往极力寻求规模扩张，其主要的内生动力源自以下几方面：① 规模扩张是获取更多要素的手段。传统产业在发展中对土地、资本以及劳动力等要素的需求是刚性的，而要获取更多的要素又必须依赖于规模扩张，只有规模扩张才能把各种要素有效组合，提升传统产业的整体发展活力和动力，从而形成规模扩张——要素需求增加——产业发展——规模扩张的循环，从宏观角度看，规模扩张成为传统产业获取要素的重要市场手段。② 规模扩张有利于降低平均成本。新古典经济学理论认为，只要生产要素市场能充分供给，企业规模越大，产量就越大，生产设备等固定资产投资的平均成本就会降低，有利于实现规模经济，最终产品价格就会降低，从而能够促进消费，带动产业进一步发展，形成规模扩张——成本下降——消费增加——产业发展——规模扩张的循环。③ 规模扩张是企业和企业家能力的有力体现。虽然新古典经济学并没有把企业家要素纳入生产函数的考察之中，但是在现实中规模扩张却成为企业和企业家能力的有力体现，主要缘由在于：一方面，规模扩张是企业生产能力的市场表现。企业通过自我扩张以及兼并重组等多种途径不断扩大规模，向市场表明其生产能力，体现其竞争优势，从而有利于吸引和获取更多的要素资源；另一方面，规模扩张也是企业家能力的体现。市场经济条件下，企业不仅自身具有内生的规模扩张动力，企业管理者也偏好不断扩张规模，因为企业规模越大不仅可以为企业管理者带来声誉、报酬、晋升等物质和精神激励，也是企业管理者能力的体现。

第三，追求效率推动发展。传统产业在发展历史中，如何不断提高生产效率始终是核心目标。因此，为了提高效率，传统产业在发展中沿着两条路演化发展：① 产业分工细化。按照斯密的观点，劳动分工有利于提高生产效率，产业发展从产品研发到各种生产流程、各种原材料、半成品、配件等的供应，再到最后的产品销售，会经历诸多工序和复杂的产品形态转换，如果仅仅由一家企业完成，将大大降低效率，而若将产业分工细化，形成产业链上下游分工合作则可以大大提高生产效率，同时整个产业的规模也会大大提高。② 产业技术变革。技术变革和创新是传统产业发展壮大的命脉，新古典经济学理论把技术作为提高生产效率的重要手段，因此，人类历史上第一次和第二次工业革命都因技术变革大大提高了生产力，也为传统产业的不断发展和演化提供了技术基础，但是传统产业的技术变革始终围绕如何提高生产效率、提高产出而进行生产设备和工艺的研发，从而忽视了资源的有限性问题，也带来了日后资源紧张和生态破坏的隐患。

2. 传统产业发展的依赖性

由于传统产业发展的路径在实践中不断得到推广和巩固，新古典经济学理论也为传统产业发展路径提供了很好的理论支撑，在地球资源充足、环境良好的历史条件下，传统产业发展一度大大提高了人类的福祉，使人类文明达到了前所未有的高度，但是伴随而来的就是传统产业的发展也逐步产生了根深蒂固的依赖性，主要表现在几个方面。

第一，资源依赖性。如前文分析，传统产业在发展中对资源的消耗是不断扩大的，对资源的依赖性与产业规模是正相关的，这主要是因为：一方面，传统产业的工业门类和领域决定了其必然要大力利用资源。传统产业大都分布在煤炭、石油、化工、钢铁、纺织、机械制造等行业，这些行业和领域大都对自然资源开采依赖性大，大量的原材料和半成品等需要利用和开发资源。另一方面，人类需求的增加导致资源消耗增加。工业文明和科技发展带动了人类需求的多样化和差异化，世界人口也从20世纪50年代开始快速增加，人类生活的各方面需求急剧增加，反过来也刺激传统产业不断开发利用自然资源，从而满足社会进一步发展的需求。

第二，规模依赖性。传统产业的产业性质决定了企业具有规模依赖性，主要表现在两个方面。一方面，如前文所述，我国传统产业不仅具有规模经济性的特点，而且沉淀成本较高。这就使得我国传统产业在发展中往往依赖规模发展，降低了产品的平均成本，而沉淀成本较高也促使传统产业的相关企业通过规模扩张获取在行业竞争中的优势地位，构建起市场壁垒阻碍更多的企业进入，反过来又有利于先进入的企业在传统产业领域进一步扩大规模。另一方面，传统产业对国民经济影响大。我国传统产业大都属于国民经济基础性行业，对促进经济发展、吸纳就业、提高国民生活水平以及带动相关产业发展具有重要影响。因此，我国人口多、工业基础薄弱的基本国情，决定了我国对传统产业的需求大且相对持续，也刺激传统产业的企业持续扩大规模，因而传统产业在长期发展中逐渐形成了规模依赖性，我们从钢铁、化工、石油、煤炭、纺织、建材等产业的发展历程可以充分验证这一点。

第三，资本依赖性。传统产业的发展离不开资本支持，而资本又是逐利的，总是偏好于能带来较高、较稳定收益的产业，又进一步推动我国传统产业在长期的发展中逐步形成资本依赖性，这主要源自以下几方面原因。其一，资本是传统产业发展的助推器。在传统产业发展历程中，"资本不是万能的，但没有资本是万万不能的"，从生产资料的购买到产品销售，无处不需要资本的支持，甚至需要大量资本持续投入，尤其在规模扩张中更是需要大量资本支持，因此许多传统产业也属于资本密集型产业，实践证明资本是我国传统产业发展的助推器。其二，传统产业的特点对资本和金融市场具有吸引力。我国传统产业具有典型的"重规模、重资产"的特点，导致其对资本需求大，然而这一特点却对资本和金融市场具有吸引力。资本和金融市场在对传统产业的相关企业进行投融资时，既会考虑资本回报率也会考虑风险问题，因而往往对企业的规模和资产比较看重，出于综合考虑，资本和金融市场往往也偏好于投资传统产业发展，这种内在的吸引力形成了产业发展与资本投资的互动循环效应，产业越发展资本越支持，"滚雪球"现象层出不穷。正是这种产业与资本的互相需要，使我国传统产业逐步形成了资本依赖性。

三、开放条件下我国传统产业发展路径的局限性

如前文所述，我国传统产业在发展路径上固化并形成依赖性，在市场和资源的约束下，传统产业发展也遭遇瓶颈，但随着国际贸易的发展，有人认为在开放条件下可以利用"两个市场、两种资源"发展我国传统产业，但是现实并非如此，即使在开发条件下，我国传统产业发展路径的局

限性也逐渐暴露，主要表现在以下几方面。

1. 规模经济的不确定性增加

开放条件下随着国际贸易的发展，市场规模会扩大，也会激励企业扩大规模，满足国际市场的需求，但是新古典经济学理论中规模经济的实现是建立在完全竞争市场的假设之上，而开放条件下完全竞争市场是难以达到的，进而增加了规模经济的不确定性，尤其表现在以下三个方面。

第一，市场摩擦增加。市场摩擦是交易成本的根源，若市场无摩擦，交易成本就不存在，价格机制就会实现资源最优配置，任何企业都可以在无摩擦的市场中进行投资来获取套利交易，规模经济可以成为企业稳定的预期。然而，现实中市场不仅存在摩擦，且开放条件还会增加市场摩擦，尤其是在跨国交易中，由于法律、规章制度、文化等差异，传统产业的相关企业在交易中的谈判、履约、监督等一系列契约问题，使得交易成本会随着交易次数和频率的增加而不断增加，最终可能导致虽然企业规模增加了，产品销量增加了，但是利润下降的结果，加之传统产业沉淀成本的累积，规模经济的不确定性反而会增加。近年来，我国许多传统产业在跨国投资中规模扩大了，企业反而陷入利润下滑的困境，例如 TCL、中国五矿、万达集团等。

第二，信息不全且更加复杂。市场信息的完全真实是实现企业经营理性决策的保障，唯有如此，经营者才能准确判断企业规模经济的边界，进而实现企业生产的动态调整，但是现实中信息不完全现象俯拾皆是，而在开放条件下信息不完全的情况会更加复杂，这主要有三方面原因。第一，信息的真实性难以保证。开放条件下传统产业的国际竞争也会越来越激烈，国际产业链分工也越发明显，但是各国为了保持本国产业的竞争优势，产业发展中会存在机会主义，最为典型的就是在国际产业转移中把高耗能、高污染以及落后技术淘汰产品转向发展中国家。另外，由于国际产业合作的不完善，传统产业在开放条件下常常面临市场信息的法律和监督体制不完善，导致难以保证信息的真实性，甚至市场中还充斥着虚假信息。第二，信息不对称更加明显。开放条件下信息的生产、传递过程会变得更加复杂，信息不对称现象就会增加，信息成本高昂，面对产业链的国际化及信息不对称，企业生产难以理性决策，这就是我国一些传统产业常常在产能不足和产能过剩之间不停摇摆的重要原因之一。

第三，非市场因素风险增加，要素资源非完全自由流动导致传统产业发展路径受阻。在开放的条件下，企业要实现规模经济不仅受到市场因素的影响，非市场因素也会增加规模经济的不确定性，尤其对于传统产业的发展，各国政策也存在较大差异。非市场因素风险主要来自两方面：一方面是政治风险。开放条件下各国产业发展中既有合作又有竞争，而传统产业又是国民经济的基础，各国在发展国际贸易时往往会因涉及国家安全、贸易保护等问题干预市场。近年来，逆全球化和贸易保护主义抬头对我国传统产业相关企业的对外投资产生了重要影响，导致规模经济的不确定性进一步增强。另一方面则是外部环境风险。开放条件下，传统产业要想实现规模经济，不仅要尊重市场规律，优化国内外资源配置，降低生产和管理成本，按市场机制决定企业的最优规模，还要关注非市场的外部环境风险，比如环保、工会组织、习惯、文化以及商业环境等，这些虽然不会直接涉及生产成本，却会导致交易成本激增，也会制约传统产业的跨国经营，进而增加了规模经济的不确定性。

2. 外部性问题约束传统产业发展

我国传统产业的发展经历了国内起步，规模快速扩大，产能提升，再到国外输出的过程，但是开放经济条件是一把"双刃剑"，既能利用国际资源进一步"做大"企业，种种外部性问题也会约束发展路径，这主要源自以下两个原因。

第一，"资源诅咒"越发显现。如前文所述，我国传统产业具有较强的资源依赖性，那么在开放条件下利用"两个市场、两种资源"就能解决资源问题促进产业持续增长吗？经济学家曾经一度认为资源禀赋对一国的经济增长至关重要，获取资源可以为经济增长提供动力源，但是随着新经济以及高新技术产业的发展，许多资源不足的国家反而超越了资源丰富的国家，引起了经济学家的反思。自 Auty 提出"资源诅咒"[①] 命题以来，这个问题一直是经济学界关注的热点之一，大量的理论和实践证明自然资源的丰富度与经济增长之间存在着显著的负相关性，"资源诅咒"确实存在[②]，尤其在资源型的传统产业更是如此。然而，开放条件下能改变"资源诅咒"问题吗？从国内来看，资源丰度对经济增长的边际影响与一个地区对国内的经济开放度负相关，当一个地区对国内的经济开放度较小时，这种边际影响为正，即资源红利，否则为负，即"资源诅咒"。[③] 从国际贸易来看，"资源诅咒"假说在跨国层面和发展中国家中成立，且资源依赖对技术创新和商品贸易的挤出效应是形成"资源诅咒"的重要传导机制，并且环境规制打破"资源诅咒"的"技术创新效应"在发展中国家尚未显现。[④] 由此可见，资源要素是经济增长的重要因素，开放条件下短期内可以获取更多资源，理论上有利于扩大生产可能性边界，但是长期来看，过度的资源依赖将会导致技术创新、人力资本投入不足，而从长期的外部环境来看，这些将严重束缚传统产业的转型升级和产业结构调整，"资源诅咒"将会越来越显现。

第二，环境压力逐渐增强。传统产业的发展已经使得资源日渐枯竭，环境破坏严重，逐渐逼近增长的极限。增长的极限是"吞吐能力"的极限，是维持人类、建筑、工厂、交通工具持续运转所需的能量和物质流的极限。这些极限是对人类消耗资源和排放废弃物的速度的限制。[⑤] 不仅如此，由于资源环境形势日益严峻，迫使各国注重环境治理，尤其是环境规制趋紧，我国传统产业在国际市场竞争中频繁遭遇绿色壁垒，而我国传统

---

① Auty, R. M, *Sustaining development in mineral economies: the resource curse thesis*, London: Routledge, 1993.

② 徐康宁、邵军：《自然禀赋与经济增长：对"资源诅咒"命题的再检验》，《世界经济》2006年第11期。

③ 邓伟、王高望：《资源红利还是"资源诅咒"？——基于中国省际经济开放条件的再检验》，《浙江社会科学》2014年第7期。

④ 宋德勇、杨秋月：《环境规制打破了"资源诅咒"吗?》，《中国人口·资源与环境》2019年第10期。

⑤ [美] 德内拉·梅多斯、乔根·兰德斯、丹尼斯·梅多斯：《增长的极限（珍藏版）》，李涛、王智勇译，机械工业版社，2013，第9页。

产业大都具有劳动密集型和低技术含量的特征，导致其在技术研发和技术人才的投入上欠缺，而环境压力的逐渐增强又使得各国逐步提高了环境贸易壁垒，这些资源依赖和环境规制政策逐渐约束和压缩了我国传统产业发展的国际空间，原先的发展路径已经逐渐"走投无路"。

3. "市场换技术"规锁了我国传统产业的发展路径

自20世纪90年代开始，为了吸引外资，我国实施了"以市场换技术"的战略。"以市场换技术"是通过提供一定的市场准入机会，要求外国企业在华投资高技术水平的项目或者转让部分先进技术。[①] "以市场换技术"战略实施几十年来，确实对我国经济的发展和相关产业的蓬勃发展起到了积极的作用，但是也逐渐规锁了我国传统产业的发展路径，主要表现在以下两个方面。

第一，"以市场换技术"快速拓展了传统产业的产业链和市场规模。客观地说"以市场换技术"在早期时对促进我国经济的发展，建立完备的工业体系提供了急需的技术支持，技术外溢促进了我国传统产业的产业链拓展，原先单一的产品得到丰富，从产品的设计研发到生产销售的各个环节，技术不断得到提升，再加上开放条件下的国际贸易扩大了传统产业的市场规模，因此，我国传统产业一度受益于"以市场换技术"而得到了快速发展，也使我国快速成为全球制造业大国，比如家电、汽车、钢铁、装备制造、化工等产业得到迅速发展，形成了庞大的产业规模。

第二，长期技术依赖导致传统产业核心竞争力缺失。"以市场换技术"虽然快速推动了我国传统产业的发展，不仅满足了国内市场需求，还通过加工贸易对外输出大量产品和服务，尤其是制造业，占据了我国对外贸易的主要部分。但是，随着时间的推移和技术更迭的加快，我国传统产业在长期"以市场换技术"战略的影响下，逐步形成了技术依赖，无论是大型国有企业还是中小民营企业，技术创新投入不足，"拿来主义"盛行，致使传统产业的核心竞争力缺失，产业转型升级困难，长期处于产业价值链的低端，发达国家通过技术创新和技术标准控制，逐渐规锁了我国传统产

---

① 喆儒：《产业升级——开放条件下中国的政策选择》，中国经济出版社，2006，第231页。

业的发展路径。比如：联想创业初期究竟应该走自主创新的"技术路线"还是走快速做大市场规模的"以市场换技术"路线，至今仍充满争议；再譬如中国是自行车大国，但是我国高端自行车所使用的变速器却绝大部分依赖进口，而自行车的利润也大部分被这些进口配件厂商赚取；在装备制造等传统产业领域也有大量核心技术依赖于国外，这些使得我国传统产业逐渐陷入了"开放市场——买低端技术——市场再扩张——技术再购买——市场再扩张"的低水平、低质量发展的恶性循环之中。

第二节　中国发展绿色产业的动因

绿色产业是不是应该鼓励发展？应该如何发展？发展的动力是内生的还是外生的？针对这些问题，不同的学者从不同的学科角度给出了不同的认识，有的从社会学的角度、有的从生态学的角度，可谓"见仁见智"。本书从产业组织发展来分析，一个产业能否持续健康发展关键在于"要素供给"和"供求关系"两个方面，因此，关于我国绿色产业发展的动因，本书主要从环境、生产要素、供求和国家竞争力提升等角度进行了剖析。

一、环境和资源约束迫使我们发展绿色产业

对于传统经济学来说，一个基本假设就是资源是稀缺的，因此，经济学研究的使命就是在稀缺条件下寻求资源最优配置，提高效率，为此逐步演化出许多经济学学派。从绿色产业发展的外部动因来看，资源与环境约束的主要原因是：

首先，从资源约束的角度来看，自然资源的稀缺和不可再生性是推动发展绿色产业的外部经济因素。如前文所述，传统经济学研究假设资源稀缺，这里的"资源"不仅指自然资源，还包括劳动力、资金、土地等要素，但实际上资本主义市场经济发展了几百年，在资源错配条件下经济依然得到发展。西方发达国家的发展史也是一部资源掠夺和环境破坏史，可以说在它们的发展过程中，资源，尤其是自然资源的约束，是很弱的。20世纪末，尤其进入21世纪后，全球资源尤其是自然资源紧张的形势日益严

重，这时的自然资源依然成为制约一国国力和可持续发展的关键因素。因此，如何快速降低资源消耗，开发新能源替代传统能源，已经成为各国关注的重点，绿色产业发展势在必行，也是未来经济发展的动力源和增长点。

其次，环境和生态修复的长期性和不可逆性是发展绿色产业的外部诱因。人类的发展不仅对自然资源的消耗日益增加，对生态环境的破坏也与日俱增。在人类目前探索到的星球中，地球是唯一可供人类长期生存的，但是人类在追求物质享受的过程中却对我们赖以生存的地球进行着无情的摧残，破坏生态环境"轻而易举"，而要想修复生态环境却是"困难重重"，因为生态环境的修复需要很长时间，并且有些生态环境的破坏是不可逆的，比如物种的灭绝、土壤破坏等。因此，尽可能地减少经济发展对生态环境的破坏，尤其是不可逆的破坏，是我们必须要考虑的，也是发展可再生产业、环保产业和循环经济产业等绿色产业的外部诱因。

二、生产要素供给为绿色产业的发展提供了充分支持

如前文所述，环境与资源约束是发展绿色产业的外部动因，而一个产业的发展，从幼稚期一直到成熟期，生产要素能否有效供给是最为关键的内部动因。总的来说，当前中国绿色产业发展的生产要素供给是充分的，主要反映在以下三个方面。

第一，技术要素。绿色产业之所以称为"绿色"，与传统产业的根本区别在于蕴含着大量技术创新，没有技术创新，绿色产业就无法实现"低耗能、高产出"、循环利用以及开发新资源"变废为宝"。应该说，西方国家在发展绿色产业方面之所以较为领先，原因就是绿色技术创新优势明显。如前文所述，虽然我国在 20 世纪 90 年代受发达国家影响对绿色产业、环保产业和循环经济有了初步认识，但是受制于技术落后，我国绿色产业的发展在很大程度上停留在理念层面，在经济发展实践中鲜有作为。然而，进入 21 世纪，尤其是随着可持续发展战略和绿色发展理念的实施，我国在技术创新上有了长足进步，如在光伏、新能源、信息技术等方面甚至处于世界领先地位。可以说，我国大量科技人才和技

术研发的投入促进了绿色技术的不断供给，为绿色产业发展提供了核心动力。

第二，劳动力要素。一个产业的持续发展除了技术要素外，大量劳动力的供给也是必不可少的。随着新一轮科技革命的不断深入，传统产业的产业工人已逐步被新技术、新产品替代。比如：机器人大量替代一线工人，人工智能替代很多服务业人员等，这在客观上增加了从事绿色产业的劳动力供给。另外，随着我国在 20 世纪末大力推进科教兴国战略，经济社会效益得到逐步发挥，高等院校为绿色产业发展培养了大批高技术、高素质的产业人才和劳动力，大大提高了绿色产业发展的人才储备量。绿色产业劳动力的充分供给，有利于促进绿色产业的规模扩大，为绿色产业的集聚发展提供了客观条件。

第三，资本要素。现代产业要想快速发展，除了需要技术和劳动力要素的支撑之外，也离不开资本要素的推动。按照新古典经济学观点来说，资本是逐利的，那么资本会青睐于发展绿色产业吗？从国内外绿色产业发展的经验来看，资本对绿色产业的投资态度呈现出从谨慎到追捧的过程，在绿色产业发展初期，资本投入往往比较谨慎，因为产业发展的方向和趋势不明朗，当产业不断壮大，盈利机会增多，资本往往会不断加大投资力度，从而促进绿色产业更快发展。如前文所述，中国绿色产业的发展不仅受到产业政策的支持，还有国有资本的引领和推动，尤其在绿色产业发展初期，比如新能源汽车的充电桩建设、环保产业的发展等都有大量国有资本投资，而随着产业步入正轨，越来越多的社会资本和非公资本积极参与投资绿色产业，可以说，当前中国绿色产业的发展有着充分的资本要素支持。

三、人类文明发展和绿色消费需求促进了绿色产业发展

在市场经济条件下，绿色产业要想持续健康发展，不仅要考虑供给端，生产商能不能生产，以及如何生产？更要考虑需求端，消费者是否有需求，需要什么产品？只有把供给和需求相结合，才能真正有效地促进绿色产业发展。当前，世界潮流激发和增强了中国绿色产业发展的需求，主

要反映在以下两个方面。

第一，人类文明发展激发了绿色生活需求。迄今为止，人类社会经历了原始社会、农业社会和工业社会三个历史阶段，而现今人类在进入后工业社会之后，虽然物质文明极为丰富，但是人类赖以生存的地球资源却消耗殆尽，生态环境破坏严重。人类为了追求更好的生活，利用资源发展经济的同时，也在逐渐扼杀人类的生存空间和环境，人类陷入了"我欲何求，何为我求"的困境，这不能不说是一个经济发展的悖论。因此，要想打破这一怪圈和悖论，就要追寻一种全新的人类生产生活方式，即"生态文明社会"，也有人称之为人类发展的第四阶段。在生态文明社会中，区别于前面三个人类社会发展阶段的一个重要特征是人类的绿色生活需求将会逐步增加，从发展经济的角度来看这既不同于原始社会、农业社会自给自足的"小农经济"，也有别于工业社会利润至上的"物质经济"。生态文明社会的发展会自动激发人类对绿色生活的需求，包括小到对日常生活的水电气、食品、衣物等的绿色环保需求，大到对住房、家电、汽车等大宗商品的低碳绿色功能的需求。

第二，绿色消费逐步成为社会共识，绿色产品备受关注。随着绿色需求的激发，绿色消费将会逐步成为社会共识，因而绿色产品也备受关注。人们在购买产品时，不再像传统社会中人们仅仅关注价格和自我受益，转而更加关注产品的"绿色性"，这里的"绿色性"主要包含以下要素：产品的技术是否节能，产品的材质是否环保，产品是否可回收和再循环利用，产品的生产过程和营销活动是否对环境友好等。对绿色产品的关注反映在经济发展模式上，使低碳经济和循环经济将成为主流，而在企业中"生产—销售—回收—再生产"的闭环生产模式，也将成为绿色产品的主要模式，这一切将促进绿色产业的发展。

四、国家竞争力提升需要发展绿色产业

在开放经济条件下，一个国家的竞争力主要集中表现在产业竞争力上。随着绿色产品和绿色消费逐渐深入人心，绿色需求就会迅速增长，进而各国会竞相发展绿色产业，以求获取在这方面的国家竞争优势。对于我

国而言，我们在传统产业上相对落后，在发展绿色产业上，我们虽然"意识早"，但"行动晚"，因此，必须加快绿色产业的发展，提升绿色产业的国际竞争力，除此之外，还有两个主要原因。

第一，规避绿色贸易壁垒，需要发展绿色产业。随着各国对环境保护的重视，低耗节能的绿色产品将逐渐替代高耗能、高污染的产品，反映在国际贸易上就是各国不断提高紧扣产品的技术标准、能耗标准，甚至包括原材料使用的绿色环保标准，绿色贸易壁垒俨然成为 21 世纪以来逐渐兴起的新型贸易壁垒方式，也成为贸易保护主义的利器，更成为考察一国国际竞争力的重要标准。近年来，我国遭遇的绿色贸易壁垒案例层出不穷，有传统农产品、纺织品，有以美国能源之星、欧盟 ERP 等为代表的法规或标准对中国家电机电产品的绿色技术壁垒，还有汽车排放标准的提升等。我国企业的绿色壁垒诉讼案件也是逐年上升，中国制造在贸易保护主义和逆全球化背景下面临着巨大的压力。因此，从提升中国国家竞争力的长远角度看，要想从根本上规避绿色贸易壁垒，唯有大力发展绿色产业，一方面要不断促进传统产业转型升级，进行"绿色化"改造；另一方面还要在发展新兴绿色产业上抢占先机，获取更多绿色产业中相关绿色技术标准的话语权。

第二，国家生产力的国际竞争优势体现。在国家层面上，"竞争力"的唯一意义就是国家生产力。国民生活水平的提升需要企业不断提升和创造符合时代需求的生产力。[1] 如前文所述，绿色产业涉及国民经济的方方面面，几乎覆盖第一、二、三产业，关键是还在新能源、新材料、汽车、钢铁、化工、生物医药、信息技术、环保等关系国计民生的产业中占据重要地位，也是代表着中国最先进的国家生产力。在未来的国际竞争中绿色产业竞争是获取国际竞争优势的重要依靠，因此，必须加快中国绿色产业的发展。不论是国际竞争的历史发展趋势，还是生态和资源环境的现实约束，发展绿色产业不仅是保持和提升国家生产力的必然选择，也是中国获取国际竞争优势的有效途径。

---

① ［美］迈克尔·波特：《国家竞争优势》，李明轩、邱如美译，华夏出版社，2002，第6页。

第三节 中国绿色产业的发展现状

一、中国绿色产业发展的现状

近年来，在国家宏观经济发展战略调整和绿色产业政策的扶持下，我国传统产业转型升级和绿色产业都获得了快速发展，并取得了可喜的成绩，本书选取几个典型的绿色产业来概括总结绿色产业发展的现状。

1. 新能源汽车产业

自 2010 年国务院发布《关于加快培育和发展战略性新兴产业的决定》开始，从中央到地方对新能源汽车产业均给予了高度重视，从新能源汽车研发生产到终端销售，再到充电桩的安装使用，国家及地方提供了一系列政策补贴，对促进新能源汽车产业的发展壮大以及普及推广发挥了重要作用。从表 2-1 中我们可以看出，2011 年我国新能源汽车年产量为 0.8 万辆，而到了 2018 年，年产量则为 127 万辆；年销量从 2011 年的 0.8 万辆增长到 2018 年的 125.6 万辆，可以说新能源汽车产业在这十年里逐步走上了产、销两旺的发展态势；尽管 2019 年随着新能源汽车补贴政策的逐步退出，产、销量有所下降，但总体依然维持在 120 万辆以上，这说明整体上传统汽车厂商纷纷转向新能源汽车领域，加大了对新能源汽车的研发投入，消费者也逐步完成对新能源汽车从不了解、疑惑到接受的转变。

表 2-1 新能源汽车产、销量统计表（2011—2019）

年　份	年产量/万辆	年销量/万辆
2011 年	0.8	0.8
2012 年	1.26	1.28
2013 年	1.75	1.76
2014 年	7.8	7.4
2015 年	34	33.1

年　份	年产量/万辆	年销量/万辆
2016 年	51.7	50.7
2017 年	79.4	77.7
2018 年	127	125.6
2019 年	124.2	120.6

数据来源：笔者根据网络资料自行整理。

2. 环保产业

发展环保产业虽然从 20 世纪 90 年代就提出，但是在 GDP 唯上的年代，环保产业在实际工作中并没有引起重视，因此发展较缓慢和滞后。进入 21 世纪，随着我国资源和生态环境问题的逐步凸显，大力发展环保产业被正式提上日程，从表 2-2 中环保、社会公共安全及其他专用设备制造业的相关统计数据可以看出，这类制造业的总产值由 2006 年的 585.28 亿元，突增到 2008 年的 1165.54 亿元，两年翻了两倍；而这类制造业的法人数也从 2006 年的 1598 个增长到 2012 年的 25902 个；同样，从表 2-3 中的废弃资源利用业发展情况来看，规模以上废弃资源综合利用业企业数、利润总额和企业资产也是逐年增长，这些说明我国环保产业的投入与产出在逐年增加，并取得了良好的经济社会效益。

表 2-2　环保、社会公共安全及其他专用设备制造业的相关统计数据

年　份	环保、社会公共安全及其他专用设备制造业固定资产原价/亿元	环保、社会公共安全及其他专用设备制造业工业总产值/亿元	环保、社会公共安全及其他专用设备制造业企业法人单位数/个
2006 年	160.86	585.28	1598
2007 年	192.37	802.5	1412
2008 年	278.46	1165.54	13379
2009 年	386.58	1517.68	16088
2010 年	506.42	1950.56	19477

年　份	环保、社会公共安全及其他专用设备制造业固定资产原价/亿元	环保、社会公共安全及其他专用设备制造业工业总产值/亿元	环保、社会公共安全及其他专用设备制造业企业法人单位数/个
2011 年	603.91	2469.2	22686
2012 年	—	—	25902

数据来源：统计年鉴和各类统计调查资料的年度数据。

表 2-3　废弃资源利用业发展情况统计表

年　份	规模以上废弃资源综合利用业企业利润总额/亿元	规模以上废弃资源综合利用业企业数/个	规模以上废弃资源综合利用业企业资产总计/亿元
2018 年	217.2	1710	2470.4
2017 年	227.21	1584	2382.06
2016 年	213.18	1582	2119.25
2015 年	210.86	1530	1980.71
2014 年	198.71	1490	1917.57
2013 年	132.08	1274	1561.07

数据来源：统计年鉴和各类统计调查资料的年度数据。

3. 风力发电

随着煤炭资源以及环境污染问题变得日益突出，国际社会对节约能源和低碳经济逐步形成共识，各国对新能源的开发也逐步重视，我国为了履行对国家社会的承诺，减少资源消耗和温室气体排放，也逐渐加大了风力发电和光伏发电等新能源的开发利用。在表 2-4 中，风电发电量从 2005 年的仅 16 亿千瓦时增长到 2011 年的 741 亿千瓦时，风电发电装机容量也从 2005 年的 106 万千瓦增长到 2018 年的 18426 万千瓦，增长速度非常惊人。由此可见，以风力发电为代表的新能源产业发展速度很快，也为国民经济发展提供了很好的绿色能源保障。

表 2-4　风电相关情况统计表

年　份	风电发电量/亿千瓦时	风电发电装机容量/万千瓦
2005 年	16	106
2006 年	28.4	207
2007 年	57.1	420
2008 年	131	839
2009 年	276.15	1760
2010 年	501	2958
2011 年	741	4623
2012 年	—	6142
2013 年	—	7652
2014 年	—	9657
2015 年	—	13075
2016 年	—	14747
2017 年	—	16325
2018 年	—	18426

数据来源：统计年鉴和各类统计调查资料的年度数据。

4. 绿色产业相关产业

除了前文所述的新能源汽车、环保、风电等典型的绿色产业之外，很多生态保护、农业、数字产业、文化娱乐业以及服务业等领域，也是绿色产业的重要构成部分。近年来，这些产业在供给侧结构性改革的背景下也取得了很好的发展。从表 2-5 中我们可以看出，信息传输、软件和信息技术服务业，生态保护和环境治理业，文化、体育和娱乐业以及农业等的固定资产投资额逐年增长，以农业及信息传输、软件和信息技术服务业增长速度最快，这反映出国家对传统绿色产业的生态农业和新兴绿色产业的信息产业发展同样重视。与此同时，对生态保护和环境治理业的投资也是逐步加大，反映出国家对"一手抓经济发展，一手抓环境治理"的绿色发展理念的贯彻落实。

表2-5　绿色产业相关产业投资情况统计表

年　份	2012 年	2013 年	2014 年	2015 年
信息传输、软件和信息技术服务业固定资产投资额（不含农户）/万元	28344000	32158000	41870000	55166000
信息传输、软件和信息技术服务业固定资产投资额（不含农户）同比增长/%	30.6	19.5	38.6	34.5
生态保护和环境治理业固定资产投资额（不含农户）/万元	10981000	14160000	18007000	22490000
生态保护和环境治理业固定资产投资额（不含农户）同比增长/%	2.50	31.10	26.00	24.4
文化、体育和娱乐业固定资产投资额（不含农户）/万元	42991000	52506000	61917000	67241000
文化、体育和娱乐业固定资产投资额（不含农户）同比增长/%	36.20	23.00	18.90	8.90
农业固定资产投资额（不含农户）/万元	32804000	40976000	55156000	78489000
农业固定资产投资额（不含农户）同比增长/%	40.5	28.1	40.6	45.7

数据来源：统计年鉴和各类统计调查资料的年度数据。

二、中国相关绿色产业发展的经济与社会效益

近年来，绿色产业发展取得了长足进步，一方面，得益于国家宏观经济政策的导向、相关产业政策的大力扶持；另一方面，绿色产业的发展也为国民经济持续健康地发展提供了新动能和新的经济增长点。总的来说，

绿色产业的迅速发展不仅取得了良好的经济效益，也获得了公认的社会效益。

1. 绿色产业发展的经济效益

一个产业要持续发展，不仅要投入，更要达到预期的产出，绿色产业也是如此，一旦早期进入绿色产业的相关企业获得了经济效益，其他企业便会自发进入，因为绿色产业的发展才是可持续的。由于统计年鉴的统计口径问题，没有单独的绿色产业数据，但是高新技术产业基本符合绿色产业的特征，应该说是绿色产业的重要构成部分。从表2-6中高技术产业的发展状况可以看出，高技术产业固定资产投资额从2010年的6944.7亿元增长到2017年的26186.5亿元，增长了近4倍；而主营业务收入由2010年的74482.8亿元增长到2017年的159376亿元，增长了2倍多，利润总额也增长了近2.2倍。由此可见，绿色产业发展取得了可观的经济效益。

表2-6 高技术产业相关情况统计表

年　份	高技术产业企业数/个	高技术产业利润总额/亿元	高技术产业主营业务收入/亿元	高技术产业固定资产投资额/亿元
2010年	28189	4879.7	74482.8	6944.7
2011年	21682	5244.9	87527.2	9468.5
2012年	24636	6186.3	102284	12932.65
2013年	26894	7234	116049	15557.68
2014年	27939	8095.2	127368	17451.72
2015年	29631	8986.3	139969	19950.65
2016年	30798	10602	153796	22786.7
2017年	32027	11296	159376	26186.5
2018年	33573	10293	——	——

数据来源：统计年鉴和各类统计调查资料的年度数据。

2. 绿色产业发展的社会效益

近年来，绿色产业的发展不仅带来了良好的经济效益，为新时代国民经济的发展注入了新的活力和动力，还大大降低了资源消耗，保护了生态环境，也取得了良好的社会效益。从表2-7中我们可以很明显地看出，工业废水排放量从2011年的231亿吨降到2017年的130亿吨，工业固体废物排放量从2011年的433.3万吨降到2015年的55.8万吨，而工业废气排放量虽然有波动，但总体上得到了有效控制，没有随着经济的发展而大量增加。与此同时，工业废水与废气的污染治理投资却是随着排放量的增减而稳步投资。这些数据表明，绿色产业发展实实在在地降低了资源能耗，实现了高质量的经济发展，保护了生态环境，促进了绿色产业的发展。

表2-7 工业废水废气排放物相关情况统计表

年　份	2017年	2016年	2015年	2014年	2013年	2012年	2011年
工业废气排放量/亿标立方米	—	—	685190	694190	669361	635519	674509
工业废水排放量/万吨	1300000	1530000	1995000	2053000	2100000	2220000	2310000
工业固体废物排放量/万吨	—	—	55.8	59.4	129.3	144.2	433.3
工业废水污染治理投资/亿元	76.40	108.20	118.40	115.20	124.90	140.3	157.7
工业废气污染治理投资/亿元	446.30	561.50	521.80	789.40	640.90	257.7	211.7

数据来源：统计年鉴和各类统计调查资料的年度数据。

第三章　中国绿色产业发展路径的
历史演变与制度体系现状

第一节　中国绿色产业发展路径的历史演变

一、市场经济与绿色产业发展：一个产业组织的视角

市场经济说到底是以市场为基础的、有关资源配置的一系列制度安排，其核心是价格机制作用的充分发挥。发展绿色产业究竟是市场经济发展的必经阶段，还是维护市场经济发展的必要补充呢？换句话说，绿色产业的产生与发展是市场经济内生的吗？政府、社会、理论界和企业界对绿色产业的态度也莫衷一是。那么，作为发展中大国的中国应该如何看待绿色产业在国民经济中的作用呢？这是值得我们深思的问题。下面将从产业组织的视角来剖析市场经济与绿色产业发展路径之间的关系。

1. 市场经济是不断发展完善的

人类社会经历了原始社会、奴隶制社会、封建社会和资本主义社会，市场经济也是从无到有、由不完善到逐步完善。市场最初反映的是社会供求关系，市场交易也是从以物易物到以货币为媒介进行交易，市场规则从最初的习惯、发展到后来成为传统，再到现今的以法律制度为保障，这是市场经济不断完善的历史表现。从产业组织的角度来看，市场经济的发展完善主要体现在以下两个方面。

第一，市场经济与产业组织发展是互相促进的。亚当·斯密在《国富论》一书中通过"针"的制作过程论证了劳动分工可以提高劳动生产率，专业化生产有利于提高产量；虽然他没有明确指出劳动分工对产业组织发展的作用，但是客观上劳动分工扩展了人与人之间的劳动关系，促进了产业组织的发展。随着劳动分工的不断扩展，专业化生产的企业也不断产生，企业之间的买卖交易活动也日益频繁，促使市场经济的范围和边界也不断拓展。与此同时，为了市场经济和产业组织的有序发展，市场秩序的维护和监督越来越重要，政府的作用也越发突出，政府通过制定法律和设置机构维护市场公平交易等职能的发挥成为市场经济健康发展的保障。

第二，市场经济的发展不断催生新的产业诞生。按照新古典经济学理论，专业化生产提高了劳动生产率，进而也提高了产品产量，导致市场竞争也越发激烈。而厂商为了在竞争中获取优势地位，就会通过提高技术、降低成本等方法来尽可能降低产品价格，从而提高竞争优势。技术创新不仅可以提高产品质量和产量，还会带来革命性的新产品，从而不断催生新的产业诞生。例如，人们用来听音乐的产品从最初的留声机到磁带，再到光盘、MP3、MP4，直到现在的数字音乐，这一发展过程不仅带来了新产品和音乐质量的提升，更是诞生了多个新产业。因此，市场经济是竞争经济，竞争激发了创新，带来产业革命，催生了新产品、新技术和新产业。

2. 绿色产业是市场经济下产业组织发展的必然路径

市场经济理论的一个重要约束条件就是资源是稀缺的，因此，发挥市场在资源配置中的基础性作用就成为市场"无形之手"的重要功能。当然，这里的资源不仅是指自然资源，还包括人力资源、资本、技术等一切在市场中可以交易的"有价之物"。

一方面，市场经济是竞争经济，但市场并非是"万能"的，也有缺陷，所以"市场失灵"现象随处可见。企业为了获取利润会不断攫取资源，市场经济不断地提高人们的生活和物质享受，但也使得人类赖以生存的地球资源不断减少乃至枯竭，如石油、煤炭、稀有金属等；同时外部性问题也随之出现，产品的生产制造过程对自然和生态造成了严重的破坏，比如酸雨、雾霾、温室效应等。因而，人们寄希望于人类日益增长的物质文化需求与节约资源保护环境之间能够平衡，对传统的产业转型升级和绿色产业的发展需求也不断增强。

另一方面，在市场经济下，企业为了不断提高自身竞争力，会不断研发新技术和新产品，创新管理方法，进而会对传统的产业组织发起挑战。如前文所述，随着资源越来越稀缺，资源的价格无疑会上涨，谁能研发新技术、新产品减少对资源的依赖，甚至开发替代资源，谁就能够在市场竞争中具备核心竞争力，处于市场的优势地位。进入21世纪后，减少碳排放和节约资源保护环境，促进人类可持续发展已然成为世界各国的共识，为了适应潮流和满足人类的需求，各国都认识到必须调整产业结构和产品结构，这些发展路径大力推进了绿色产业的发展。

3. 绿色产业是市场经济发展的必由之路

如前文所述，市场经济的天然特征就是竞争，而竞争可以促进效率提升，在价格机制充分发挥作用的领域，资源配置可以达到最优状态，但现实是，在市场经济中，由于外部性问题和市场失灵，价格机制就会失效，资源配置也可能会出现低效和无效状态，资源浪费和破坏环境的行为就会出现，那么市场经济是不是天然就是排斥绿色产业的呢？笔者认为答案是否定的，市场经济不仅不会排斥绿色产业，还是绿色产业发展的必由之路，我们可以从以下两个方面去认识。

第一，科技创新为绿色产业的发展提供了技术保障。市场竞争激发企业不断进行科技创新，主观上科技创新提高了传统产业的市场竞争力，客观上科技创新带来的新技术、新产品为新的产业组织诞生提供了可能性，为绿色产业的发展提供了技术保障，也催生了绿色新兴产业。例如，人类在交通工具上的变迁，最初是使用马车，随着蒸汽机和内燃机的发明，燃油汽车便诞生了；再随着新能源革命的推进，混合动力、氢能源以及纯电动等新能源汽车得到推广；而随着数字革命和人工智能（AI）技术的发展，无人驾驶汽车也进入人们的视野。这一漫长的变化过程真实地反映了科技创新不断推进新的产业组织形成，也为绿色产业的发展壮大不断提供技术保障和路径支持。

第二，人类需求层次和水平的提升是拓宽绿色产业发展路径的市场保障。如前文所述，科技创新提供了新技术、新产品，使得人类的需求层次和水平也不断提升，在传统农业社会，人们的需求可能仅仅是吃饱穿暖，而工业革命的发展使得人类劳动生产率提高，人们的物质生活和文化生活也越来越丰富，人们对美好生活也越来越向往。正是如此，人们对绿色产品、绿色消费和绿色生活也会越来越接受，人们的绿色需求自然也会与日俱增，而有需求就会有市场，也会有越来越多的传统企业转型升级，研发新技术、新产品，逐步进入绿色产业领域，促进绿色产业不断发展壮大。因此，可以说人类需求层次和水平的不断提升为拓宽绿色产业发展路径提供了可靠的市场保障。

二、中国绿色产业发展路径的历史演变及其特征[①]

绿色产业在我国也并非刚刚提出的新概念，早在 20 世纪 80 年代，就有学者提出中国应大力发展绿色产业。新中国成立 70 年来，尤其是改革开放 40 年以来，中国对于绿色产业发展路径的认识是不断深化的，也发生了一些显著变化，笔者依据不同阶段的特征大致分为以下四个历史阶段。

1. 绿色产业发展的原始路径阶段（1949—1979）

这一时期新中国刚刚成立，百废待兴，新中国的国民经济体系正在逐步建立和恢复中，当时的环境和资源问题还不是很突出，因此，对于绿色产业的认识还是比较浅，主要集中在农业领域以及治理风沙和土壤沙化的问题上[②][③]。这一时期，在国际上，美国掀起的"绿色革命"在国内也产生了影响。所谓绿色革命，通常被狭义地理解为目前发展中国家谷物产量

① 张芳、汤吉军：《新中国成立 70 年来我国绿色产业发展的历史脉络、政策现状与未来展望》，《企业经济》2019 年第 11 期。
② 赵国珍、王甫仁：《造起绿色长城，战胜洪水风沙——喀喇沁旗下水地乡营造护岸林介绍》，《内蒙古林业》1958 年第 9 期。
③ 罗毅：《一定要使黄土高原改名换姓变黄土高原为绿色高原》，《黄河建设》1960 年第 4 期。

的快速增长。这是把新品种与大量施肥、精心灌溉相结合的结果。[①] 当时的国际政治经济形势是美苏争霸，美国企图以"绿色革命"来推行经济侵略和政治控制，也引起了国际上的有识之士的关注，让-克洛德·拉雅尼厄认为，发展中国家不必去追赶发达国家，应当创造同自身特点相适应的新方式。生态技术就是利用当地资源，把当地资源和当代科学资料结合起来，以提高当地资源的效率。[②] 总之，在这一时期中国的农业在国民经济中占据较大比例，因此，此阶段的绿色产业主要是绿色农业，"发展农业，提高粮食产量，解决人民温饱问题"是此阶段的主要特征。

2. 绿色产业发展路径的启蒙阶段（1980—1999）

十一届三中全会后，"一个中心、两个基本点"成为党的基本路线，也是指导全国政治经济生活的基本准则。在经济建设和改革开放的双重促进下，从理论界到实业界，对绿色产业开始逐步认识和接受。许多国家由权威部门机构制定严格的标准，对产品的生产、运输、消费过程进行审查、监督，向合乎"对环境友好无害"要求的产品颁发正式的"绿色标志"予以确认。这样，带有"绿色标志"的"绿色产品"便产生了，进行绿色产品生产的产业则被称为"绿色产业"。[③] 为了促进绿色产业的发展，必须扩大改革开放，因为发展绿色产业已成为世界趋势，例如，工业品转向绿色制造，农业经济转向绿色经济，科技创新向绿色科技变革，消费文化转向绿色消费，甚至国际贸易的绿色壁垒，等等。为了适应历史潮流和国际市场竞争，我国从 20 世纪 80 年代末开始加大对绿色产品的开发和投入，也加快推进了环保产业和清洁生产。截至 1998 年初，我国绿色食品的种植面积已达 3500 万亩，总产量 630 万吨，有绿色产品标志使用权的产品近 900 个，生产企业 550 余个，分别是 1990 年的 50 倍、18 倍、7 倍、

---

① 《美国鼓吹"绿色革命"——进行政治控制和推行经济侵略》，《云南农业科技》1975 年第 4 期。

② ［法］让-克洛德·拉雅尼厄：《绿色革命十年总结》，宇泉译，《国际经济评论》1978 年第 1 期。

③ 左峰辑：《什么是绿色产业》，《内蒙古财经学院学报》1994 年第 3 期。

20 倍（与 1995 年相比），年均增速在 35% 以上。① 在这一阶段，我国还初步建立了绿色产业和绿色产品相关的机构和规章制度：1994 年 5 月 17 日，中国环境标志产品认证委员会正式成立，正式开始了"中国环境标志"的认证工作；1996 年颁布了《国务院关于环境保护若干问题的决定》；1997 年国家颁布了《中华人民共和国能源节约法》；1999 年当时的国家经贸委发布了两批《淘汰落后生产能力、工艺和产品的目录》等。总的来看，这一阶段的绿色产业发展路径具有"开放认识、积极推进"的特征。

3. 绿色产业发展路径的重视阶段（2000—2009）

随着改革开放的不断推进，我国的经济建设取得了举世瞩目的成就，但伴随而来的环境和资源问题也不断显现出来。从政府到社会、企业，各个方面越来越感到环境问题的紧迫性，对绿色产业的重视程度也大大提高。随着对绿色产业发展路径的认识不断深入，人们认识到绿色产业不仅仅是指环保产业，也不是独立于传统的第一、二、三产业之外的所谓第四产业。所谓绿色产业，是指那些用绿色生产力和绿色生产方式来生产或提供绿色产品或绿色劳务的产业。② "高污染、高耗能"的粗放型发展模式对环境的破坏越来越被诟病，党的"十六大"提出了科学发展观战略思想，要求把人的发展、协调发展和可持续发展结合起来，自此各地纷纷结合地方资源，大力推进传统产业的绿化和绿色产业发展，并取得了一些成效。这一阶段，国家为了推进产业转型升级，绿色产业的发展，实施了一系列绿色产业政策：2000 年原国家发展计划委员会和国家经济贸易委员会发布了《当前国家重点鼓励发展的产业、产品和技术目录（2000 年修订）》，2002 年国家经贸委再次发布了《淘汰落后生产能力、工艺和产品的目录（第三批）》，2002 年第九届全国人民代表大会常务委员会第二十八次会议通过了《中华人民共和国清洁生产促进法》，2005 年国务院发布了《促进产业结构调整暂行规定》，2004 年 8 月国家发展和改革委员会、国家市

---

① 梅洪常、申雄、沈民：《开拓绿色产业须把握好五个重要关系》，《农业经济问题》1999 年第 8 期。

② 李春才：《略论绿色产业》，《江西财经大学学报》2004 年第 5 期。

场监督管理总局（原国家质检总局）联合发布了《能源效率标识管理办法》，2004 年全国人民代表大会常务委员会第十三次会议修订了《中华人民共和国固体废物污染环境防治法》等，这些法律和规章制度的实施，为加快我国传统产业的转型升级，促进绿色产业发展起到了助推作用，也给全国各地方发展"低耗能、低污染"的绿色产业提供了规范和标准，因此，这个阶段的发展路径突出反映了"建章立制、有序进退"的特征。

4. 绿色产业实践路径的起飞阶段（2010 至今）

经历了改革开放 40 余年的发展，中国取得了举世瞩目的成就，但是经济的快速发展是以环境破坏、资源迅速消耗为代价的。虽然从 2000 年后，国家积极推进淘汰落后产能，调整产业结构，促进产业转型升级，但是在GDP 指挥棒下，绿色产业仅仅是各地方发展经济的"陪衬"和"花瓶"，尤其是在 2008 年世界金融危机爆发，国家动用 4 万亿拉动投资，金融乘数效应下地方投资冲动，给一些濒临倒闭的传统产业企业以喘息之机，使一些"高耗能、高污染"的企业死灰复燃。[1] 到 2010 年，虽然中国经济得到了稳定发展，但是环境污染问题已成为全国性的问题，雾霾、酸雨、水污染、土壤污染以及动植物濒临灭绝等问题越发突出，加快绿色产业的发展已然成为国家战略。经济学家李稻葵认为，未来中国的基本矛盾是高储蓄率下产能持续增长与内需相对不足，解决这一矛盾的有效办法是开展绿色产业革命，对现有的产能进行升级改造，既不让产能迅速扩张，又带动内需。[2] 2012 年，党的十八大报告明确提出，大力推进生态文明建设，着力扭转生态环境恶化的趋势，把生态文明建设融入政治、经济、文化以及社会建设的各方面和全过程；2015 年，中共中央、国务院发布了《关于加快推进生态文明建设的意见》，并明确提出了"绿色产业"，同年《中国制造2025》发布，提出"全面推行绿色制造"；2016 年在"十三五"规划中提出了"创新、协调、绿色、开放、共享"五大发展理念，绿色发展被提上重要议程；党的十九大报告明确提出，要加快生态文明体制改革，推进绿

---

[1] 沈利生：《4 万亿元投资拉动经济的模拟分析》，《数量经济研究》2011 年第 2 期。
[2] 李稻葵：《未来十年中国需要绿色产业革命》，《中国物流与采购》2011 年第 18 期。

色发展，并提出了建设"美丽中国"的历史任务。这一切愿景说明人们对人与自然和谐相处，实现绿色发展的期盼，而这需要通过推进产业结构升级，促进绿色产业发展来实现，虽然近年来面对国内外经济形势的恶化，产业转型升级压力巨大，但是为了实现可持续发展，国家大力推进供给侧结构性改革，坚决打赢"蓝天保卫战"，使中国的绿色发展实践路径得到了长足进步，也赢得了世界认可。总结这一阶段的绿色产业发展路径，"国家战略、实践起飞"是其突出特征。

第二节　中国发展绿色产业的制度体系现状[①]及展望

对市场经济与绿色产业发展路径的关系，前文从产业组织的视角进行了重新审视，并总结了我国绿色产业发展路径的不同阶段。下面将在总结近年来我国出台的绿色产业相关制度体系的基础上，对当前我国发展绿色产业的制度体系进行深入思考和展望。

一、中国发展绿色产业制度体系的现状

作为正处于幼稚期的绿色产业，由于外部性问题和市场失灵，要想在市场经济中迅速发展壮大，必须有一定的制度保障，尤其是产业政策扶持。关于是否应该推行产业政策的问题，一直以来都是学者争论的热点问题之一，不仅因为这是一个重要的理论问题，也是涉及政府与市场边界的重大现实问题。在发展绿色产业问题上，欧美国家的绿色产业发展经验表明，凡是绿色产业发展好的国家和地区都离不开一定的产业政策扶持，否则绿色产业发展举步维艰。

1. 中国绿色产业的相关规章制度与产业政策（2011—2019）

近年来，资源枯竭和环境污染问题越来越突出，中国为适应世界潮流，相继出台了诸多绿色产业规章制度和政策，旨在推进产业结构升级，

[①]　张芳、汤吉军：《新中国成立 70 年来我国绿色产业发展的历史脉络、政策现状与未来展望》，《企业经济》2019 年第 11 期。

激发企业技术创新和转型升级，本书主要从以下几方面进行总结：

（1）绿色产业相关的宏观经济制度。从 2011 年"十二五"规划发布开始，我国就把绿色发展，建设资源节约型、环境友好型社会，实施创新驱动提高到国家战略的高度，随后国家和相关部门在诸多方面出台了与绿色产业相关的产业政策，具体见表 3-1。通过近十年绿色产业宏观经济制度可以看出，首先，发展绿色产业已成为国家、社会和公民的共识。其次，对绿色产业的发展目标要求越来越具体，宏观经济政策中包含微观具体的目标。最后，发展绿色产业的政策工具越来越多样化，注重协调中央和地方的关系，调动地方的积极性；综合利用法律、金融、税收、补贴等制度性工具，并与行政化手段相结合，把宏观经济制度真正落到实处。

表 3-1　绿色产业相关的宏观经济制度（2011—2019）

年　份	主要政策	发布机构或部门
2011 年	"十二五"规划纲要中提出：培育发展战略性新兴产业，绿色发展，建设资源节约型、环境友好型社会，大力发展循环经济	第十一届全国人民代表大会
2012 年	十八大报告中提出：转变经济发展方式，大力推进生态文明建设，推进"绿色发展、循环发展、低碳发展"	中国共产党第十八次全国代表大会
2012 年	《绿色制造科技发展"十二五"专项规划》中指出：重点突破绿色设计、绿色工艺、绿色回收再制造、绿色制造技术标准等关键的共性技术，推动绿色产品、技术、标准、装备、产业协同发展	中华人民共和国科学技术部
2015 年	《关于加快推进生态文明建设的意见》中明确指出：绿色产业主要包括节能环保产业、新能源汽车产业、有机农业、新能源产业、生态农业以及林产业等	国务院
2016 年	"十三五"规划纲要中提出："创新、协调、绿色、开放、共享"五大发展理念，并明确提出要加快改善生态环境以及发展绿色环保产业	第十二届全国人民代表大会

年　份	主要政策	发布机构或部门
2016 年	《工业绿色发展规划（2016—2020 年）》中要求：实施绿色制造工程，加快构建绿色制造体系，大力发展绿色制造产业，推动绿色产品、绿色工厂、绿色园区和绿色供应链全面发展，建立健全工业绿色发展的长效机制	工业和信息化部
2016 年	《能源发展"十三五"规划》中指出：清洁低碳，绿色发展。把发展清洁低碳能源作为调整能源结构的主攻方向，优化能源生产布局和结构，促进生态文明建设	国家发展和改革委员会、国家能源局
2016 年	《可再生能源发展"十三五"规划》中指出："十三五"时期，要通过不断完善可再生能源扶持政策，创新可再生能源发展方式和优化发展布局，推动我国能源结构优化升级	国家发展和改革委员会
2017 年	《服务业创新发展大纲（2017—2025 年）》中指出：要加快发展节能环保技术咨询、评估、计量、检测和运营管理等服务	国家发展和改革委员会
2017 年	《关于推进绿色"一带一路"建设的指导意见》要求：全面推进"政策沟通""设施连通""贸易畅通""资金融通"和"民心相通"的绿色化进程	环境保护部（现生态环境部）、外交部、国家发展和改革委员会、商务部
2018 年	《清洁能源消纳行动计划（2018—2020 年）》的目标要求：2018 年，清洁能源消纳取得显著成效；到2020 年，基本解决清洁能源消纳问题	国家发展和改革委员会、国家能源局
2018 年	《关于创新和完善促进绿色发展价格机制的意见》中要求：加快建立健全资源环境价格机制，完善有利于绿色发展的价格政策，将生态环境成本纳入经济运行成本	国家发展和改革委员会
2018 年	《汽车产业投资管理规定》中要求：加快推进新能源汽车、智能汽车、节能汽车及关键零部件，先进制造装备，动力电池回收利用技术，汽车零部件再制造技术及装备研发和产业化	国家发展和改革委员会

年　份	主要政策	发布机构或部门
2018 年	《建立市场化、多元化生态保护补偿机制行动计划》中指出：积极稳妥地发展生态产业，建立健全绿色标识、绿色采购、绿色金融、绿色利益分享机制，引导社会投资者对生态保护者进行补偿	国家发展和改革委员会、财政部、自然资源部、生态环境部、水利部、农业农村部、中国人民银行、市场监管总局、林草局
2019 年	《绿色产业指导目录（2019 年版）》中对节能环保、清洁生产等产业及基础设施绿色升级、绿色服务等进行了详细分类和阐释，其也将作为各地区、各部门明确绿色产业发展重点、制定绿色产业政策、引导社会资本投入的主要依据	国家发展和改革委员会、工业和信息化部、自然资源部、生态环境部、住房和城乡建设部、中国人民银行、国家能源局

资料来源：根据网络及国家发展和改革委员会官网资料自行整理。

（2）区域经济带的绿色产业相关制度。由于我国地区经济发展不平衡，资源分布和生态环境地区差异也很大，而且生态环境，尤其是污染等问题，往往是区域性和跨区域的，因此，近年来国家针对不同区域经济带也出台了相关制度和产业政策。通过表3-2，笔者发现主要有以下几方面趋势：首先，强调区域经济带绿色发展。不论是东北老工业基地，还是长江经济带、粤港澳大湾区等，都把绿色发展和低碳经济、循环经济摆在了突出位置。其次，突出区域特色的绿色产业制度。根据不同区域经济带的产业基础和资源禀赋不同，越来越突出区域特色的绿色产业制度，比如：东北老工业基地强调绿色制造、清洁生产和低碳循环经济的发展；长江经济带则强调区域协调发展，生态优先，绿色发展。

表 3-2　区域经济带的绿色产业制度（2011—2019）

年　份	主要政策	发布机构或部门
2013 年	《潮白河绿色生态发展带综合规划》中提出：为促进"人文北京、科技北京、绿色北京"建设，潮白河北京流域应发展绿地产业模式	北京市规划和自然资源委员会

年 份	主要政策	发布机构或部门
2016 年	《关于全面振兴东北地区等老工业基地的若干意见》中指出：全面推行绿色制造，强化节能减排，推进清洁生产，构建循环链接的产业体系	中共中央、国务院
2018 年	《淮河生态经济带发展规划》中要求：着力推进绿色发展，改善淮河流域生态环境，实施创新驱动发展战略，加快建成美丽宜居、充满活力、和谐有序的生态经济带	国家发展和改革委员会
2018 年	《汉江生态经济带发展规划》中要求：围绕改善提升汉江流域生态环境，加快生态文明体制改革，推进绿色发展，着力解决突出环境问题，加大生态系统的保护力度	国家发展和改革委员会
2018 年	《长江经济带绿色发展专项中央预算内投资管理暂行办法》中指出：重点支持有利于长江经济带生态优先、绿色发展的长江经济带绿色发展项目	国家发展和改革委员会
2018 年	《关于支持山西省与京津冀地区加强协作实现联动发展的意见》中提出：到 2022 年，山西省与京津冀地区联动发展，在生态环境、清洁能源、科技创新、产业发展、基础设施、医疗教育等重点领域的合作取得了实质性突破	国家发展和改革委员会
2018 年	《河北雄安新区总体规划（2018—2035 年）》中指出：要坚持绿色低碳循环发展，推广绿色低碳的生产生活方式和城市建设运营模式，推进资源的节约和循环利用	国务院
2019 年	《粤港澳大湾区发展规划纲要》中要求：打造节约资源和保护环境的空间格局、产业结构、生产方式、生活方式，实现绿色低碳循环发展	中共中央、国务院

资料来源：笔者根据网络资料自行整理。

（3）绿色产业相关的行业性制度安排。随着人们对绿色产业认识的深入，国家和相关部门以及各地方，对发展绿色产业从宣传鼓励到具体落实真抓实干，出台了诸多绿色产业相关行业性制度安排，见表 3-3。笔者通过整理相关资料发现有如下趋势。首先，相关行业制度安排越来越标准化、精细化。过去很多扶持政策往往是"摊大饼"，很多资金浪费，绩效较低，现在则越来越强调标准化。例如，产品单位能耗降低不同的标准则补贴不同；绿色制造达到不同的标准则扶持政策也不同，呈现出管理越来越精细化。其次，把传统产业绿色化改造和发展绿色新兴产业相结合。在绿色产业发展扶持政策中，很多政策对传统产业的转型升级和绿色化发展也给予鼓励和扶持，诸如汽车、钢铁、煤炭、建筑、装备制造等；同时，对环保、循环利用、新能源等绿色新兴产业给予大力扶持。最后，地方绿色产业扶持政策竞相出台。笔者在整理过程中，发现近年来为了吸引绿色新兴产业投资，在扶持政策上，除了国家层面，各地方的扶持政策力度也很大，甚至各地方呈现出扶持政策竞争态势，反映出各地方对促进绿色产业发展的迫切要求。

表 3-3　绿色产业相关的行业性制度安排（2011—2019）

年　份	主要政策	发布机构或部门
2012 年	《节能与新能源汽车产业发展规划》中指出：提高节能与新能源汽车创新能力和产业化水平，推动汽车产业优化升级	国务院
2012 年	《关于加快推动我国绿色建筑发展的实施意见》中要求：提出大力推进绿色建筑科技进步及产业发展，切实加强绿色建筑综合能力建设	财政部、住房和城乡建设部
2013 年	《关于加快发展节能环保产业的意见》中提出：到 2015 年，节能环保产业总产值要达到 4.5 万亿元，产值年均增速保持在 15% 以上，产业技术水平显著提升	国务院
2014 年	《关于促进煤炭安全绿色开发和清洁高效利用的意见》中要求：到 2020 年，资源开发利用率大幅提高，资源循环利用体系进一步完善，生态环境显著改善，绿色矿山建设取得积极成效，资源节约型和环境友好型生态文明矿区建设取得重大进展	国家能源局、环境保护部（现生态环境部）、工业和信息化部

年　份	主要政策	发布机构或部门
2015 年	《促进绿色建材生产和应用行动方案》中要求：到 2018 年，新建建筑中绿色建材的应用比例达到 30%，绿色建筑的应用比例达到 50%，试点示范工程的应用比例达到 70%，既有建筑改造应用比例提高到 80%	工业和信息化部、住房和城乡建设部
2016 年	《风电发展"十三五"规划》中要求：风电设备制造水平和研发能力不断提高，3—5 家设备制造企业全面达到国际先进水平，市场份额明显提升	国家能源局
2016 年	《加快推进再生资源产业发展的指导意见》中指出：再生资源产业发展是生态文明建设的重要内容，是实现绿色发展的重要手段	工业和信息化部、商务部、科技部
2017 年	《汽车产业中长期发展规划》中提出：以新能源汽车和智能网联汽车为突破口，引领产业转型升级；以做强做大中国品牌汽车为中心，培育具有国际竞争力的企业集团	工业和信息化部、国家发展和改革委员会、科技部
2019 年	《关于推进大宗固体废弃物综合利用产业集聚发展的通知》中要求：到 2020 年，建设 50 个大宗固体废弃物综合利用基地、50 个工业资源综合利用基地，形成多途径、高附加值的综合利用发展新格局	国家发展和改革委员会办公厅、工业和信息化部办公厅

资料来源：根据网络资料自行整理。

二、当前发展绿色产业制度体系的思考与展望

通过对近十年我国绿色产业相关制度体系的梳理，笔者发现这些制度体系和产业政策对促进我国绿色产业的发展起到了积极的作用，但是，也有些由于制度缺陷在实施过程中不尽如人意，有些甚至还违背了政策制定的初衷，如新能源汽车的"骗补"事件、绿色产业的技术"空心化"现象，这些问题的出现需要我们认真思考和总结，以期在未来逐步完善绿色产业制度体系，以更好地服务于产业的发展壮大。

（1）加强动态监管和制度创新，要变"重制定"为"重执行"。笔者发现国家和相关部委在绿色产业政策实施过程中往往存在"重制定，轻执行"的现象，导致很多绿色产业发展扭曲，甚至"违规、造假、骗补"等事件时有发生。今后要加强动态监管和制度创新，对绿色产业政策强调"重执行"，尤其对绿色产业发展考核的一些指标、技术标准、产品标准、能耗指标等要采取多种形式的监管，包括可以引入一些国际机构或第三方机构参与监管。总之，要把绿色产业制度安排真正落实到产业发展，真正服务于绿色发展。

（2）要重点完善绿色技术创新制度体系。在绿色产业发展中，绿色技术创新是核心，要通过技术创新降低能耗，实现清洁生产和循环利用。节约资源是发展绿色产业的出发点和落脚点。但是，笔者发现很多地方的绿色产业发展实际上是披着"绿色"外衣，走传统产业发展的老路，依然热衷于"大投资、大建设、大规模"，而没有真正的绿色技术创新，核心技术和关键零部件依然靠引进、靠采购，这种传统产业的路径依赖必须超越。因此，今后绿色产业制度安排要摒弃扶持"规模"，重点完善绿色技术创新和自主创新的制度体系，提高我国绿色产业的核心竞争力。

（3）注重从制度层面协调好"中央与地方""地方与地方"两个关系。近年来，尤其是"十三五"规划出台之后，由于国家对绿色发展越来越重视，从中央到地方促进绿色产业发展的扶持政策不断出台，甚至出现"多重补贴、重复补贴、多层优惠"等现象，有些地方省市间为吸引绿色产业投资和技术人才甚至出现了相关制度和政策"竞争"的局面，也引发有些绿色产业重复建设、产能过剩等问题，导致本来出于节约资源、保护环境而发展的绿色产业浪费了更多的资源（土地、资金和人才等）。因此，要特别注重从制度层面协调好"中央与地方""地方与地方"两个关系，形成地区间协调、互补、有序的绿色产业制度体系。

（4）绿色产业制度体系要与国际接轨，关注世界绿色产业发展动向。国际社会对绿色发展基本形成共识，欧美等发达国家对绿色产业的发展也是大力推进。为了推进我国绿色产业参与国际竞争，有效规避国际贸易的绿色壁垒，我们在完善绿色产业制度体系时要逐步与世界接轨，尤其是相关产业和产品的绿色标准、技术标准等。与此同时，我们还要密切关注世界绿色产业发展的新动向，如人工智能（AI）与产业的结合、发展创意产业等。

第四章 国外绿色产业发展的经验及路径选择的启示

第一节 美国绿色产业的发展经验

一、美国绿色产业的发展背景与现状

由于美国工业化进程较中国早很多，加之美国幅员辽阔有着丰富的资源储备，再利用两次工业革命，尤其是第二次工业革命的有利时机，美国凭借丰富的石油、矿产、电力等资源，快速推进了经济发展，并成功超越英国、法国等传统工业强国，成为世界上新的经济强国。虽然美国不断完善市场经济制度，但是在自由放任的主流政策下，市场失灵等问题在美国经济崛起的过程中也不断涌现，其突出的表现就是美国也一度出现严重的资源浪费和环境破坏，能源消费激增，随之也出现了能源危机、生态环境污染加重、气候变化等问题。因此，美国从20世纪六七十年代就开始反思传统的经济发展模式，高耗能、高污染的发展模式必然不可持续，因此，美国也是世界上较早意识到转变经济发展方式，发展低碳经济，促进可持续发展的国家之一，为此美国通过促进科技创新，完善法律制度，加强生态环境保护和治理，推行一系列能源改革，制定绿色产业发展政策，大力发展绿色经济，甚至一度还出现了"去工业化"的历史阶段。总之，美国在经济发展中也经历了"发展——污染——治理——再发展"的过程，直到今天，美国仍在通过各种方式和途径来促进绿色产业的发展。

由于对绿色产业的范围界定依据不同，美国对绿色产业的界定与本书前文所述有所区别，美国把节能环保的新技术、新能源等产业更多地称作新兴产业或高科技产业。而与绿色产业相关的经济部门是根据北美产业分类系统中描述的主要产品或服务活动来确定的，主要有：生产和制造者，包括苗圃和温室种植者、草坪和园艺设备制造商以及温室制造商（预制金属建筑）；园艺服务部门，包括草坪和景观服务公司、景观设计师；园艺产品的批发和零售贸易，包括花卉、苗木和花店用品批发商、草坪和花园商店以及花店。此外，建筑材料和用品经销商、食品和饮料店、百货商店以及农场和园艺设备批发商在其整体业务中都有大量的园艺产品销售。① 我们姑且把这些称之为美国狭义的绿色产业。2013 年，美国绿色产业所有部门的直接工业产出估计为 1364.4 亿美元，总产出贡献（包括出口销售间接和诱发的区域经济乘数效应）为 196.07 亿美元。对国内生产总值（GDP）的总增值贡献为 1207.1 亿美元，包括劳动收入贡献 8247 亿美元。向地方、州和联邦支付 2891 亿美元的营业收入和 9.30 亿美元的营业税。该行业的直接就业为 1599662 个全职和兼职工作岗位，在更广泛的经济中，就业贡献总额为 2035636 个工作岗位。2013 年，美国绿色产业对就业的贡献增加了 4.4%，对 GDP 的贡献增加了 2.7%。尽管近年来美国绿色产业发展缓慢，但它仍然是国家、州和地方经济的重要贡献者。② 由此可见，狭义的美国绿色产业在美国经济中的地位和作用已不可忽视，对美国经济的整体影响也越来越大。

此外，美国在节约资源、保护生态环境方面也进行了持续关注，尤其是在绿色新能源产业发展上，美国通过一系列法律制度的颁布和新能源政策的实施，大力推进了美国的绿色新能源等高科技产业的快速发展，也使得美国在这一领域处于全球领先地位。美国先后出台了《美国复苏与再投资法》《美国低碳经济法》《美国绿色能源与安全保障法》《美国清洁能源

---

① Charles R. Hall; Alan W. Hodges; John J. Haydu, "The Economic Impact of the Green Industry in the United States", *HortTechnology*, Vol. 16, No. 2, 2006, pp. 1–19.

② Alan W. *Hodges et al*, "Economic Contributions of the Green Industry in the United States in 2013", *HortTechnology*, Vol. 25, No. 6, 2015, pp. 805–814.

与安全法》等，尤其从美国次贷危机和奥巴马政府执政之后，一方面为了刺激经济复苏，另一方面为了发展新的经济增长点，促进就业和转变经济发展模式，美国大力推行"绿色新政"计划。如，在 2009 年初的经济刺激计划中，用于电动汽车、智能电网等先进技术研究的总金额达 367 亿美元。[①] 此外，奥巴马政府还针对美国国内经济提出"再工业化"政策，力图重振美国经济。美国除了大力发展新能源之外，对信息技术、生物、航空航天、高端制造等高科技产业也给予了重点支持。

2017 年，特朗普政府上台以后，美国在新能源和气候政策上出现了一些波折，特朗普为了兑现竞选时的承诺，在 6 月宣布退出《巴黎气候协定》，到 10 月又废除了奥巴马政府推行的《清洁能源计划》，一时间世界其他国家和美国国内弥漫着特朗普对美国发展绿色经济的质疑，很多人认为特朗普要把美国重新带回"灰色经济"发展模式。实际上，通过近几年特朗普政府的实际经济政策来看，美国发展新能源和高新技术产业的大方向是没有变化的，只是具体的措施和途径有所区别，带有党派和特朗普色彩具体表现在以下两个方面。其一，特朗普政府明确高举产业政策指挥棒。产业政策在奉行自由主义的美国一直是比较忌讳之词，但是，特朗普上台后一方面高举"制造业回归"，另一方面大搞"贸易保护主义"。其核心目标是通过政策扶持，保护美国本国相关的新兴产业，减少外部竞争，提振美国经济，比如美国四处打压华为、中兴等。其二，积极推动高科技产业发展。特朗普政府积极推进人工智能、先进计算和纳米技术等新技术的研发。[②] 实际上，近年来美国可再生能源的发展经历了显著的增长。其中大部分来自风能的扩张，2012—2017 年，美国陆上新增容量从 60005 MW 增至 89078 MW，增长了 48%。另外，美国国会一致通过了几项联邦措施支持向清洁和低碳密集型能源解决方案过渡。最值得注意的是，美国国会通过全行业的联邦可再生电力生产税收抵免（PTC）政策，这导致私

---

① 甄炳禧：《美国经济结构的调整》，《理论参考》2010 年第 9 期。
② 郧彦辉：《特朗普政府产业政策的基本特征》，http://business.sohu.com/2018-11-16/n555540379.shtml.

人投资驱动的风能行业的增长大幅增加。① 我们可以看出美国大力发展绿色新兴产业的核心目标是没有变化的，只是特朗普把政府干预的"有形之手"运用得更加明显和直接。

二、美国绿色产业发展的目标和经验

1. 美国绿色产业发展的总体目标

总体来看，虽然美国两党对新能源产业的发展理念有些差异，但是从特朗普政府的实际政策来看，尤其是在美国联邦制政体下，联邦政府和各州政府对发展低碳经济、循环经济和可再生能源等绿色新兴产业的态度上，还是积极的，也符合美国民众的诉求。总体上表现为以下两方面。

第一，美国政府通过并制定了一系列的与绿色产业发展相关的法律法规。近年来，特朗普政府一方面通过解除一些严格管制，维持传统能源产业的生存，促进传统高耗能产业转型升级，并有针对性地发展新能源产业；另一方面，推行"美国复兴和再投资计划"。按照《美国清洁能源与安全法案》要求，逐步增加对可再生能源和新能源领域的投资，加大研发力度，计划投资 1900 亿美元用于新能源技术的研发，加快新能源产业技术创新，大力发展新能源产业并使之成为美国经济新的增长点。

第二，大力推进"制造业回归"，扶持高科技低碳绿色新兴产业，实现美国"再次强大"的目标。近年来，美国政府制定了一系列与制造业有关的法律法规，如《促进联邦制造业法案》（2010）《高端制造伙伴关系》（2011）《先进制造业战略》（2012）。经历了金融危机之后，美国政府认识到没有繁荣的制造业经济是不稳定的，因此，美国力图复兴制造业，特朗普政府更是通过一系列减税政策，促使美国高科技企业回归，并加大对绿色低碳产业的支持力度，尤其是以人工智能、新能源、智能机器人、先进材料、3D 打印、纳米生物技术等为代表的高端制造业和新兴行业，促进

---

① Kim Schumacher; Zhuoxiang Yang, "The determinants of wind energy growth in the United States: Drivers and barriers to state-level development", *Renewable and Sustainable Energy Reviews*, No. 97, 2018, pp. 1-13.

实体经济稳定增长，促进就业，推动美国绿色产业的稳定和可持续发展。

2. 美国绿色产业发展的经验

通过美国绿色产业的发展经历和态势分析，我们可以总结出美国发展绿色产业主要有以下几点突出的经验。

（1）将政府干预与市场主导有机结合，强调精准施策。在绿色产业发展过程中，美国把政府干预与市场主导进行了有机的结合，并且在产业发展过程中根据外部环境不断调整政策，强调精准施策。

第一，美国强调绿色新兴产业发展以市场主导为主。把产业发展与市场开拓有机结合，尤其是在新能源开发领域，推崇把绿色产业、绿色产品和绿色消费统筹协调发展，有力地促进了绿色产业可持续发展，比如：因照明在建筑物中消耗大量电能，美国联邦政府管理能源使用的一个重要方法就是通过联邦能源管理计划（FEMP）规定了能源效率要求。研究表明，2017年FEMP照明总效益为3300万美元（包括低合规情景下的475千吨二氧化碳补偿）、1.04亿美元（包括中等合规情景下的1494千吨二氧化碳补偿）、2.17亿美元（包括高合规情景下的3124千吨二氧化碳补偿）。①在一系列鼓励政策的作用下，美国住宅太阳能消费呈现出季节性跨越式增长趋势，有测算表明，美国居民太阳能消费将保持快速增长，年平均增长率为24%。②

第二，在绿色产业和高科技新兴产业领域，美国政府干预的"有形之手"愈加明显，表现为"该支持的支持、该保护的保护、该封锁的封锁、该管制的管制"。如前文所述，美国为支持新能源和绿色产业发展，通过颁布法律、财税政策，加大政府购买等一系列政策支持绿色产业发展，例如：2019年2月，特朗普签署发布行政命令《美国人工智能倡议》。与此同时，特朗普政府上台后，政府不仅支持高新技术产业，还加大保护力

---

① David Siap; Christopher Payne; Alex Lekov, "The United States Federal Energy Management Program lighting energy efficiency 2017 update and impacts", *Applied Energy*, Vol. 233-234, 2019, pp. 99-104.

② Zheng-Xin Wang; Ling-Yang He; Hong-Hao Zheng, "Forecasting the residential solar energy consumption of the United States", *Energy*, Vol. 178, 2019, pp. 610-623.

度，避免美国相关产业受外部竞争的威胁而难以发展，最典型的就是以 5G 为代表的信息技术产业；为了维护和保持世界经济强国的地位，美国在绿色产业和高新技术产业领域，对外技术封锁也愈加明显，以维护其在绿色新兴产业领域的国际竞争优势。此外，在相关高科技产业领域，美国政府管制也越来越频繁，一方面通过政府管制禁止外国公司进入相关领域经营，另一方面美国政府还以种种借口阻挠高新技术企业间的跨国并购活动等。美国政府的这些实际行动，恰恰表明，奉行自由主义的美国，在发展绿色产业和高新技术产业中，也毫不避讳地进行政府干预，"有形之手"也是到处挥舞、随处可见的。

（2）注重科技创新。绿色产业发展的核心在于科技创新，没有科技创新，绿色产业便无"绿"可谈，美国在这方面可谓抓住了产业发展的要害和命脉，对绿色产业领域的科技创新活动也是大力支持。在绿色产业发展中，美国意识到科技创新是其关键所在，经济计划的重要任务是推进科技创新，政府加大对科研机构和相关企业研发费用的资助和补贴。奥巴马政府在第一个预算方案中，将国家科学基金会等重要机构的研究费用提升了一倍。2017 年 11 月，美国能源部长宣布授权国家实验室承包商使用技术商业化协议（ACT），促进技术转让，推动美国能源创新。①

（3）加强绿色产业发展的基础设施建设。绿色产业在发展过程中会面临市场失灵和外部性问题，尤其是在基础设施领域，长期以来，美国基础设施建设资金一直不足，虽然奥巴马政府在 2009 年初签署的《美国复苏与再投资法》中显示，要对基础设施建设投入巨资，其中用于交通基础设施的预算高达 500 亿美元，但是总体来看还是不足的，对于绿色产业发展来说，良好的基础设施不仅是科技发展的物质保障，也有利于促进高科技产业集聚发展。因此，特朗普政府上台后提出适当引入私有部门投资，支持新型基础设施。在首次国情咨文演讲中，特朗普还呼吁美国国会对新基

---

① 郧彦辉：《特朗普政府产业政策的基本特征》，搜狐网，http://business.sohu.com/20181116/n555540379.shtml.

础设施筹资至少 1.5 万亿美元。① 可见，美国政府对绿色产业发展相关的基础设施建设给予了高度重视。此外，美国政府还加大对高等教育机构的投入，把高等教育机构当作绿色经济增长的引擎和创新场所，一方面，为美国高科技产业发展培养了大量技术人才，另一方面，高等教育机构的发展也提供了大量的绿色就业机会。

第二节　法国绿色产业的发展经验

一、法国绿色产业的发展背景与现状

法国是世界上较早关注绿色发展和能源转型的国家之一，这一方面是由于法国本身能源匮乏，大多能源依靠进口输入，容易受到国际政治经济环境的影响，另一方面，法国也是科技强国，有着良好的发展绿色产业的科技基础和民众环境。作为欧盟的主要成员国，法国一直以来都在国际舞台上积极推动各国协同应对气候变化和环境问题，大力推进绿色发展和可持续发展，倡导绿色消费和绿色生活方式。2016 年，在法国的积极推动下欧盟议会投票通过了《巴黎气候协定》。2016 年 11 月，备受世人瞩目的《巴黎协定》正式生效。法国在推动全球气候和环境治理的同时，也在法国国内营造了良好的政治环境，法国历任领导人对能源转型和发展绿色产业的基本态度都是高度一致的，这也为法国持续的绿色产业政策的实施提供了政治保障，获得了很高的民意支持。因此，法国在推进绿色产业和绿色发展上都是卓有成效的，也是处于世界领先地位的。

应该说，法国的绿色产业发展肇始于能源转型。法国早期的能源供应主要依赖于传统的石油、煤炭以及水电，但是经历过石油危机之后，法国渐渐意识到传统能源的不可持续性，进而开始关注核能的研发和应用。尤其是 20 世纪 70 年代之后，法国大力发展核能，这也促使法国成为世界上

---

① 广东省创新监测与国际对标研究智库：《特朗普政府的科技创新政策给我们的启示》，搜狐网，http：//www. sohu. com/a/307470970_ 610510.

核能应用最为成功的国家之一，但是其他国家的核泄漏事件，以及德国"弃核"，导致法国国内开始反思能源结构和经济发展的绿色转型问题。2008 年底，法国环境部公布了一揽子旨在发展可再生能源的计划，该计划包括 50 项措施。[①]

到了 2010 年，为了刺激和稳定经济发展，法国可持续发展综合委员会（CGDD）发布了一份综合报告，确定了清洁汽车、海洋能源、离岸风能、节能建筑等 6 个重点发展的优先行业。近年来，从萨科齐总统到马克龙总统一直对这些领域的绿色产业给予大量的财政税收和政策支持，法国的绿色产业发展也取得了世界公认的成绩。最具代表性的就是 2015 年 8 月 17 日法国国民议会正式通过了《绿色发展能源过渡法》，以法律的形式对绿色发展与能源转型、生态环境进行了保护。在此法律的支持和约束下，法国政府不遗余力地发展绿色产业，既对传统优势的绿色产业，比如核电、新能源汽车、高速铁路 TVG 以及节能建筑等产业进行巩固发展，保持优势，也对一些绿色新兴产业加大了扶持力度，比如风能等可再生能源和生物燃料等行业。近 5 年来，法国政府为风力发电、潮汐发电等项目投入巨资，并开展专项研究，预计到 2020 年海洋可再生能源大约可以占能源总量的 3.5%。[②]

二、法国绿色产业发展的目标和经验

1. 法国绿色产业发展的总体目标

法国的生态文明建设在欧洲乃至全世界都享有盛誉，可以说，法国历届政府的坚持不懈和持之以恒功不可没，正如法国前总统萨科齐所说，法国要当全球的"生态先锋"。为此，法国上到总统下到普通民众，对国家发展绿色产业都予以理解和支持，也使得法国虽然面临诸多困难，但其绿色产业发展推进是有效的。有了稳定的国内环境，法国政府对绿色产业发

---

① 《法国出台一系列政策发展绿色经济》，新华网，http://www.bioon.com/bioindustry/bioenergy/427866.shtml.

② 赵燕：《法国绿色经济和绿色生活方式解析》，《社会科学家》2018 年第 9 期。

展的总体目标也逐渐明确和清晰。

第一，能源结构转型发展目标。法国在 2015 年颁布的《绿色发展能源过渡法》中对国家未来的能源结构转型发展及目标做了详细要求。法国计划到 2025 年将核电比例由目前的 75% 降到 50%，化石燃料到 2030 年较 2012 年减少 30%，到 2020 年可再生能源占一次能源的消费比重增长到 23%，到 2030 年增长到 32%；在温室气体排放方面，要求到 2030 年排放量较 1990 年减少 40%；另外，对垃圾的循环利用要求，到 2025 年垃圾填埋总量较 2015 年减少一半。这些目标既是对传统能源消耗的约束，也是对新能源发展的激励。近年来法国为此积极推进能源结构转型发展，例如：法国总统马克龙在波恩气候大会上明确表示，将于 2021 年关闭法国境内所有燃煤电厂。

第二，实施绿色消费、绿色生活带动绿色产业发展战略。不断发展的消费市场是促进产业持续发展的动力。法国在发展绿色产业的过程中，把生产和消费进行了很好的衔接，实施绿色消费、绿色生活带动绿色产业发展战略。可以说，法国对居民生活方面的绿色消费、绿色生活都进行了细致的规划。例如，到 2050 年所有建筑均需符合《法国低能耗建筑标准》。绿色出行方面法国推行清洁交通，以新能源汽车逐渐替代传统的交通工具，推行新能源汽车"以旧换新"，倡导绿色出行和绿色交通。另外，法国在全国大力宣传和实施反对食品浪费。法国从 2015 年 4 月 1 日开始执行食品新标识码规定，新规定取消了"最佳消费限期"（DLUO）标识，代之以"最低耐藏限期"（DDM），后者是指"仍能食用，无损于身体健康，但部分品质有一定丧失"[1]。倡导绿色生活不仅增加了绿色就业岗位，也促进了绿色消费，使得法国在绿色产业发展上实现了良性循环。

2. 法国绿色产业的发展经验

通过一系列措施，法国在绿色产业发展方面取得了不俗的成绩，也使之成为引领全球气候治理的主要国家之一。总结法国能源转型和绿色产业发展的经验主要有以下几方面。

---

① 赵燕：《法国绿色经济和绿色生活方式解析》，《社会科学家》2018 年第 9 期。

（1）强调政策的系统性和可行性。法国政府在能源结构转型发展过程中发现，由于各部门"各自为政"，往往导致政策、资源浪费，难以统筹协调，因此，法国政府希望通过一部框架性的法律来总体指导和规划国家实现绿色能源结构转型。2014 年 7 月 30 日，法国部长理事会通过了法规草案《绿色发展能源过渡法》，该草案将法国各部门关于能源转型和可再生能源发展的一系列政策措施进行了汇总，并对法国能源结构转型提出了系统性的规划。2015 年 8 月通过的《绿色发展能源过渡法》，为法国绿色产业的发展提供了长期、稳定、系统的法律制度保障，如前文所述，该法律对法国绿色能源转型的步骤、目标以及措施进行了详细的制度安排，也考虑了相关政策的可行性问题。这为法国的能源转型和可再生能源等绿色产业的发展铺平了道路。

（2）发挥财税政策作用，促进绿色产业发展。法国政府积极通过财税补贴政策弥补市场失灵，促进绿色产业发展。例如，法国政府通过财税补贴促进新能源汽车的发展，并对节能建筑实施补贴政策。法国对大企业绿色产业发展重视的同时，也关注中小企业。2012 年法国出台的《扶持汽车工业计划》，为中小企业提供贷款，解决其资金难题。此外，法国还通过财税补贴政策鼓励企业进行技术研发，尤其在可再生能源等绿色技术领域，例如大力支持 Sofiproteol 集团科技研发，以及资助道达尔集团的 9 个 CCS 试验工厂。①

（3）大力倡导绿色文化。法国在发展绿色产业过程中，始终把国民的绿色文化培养放在重要位置，不仅在社会上大兴绿色消费、绿色生活之风，还把绿色产业与绿色文化很好地融合，改变了民众的思维方式和行为习惯，把绿色理念贯彻到国民生活的方方面面。例如，法国虽有世界"时尚之都"的美誉，但是法国人对奢侈品等日用品很少推崇，法国人的衣着也较为节俭。法国人的浪漫情调并没有影响他们的理智消费，他们反而以绿色消费为新时尚。这一切离不开法国政府不遗余力地通过的一系列举措营造的反对浪费、厉行节约的社会风气。法国政府把"绿色"文化理念植

---

① 朱俭凯：《法国绿色产业政策与影响》，《理论界》2015 年第 3 期。

入每一个法国人的内心，为发展绿色产业、实现绿色发展奠定了良好的文化环境基础。

第三节　日本绿色产业的发展经验

一、日本绿色产业的发展背景与现状

作为地处亚洲的发达国家，日本有着复杂的经济发展背景。日本是一个小国而且是岛国，资源匮乏；同时，日本作为战败国，经济却在短短几十年发展之后迅速崛起，成为世界经济强国，有两点最为核心的原因：一是日本对产业政策的应用很好地促进了科技创新和经济转型；二是日本对节能减排和能源结构转型的重视领先世界。为促进经济发展，能源的供给和开发是基础，而日本本土天然的资源不足，能源供给长期大量依靠进口，在传统能源中，煤炭对外依存度为99.5%，石油为99.6%，天然气为96.7%。[①] 在经历了20世纪70年代两次石油危机之后，日本政府迅速认识到必须改变对传统能源的依赖，改变能源供给结构，突破经济发展的能源瓶颈，由此日本开始大力发展新能源及其相关的绿色产业。例如：1974年，日本政府出台了《新能源技术开发计划》，倡导开发太阳能、地热能、风能、海洋能源等；1980年，出台了《替代石油能源法》，大规模推进包括核能、海洋热能、生物发电等传统替代能源的综合技术开发；1997年出台的《新能源法》又明确规定了日本本国和其地方推进新能源开发、利用的分工协作问题；2004年，日本政府计划到2030年将风能发电和太阳能等新能源扶植成为支柱产业；2010年的《日本战略能源计划》中将"提高核能生产"和"扩展引入可再生能源"列为实现国家能源战略的具体方法。[②]

日本以能源结构调整和转型为突破口，利用积极的产业政策推动国内

---

① 孙巍、刘阳：《日本能源管理分析及对我国的启示》，《现代日本经济》2015年第2期。
② 蔡建军、任庚坡、王婷：《日本能源概况和推进节能减排工作的政策、举措和启示》，《上海节能》2013年第9期。

产业结构调整，逐步从重化学工业转型为知识密集型产业。1975 年，日本政府制定了《产业结构的长期展望》（又称为"1975 年展望"），其主要目标是发展具有低污染、低能耗、高附加值的知识密集型产业，在促进日本产业结构升级的同时加强资源和能源节约、推进生态环境保护等。到 20世纪 80 年代，日本政府又推出了《80 年代的通商产业政策展望》（又称为"80 年代展望"），重点扶持以尖端技术为中心的知识密集型产业。由此，日本具有高科技性的绿色产业得到了大力发展，突出的有这几个领域：以新能源、新材料、核发电设施为代表的绿色基础产业；以计算机、机器人、软件开发为代表的绿色新兴产业；以环保、医疗及护理、时尚等为代表的绿色文化服务产业。

在日本政府不断通过产业政策扶持绿色新兴产业发展壮大的同时，"技术立国"的思想在日本达成了共识。由此，"日本技术"和日本产品的"节能性"得到了世界各国消费者的赞誉。近年来，日本许多相关产业的绿色技术和产品领先世界，例如，日本机器人产业处于世界领先地位。自20 世纪 80 年代以来，在机器人的生产、出口和应用方面一直居世界榜首，也是全球最大的机器人市场，因此，日本号称"机器人王国"。日本机器人产业起步于工业机器人，逐步扩散到仿人型机器人以及个人、家用、医学护理等服务型机器人领域，并且日本机器人产业具有明显的国际竞争优势。2018 年，日本的工业机器人订单额（会员企业和非会员企业合计）同比增长 1.9%，达到 9623 亿日元，创出历史新高。[①] 另外，日本在发展可再生能源方面也取得了突出成绩，如太阳能产业，从 20 世纪 90 年代日本为改变对传统能源的依赖，就大力发展太阳能产业。自 1999 年以来，日本太阳能发电能力年增长 45%，到 2002 年，日本全国发电能力为 64 万千瓦，2007 年发电能力达到 192 万千瓦，2010 年达到 428 万千瓦。[②] 2012—2017年，日本可再生能源发电的装机量年均增速达到 26%，光伏产业为主要增量。2012 年，日本光伏累计装机量为 4.977 GW，根据"集邦咨询"旗下

---

① 《日本 2019 年工业机器人订单额或减少 2.3%》，中国日报网，https://baijiahao.baidu.com/s?id=1634371921214622398&wfr=spider&for=pc.

② 杨宜勇、温鹏莉：《日本代表性战略性新兴产业的发展》，《市场论坛》2014 年第 4 期。

的新能源研究中心集邦新能源网 Energy Trend 统计，截至 2017 年底，日本光伏累计装机量为 37. 819 GW，包含屋顶光伏装机量 5. 19 GW。① 日本已经成为仅次于中国、美国和德国的第四大累计光伏装机国，从日本的国土面积来看这已是难能可贵的成绩了。

二、日本绿色产业发展的目标和经验

1. 日本绿色产业发展的总体目标

日本作为一个典型的资源紧缺型国家，在发展崛起过程中，对节约资源、保护生态环境和可持续发展可谓高度重视。日本一方面抓能源结构转型，大力推进绿色能源产业发展，力图摆脱对传统能源的高度依赖；另一方面，在"技术立国"的方针下不断调整产业结构，着力发展低碳可循环的绿色产业，同时日本政府在通过产业政策扶持绿色产业发展的过程中，也明确了许多动态的发展目标，从而确保政策的实际效果。

第一，宏观上提出低碳社会发展战略。日本在发展经济的过程中一直比较注重环境保护问题，始终把可持续发展作为经济发展的主要着力点，日本很早就提出了低碳社会发展战略，为此国家相继出台了《能源节约法》（1979）、《合理用能及再生资源利用法》（1993）、《新国家能源战略》（2006）、《21 世纪环境立国战略》（2007）、《绿色经济与社会变革》（2009）、《促进城市低碳化法》（2012）等法规。日本经济在节能低碳方面一直是世界的典范，这得益于最为重要的一项制度，那就是 1998 年由日本经济产业省独创推出的"能效领跑者制度"，这对日本的日用品、电器、汽车等提出了高标准的低碳节能目标，推动了日本制造业转型升级，也打造了一段"日本制造"的传奇。另外，由于经济发展资源高度依赖国外，日本在能源问题上有着强烈的危机意识，日本经济产业省相继在 2003 年、2007 年、2010 年、2014 年的 4 次能源规划以及 2006 年的《新国家能源战略》中，把提高能源自给率作为日本能源战略的重点。日本政府也清醒地认识到要解决能源自给问题，只有通过技术创新、发展新能源、改变能源结构才能

---

① 《日本光伏市场详解》，集邦新能源网，http：//www. sohu. com/a/260006185_ 115863.

实现，因此，以绿色新能源替代传统能源也与日本政府长期坚持的低碳发展战略相契合。

第二，主导产业向绿色新兴产业转移。日本政府为了发展绿色经济，除了能源结构转型，还通过政府的"有形之手"推动主导产业向绿色新兴产业转移，并为此设定了一系列战略目标。早在 1960 年 12 月，日本政府就提出了"产业结构高度化"的目标。① 在经历了石油危机之后，日本为了推进产业结构由资本密集型向知识密集型转变，保证主导产业的优先发展，除了前文所述的通过一系列诸如《1970 年通商产业政策构想》（又称为"70 年代展望"），以及后续的"75 年展望""80 年代展望"等产业政策之外，日本政府先后通过一些法规，为产业结构调整提供支持，如实施《特定产业安定临时措施法》和《特定产业结构改善临时措施法》等。另外，日本政府还积极通过立法扶持绿色新兴产业的发展，如《机械电子工业振兴法》《工业布局促进法》等。② 2000 年，日本还制定了《信息技术基本法》，明文规定了"IT 立国"战略及其具体的目标。

2. 日本绿色产业的发展经验

如前文所述，由于日本本国资源相对匮乏，能源高度依赖进口，因此，日本自"二战"后在经济再次崛起的过程中，始终高度关注能源问题，以及由此带来的产业和产品节能环保问题，"技术立国"成为日本始终追求的目标，并逐步把绿色新兴产业作为日本产业结构的调整方向，创造了"日本技术""日本制造"的一段佳话。在这一过程中，日本绿色产业发展的以下经验值得我们借鉴。

（1）灵活而持续的产业政策对日本产业结构调整和绿色产业发展厥功至伟。在日本经济发展中一个重要的经验就是国家通过产业政策引导和推进产业发展，有效地发挥"有形之手"的作用。通过前文的分析，我们可以总结出日本在运用产业政策过程中有几个重要的特点：第一，持续性。

① 李晓：《战后五六十年代日本产业结构政策的形成与发展》，《现代日本经济》1993 年第 5 期。
② 臧爽：《能源约束下日本产业结构调整的行政机制的效果及其特点——以第一次石油危机为例》，《学术论坛》2013 年第 9 期。

日本的产业政策往往对相关产业持续跟进，并根据相关产业发展不同阶段的态势，持续调整产业政策。日本政府在产业结构转型中，一方面通过产业政策限制传统高耗能、高污染产业的发展，例如 1973 年发布的《公害受损补偿法案》；另一方面，日本政府发布产业政策大力促进绿色新兴产业发展，推进产业高端化，重点发展低污染、低耗能、高附加值的知识密集型产业，例如日本相继推出"70 年代展望""75 年展望""80 年代展望"等。第二，灵活性。日本的产业政策具有相当的灵活性，往往通过多种政策工具来调整和适应产业发展，不仅发布一系列产业政策，还灵活运用行政手段和市场化工具等。行政手段方面，日本通过各种行政规制加强对能源产业各环节的管理，促进能源产业转型升级；市场化工具方面，日本通过各种财政补贴、税收优惠和政府采购来推动绿色新兴产业的发展，引导社会消费。第三，产业政策法律化。日本在推进产业结构升级中，把持续和稳定的产业政策上升为法律，尤其对一些认准的国际高端产业和新兴产业，更是通过制定法律来推进发展，这一方面有利于政策的稳定性，不会因为党派和领导人的更替而发生变动；另一方面也提高了政策的强制性，通过法律性产业政策可以有效地推进产业结构调整，加快促进绿色新兴产业的发展。

（2）把节能环保嵌入居民生活的方方面面。日本在能源结构转型和发展绿色产业中认识到了绿色消费对绿色产业可持续发展的重要性，因此，日本政府通过一系列政策把节能环保嵌入居民生活的方方面面。例如，日本的"能效领跑者制度"不仅加大了对企业节能环保的约束，也刺激居民加大对节能产品的消费。2009 年 5 月至 2011 年 3 月，消费者购买节能水平高的冰箱、空调和数字电视等家电产品时，可获得一定的"环保点数"补贴，环保点数可以用于购买其他指定的生活用品。[①] 另外，日本政府还通过一些财税补贴促进绿色消费，如新能源汽车、节能家电产品等。2009年，日本推行"绿色税制"，政府还鼓励家庭和企业使用太阳能发电设备，

---

① 白泉、吕正：《日本能效领跑者制度的经验与启示（上）》，《中国标准化》2016 年第 1 期。

对研发和生产废旧物资回收利用设备的企业给予高额补贴和资助。① 此外，2007 年起，日本开始征收碳税，目的是要降低碳排放量，提高居民的绿色消费意识，改善能源消费结构。这些措施不仅有效地促进了日本民众的绿色消费，反过来也推动了日本绿色新兴产业的稳定发展。

（3）重视科技创新。日本无论是产业结构转型升级还是绿色产业发展都离不开科技创新。日本政府提出"技术立国"的基本国策，背后依靠的是强大的科技创新能力。一直以来日本对科技创新非常重视，主要表现在以下三个方面。其一，稳定的科技创新政策。20 世纪 80 年代，日本为实施"科技立国"战略，制定了《80 年代通商产业政策展望》《科学技术政策大纲》等一系列有关科技创新的政策法规；到了 20 世纪 90 年代，又发布了《科学技术基本法》（1995 年）；到了 21 世纪，日本提出了"IT 立国"的国家战略，颁布了《IT 基本法》（2001 年），为保护科技创新的知识产权，日本政府提出"知识产权立国"战略，发布了《日本知识产权战略大纲》，2003 年制定了《知识产权战略推进计划》，2007 年日本政府又发布了《创新 25 战略》。这些稳定持续的政策不仅有力地促进了日本的科技创新，也在不同时期明确了日本科技创新的重点和方向。其二，大力培养科技创新人才。创新离不开人才的培养，日本政府对科技创新人才的培养卓有成效，相继出台了一系列计划，如 21 世纪卓越研究基地计划、"第四期科技基本计划"等。② 其三，加强科技成果转化。日本在鼓励科技创新的过程中，也着力加强科技成果转化，强调科技成果"接地气"，在绿色科技创新中，日本政府把科技创新与改善居民生活节能环保融为一体。日本通过"官产学研"一体化，把科技创新与市场需求进行了很好的嫁接，成果转化率高，反过来也促进了科技创新的内生动力，比如：日本政府大力促进对太阳能、海上风力、地热、生物质、海洋（波浪、潮汐）等新能源技术的研发，并通过"阳光计划"与"月光计划"大力推进新能源的市场利用和商业化；另外，日本政府还大力推进节能环保型汽车的研发

---

① 孙巍、刘阳：《日本能源管理分析及对我国的启示》，《现代日本经济》2015 年第 2 期。
② 郑宇冰、管美鸣、陈喜乐：《战后日本科技政策演变及其执行力研究》，《科学管理研究》2013 年第 5 期。

和推广，日本的纯电动汽车和混合动力汽车技术至今领先世界。

第四节　发达国家的发展经验对我国
绿色产业路径选择的启示

通过对美国、法国、日本等发达国家绿色产业发展的历程和经验进行总结和梳理，我们发现它们之间既有共同点又有着自己国家的鲜明特色，这与各国的资源禀赋、产业基础、制度环境、人文环境乃至政治体制有着密切关系。这些发达国家的发展经验，对我国绿色产业发展的路径选择具有很好的启示意义。

1. 绿色产业发展离不开以产业政策为代表的完备的制度体系支持

从美、法、日几个国家的绿色产业发展经验来看，系统的制度体系建设是绿色产业发展中必不可少的，从具体的产业政策来看，虽然产业政策的运用方式、方法和程度具有一定的区别，但产业政策扶持是具有普遍性的。日本通过强产业政策，不仅有政府规制还通过法律形式来实施产业政策，强力推进绿色产业发展；美国则采取弱产业政策，强调市场化工具，通过消费终端补贴等形式来引导绿色产业发展，这些对我国的启示主要有以下三点：

第一，积极利用产业政策，推进绿色产业发展。对于产业政策的利用问题，许多国内学者见仁见智，比如：林毅夫积极主张有为政府，利用产业政策，促进经济发展；而张维迎则认为产业政策是"穿着马甲"的计划经济，导致资源配置扭曲，反而对经济发展不利。[①] 但是，从发达国家的绿色产业发展来看，产业政策的利用是普遍现象，这可能是源自绿色产业的特殊性，如前文所述，绿色产业具有较强的外部性，往往产生"市场失灵"的问题；另外，绿色产业普遍处于产业发展的幼稚期，没有产业政策的扶持是很难发展壮大的。因此，对于我国绿色产业的发展来说，应积极利用产业政策，有效推进绿色产业的发展。

---

① 张维迎、林毅夫：《政府的边界》，民主与建设出版社，2017，第13—22页。

第二，完善制度设计，精准施策，一产一策。根据美、法、日的发展经验，我们在实施产业政策时，要针对不同产业的特征制定不同的政策措施和相关制度，强调完善制度设计，精准施策，一产一策。根据前面对我国绿色产业现状的梳理，一些"摊大饼"式的产业政策已不合时宜，应该借鉴法国、日本的经验，尤其日本的经验对不同绿色产业制定不同的发展规划，采取不同的政策措施并细化标准，还应根据产业的发展态势，不同阶段出台不同的产业扶持政策，从而使产业政策等相关制度更加有效地推进绿色产业的发展，避免制度的扭曲和资源的浪费。

第三，必要的绿色产业国家干预制度和保护政策必不可少。绿色产业蕴含着低碳环保的高科技产业，从国家战略的角度考虑，不仅一方面要产业政策扶持，另一方面对于正处于幼稚期的绿色高新技术产业也要通过一定的国家干预制度加以保护，给予国内相关产业以良好的外部发展环境，避免在未来关系国计民生的关键领域和关键技术上受制于人。

2. 绿色产业发展要与传统产业发展有序衔接

绿色产业发展虽然是未来的经济发展方向，但绿色产业发展过程也不会一帆风顺，必然会受到经济环境的影响。经济环境好，绿色产业就会得到有效的时政、税收等政策支持，相反，绿色产业发展也会受到阻碍，而经济环境最重要的是经济能够持续健康发展。对于绿色产业发展来说，我们尤其要处理好与传统产业发展的关系，发达国家的绿色产业发展经验给了我们很好的路径选择启示。

第一，绿色产业发展要与传统产业"绿色化"相结合。从美、法、日的发展经验来看，如何把绿色产业发展与传统产业"绿色化"有机结合，对绿色产业发展有着重要影响。这三个国家在能源结构转型调整过程中，既强调传统能源的转型升级，实施"绿色化"改造，提高能源的使用效率，提高节能技术的研发和使用推广，同时又有计划、有步骤地实施新能源和可再生能源的研发和使用。除了能源领域，在其他传统产业领域，比如汽车、建筑、钢铁、电力、装备制造、信息产业等，这些国家也注重技术创新和转型升级，推行"绿色化"改造，有的则成功转型为绿色新兴产业，比如新能源汽车、新材料、高端装备制造等。这启示我们在发展绿色产业的过程中要坚持"两手抓"，一手抓绿色新兴产业的培育与发展，另一手要抓传统产业转型升级的"绿色化"改造，这样才能有效地推进绿色产业稳定健康地发展。

第二，绿色产业发展与传统产业退出要有序接续。绿色产业的发展不仅可以催生新的产业、新的业态和新的商业模式，也必然会促使部分高污染、高能耗的落后技术和产能的传统产业退出，但是绿色产业发展不能脱离整体的经济环境，还要考虑就业、税收、国民承受能力乃至政治体制等因素。如果绿色产业发展不能促进经济发展，带动就业，成为新的经济增长点，增加国民收入，反而会带来不确定性。美国在奥巴马政府时期大力推行能源革命，限制传统能源的发展，鼓励发展新能源和可再生能源，但是实际效果并不佳，由于限产导致传统能源产业失业率提高，引起部分州的不满和抗议活动，特朗普之所以上台之后很快就将能源政策转向，也是因为新能源产业没有很好地接续传统能源产业，导致整体经济发展受到影响。这就启示我们，要从整体上谋划好中国绿色产业发展对传统产业退出的接续问题，从而处理好产业结构调整，保证经济的整体稳定发展，减少绿色产业发展的不确定性。

3. 科技创新是绿色产业发展的"内核"

美、法、日等发达国家绿色产业发展经验的一个重要共同点就是大力推动科技创新。绿色产业发展离不开绿色技术的研发和推广，可以说科技创新是绿色产业发展的驱动力和"内核"。这方面发达国家的发展经验给了我们以下三方面的路径选择启示。

第一，政府要大力支持科技创新。科技创新活动不仅需要巨大的资金投入，还具有较强的不确定性和风险性，尤其在绿色技术领域，一些重大技术创新往往需要持续和大量的投入。在这方面，美、日、法等国无一例外，都在不同阶段出台绿色科技创新的规划和相关政策支持，美国、法国强调对企业技术创新的鼓励，通过补贴和税收等途径给予政策支持，日本还通过出台政策和法律，明确政府绿色技术创新扶持的领域，引导科研机构和企业围绕重点发展的绿色产业进行关键技术研发和创新。这些启示我们，绿色技术创新离不开政府的大力支持，仅依靠企业研发会导致效率降低以及社会资源严重浪费。因此，我国各级政府应大力推进绿色技术重点突破、联合攻关、协同创新和资源共享，并出台相关政策给予支持和鼓励。

第二，政府要推动创新成果扩散。政府不仅要大力支持绿色技术创新，更重要的是推动科技成果的转化和创新成果的扩散。发达国家的绿色产业发展态势较好，一个重要原因在于科技创新紧密与市场结合，技术成果转化率高，政府、企业、高等院校和专业研发机构形成联系紧密的创新网络。另外，绿色技术若仅为一家或几家企业所独有，且技术扩散缓慢，则一方面容易引起技术垄断，另一方面也不利于绿色产业的整体发展，在这方面日本既通过专利保护激励科技创新，也通过一系列制度促使技术扩散，避免重复研究和科技资源浪费。例如，日本规定先申请者被授予专利，同时又要求先于专利公开披露的，也给予细小改进的专利保护。日本专利机制的立法者和管理者似乎已决定不把对技术扩散的鼓励托付于市场、文化习性或者运气。他们通过施压促使新技术在国内使用者间迅速、高效地扩散。① 因此，我国在绿色产业发展中对绿色技术要加大专利产权保护，同时也要采取措施加快绿色技术扩散，从而提高整体社会福利，促进绿色产业整体发展。

第三，政府要加大技术人才的培育和引进。技术人才是科技创新的主体，也是关键所在。通过前文分析，我们发现美、日、法对科技创新人才的培育和引进非常重视。一方面，这几个发达国家非常重视创新人才的培育，持续稳定地加大教育投入，还把基础研究作为培养创新人才的重要路径，重视对基础研究的投入，给予技术人才宽松的创新环境；另一方面，美、日、法等国也非常重视技术人才的引进，汇聚全球的智力资源，尤其是美国和日本，在技术人才引进方面有着一整套制度安排。例如，美国作为移民国家一直以来对于技术人才移民都给予宽松政策，甚至"特事特

---

① ［美］威廉·鲍莫尔：《企业家精神》，孙智君译，武汉大学出版社，2010，第257页。

办", 特朗普在2019年5月提出修改移民政策, 把更多的移民指标给予技术人才; 日本经济再次崛起的过程中经历过"模仿—创新"的过程, 日本曾经大量派员到美国、欧洲等国学习和培训先进技术, 也通过修改高校入学政策, 吸引国外学生到日本学习工作, 快速提高日本技术人力资本的储备, 为日本的"技术立国"战略提供源源不断的智力支持。这些同样启示我们, 在促进科技创新中政府一方面要注重本国创新人才的培育, 另一方面也要多方面采取措施加大人才引进和跨国技术合作, 为绿色技术创新提供智力资源。

4. 绿色产业持续健康发展依赖于有效的绿色制度创新

美、法、日等国家绿色产业的发展, 除了产业政策扶持, 重视绿色技术创新之外, 其实在背后都离不开有效的绿色制度创新, 这些国家的绿色产业发展过程并非一帆风顺, 也经历过波折, 但是有效的绿色制度创新可以促进绿色产业持续健康发展, 对于我国来说, 以下几条经验是值得我们认真借鉴的。

第一, 绿色产业的发展离不开绿色制度创新。产业政策具有两面性, 一方面可以促进产业发展, 另一方面也会扭曲市场信号, 导致信息失真、产业发展过剩和资源错配等问题。因此, 必要的制度创新是有效的纠偏措施。当前, 绿色产业发展是市场热点, 没有制度创新必然会造成绿色产业发展杂乱无序。美、法、日等国的经验给了我们如下启示。首先, 政府要加大对绿色产业发展的宏观调控。政府要逐步构建绿色产业发展的路线图和战略规划, 给予市场明确的信号, 对于发展滞后和过热的领域, 要及时发出市场信息, 进行调控。其次, 对传统产业的转型升级及其"绿色化"进行制度设计。一方面要限制传统产业盲目扩张, 同时也要有步骤、有计划地推进传统产业转型升级和"绿色化"改造。最后, 政府要利用市场化工具加大能耗绿色管理制度创新。政府加大对工业或民用的能耗绿色管理可以有效促进绿色需求的不断壮大, 进而推动绿色产业发展。政府可以综合利用价格税收等市场工具在能源消耗和碳排放等方面进行绿色管理, 例如能源消耗实施阶梯价格、对不同的节能标准给予不同的补贴以及提高汽车排放标准等。

第二，依法依规创新中国特色的绿色产业监管机制。绿色产业是实现绿色发展的主力军，但是绿色产业发展又是一个复杂的系统工程，需要进行协同监管才能有效推进。美、日、法等国的经验告诉我们，绿色产业不仅要进行产业政策扶持，还需要把相关监管制度上升为法律，可以更有效地进行绿色管理。对于我国来说，改革开放40年来基本围绕着经济增长来进行经济领域的管理活动，而在绿色发展理念下，我们必须通过制定和完善一系列法律和规章制度来逐步创新中国特色的绿色监管机制，把绿色监管融入政府管理的职能中去，推动构建政府、社会、企业和公民共同参与的多元化绿色监管机制创新。

5. 绿色消费文化等非正式制度是绿色产业发展的"助推器"

从发达国家的经验来看，绿色消费文化等非正式制度对绿色产业发展具有重要的推动作用，是必不可少的"助推器"。一个产业要想持续发展离不开稳定的需求，政府在培养公民环保意识、引导绿色消费文化和绿色生活等非正式制度方面也是可以"大有作为"的。对于正在推进实施经济高质量发展和绿色发展战略的中国来说，有以下启示。

第一，把绿色消费文化培养与绿色生活相结合。消费是人类生活的一部分，把绿色消费文化融入绿色生活，不仅有利于改善生态环境，也有利于扩大绿色需求，促进绿色产业发展。政府应该通过电视、网络、微信、公益广告等各种途径向公众宣传节能减排，倡导使用绿色节能产品，鼓励生活用品以及耐用品循环使用，杜绝浪费。Goodwill 是美国五大非营利机构之一，在美国和加拿大有 165 家互相独立的社区机构，Goodwill 主要从事二手商品交易，在 Goodwill 里，小到日用百货，大到家具、汽车，琳琅满目，美国居民把家里闲置不用的东西捐赠给 Goodwill，第二年可以获得税收抵扣，Goodwill 不仅受到穷人欢迎，美国的富人也喜欢光顾，甚至可以淘到心爱的"古董"，这一方面减少了浪费，另一方面也培养了人们的绿色消费文化意识。我国政府在推动节约资源、资源回收和循环利用方面可以多采取措施，鼓励居民绿色消费和绿色生活。

第二，把绿色消费文化与绿色发展相结合。"金山银山不如绿水青山"是绿色发展理念的现实写照，但是"绿水青山"的保护需要社会各方面共同参与，而绿色消费文化是"绿水青山"的有效保障。消费和生产是人类的两大基本经济活动，也是互相促进、互相影响的，绿色发展要以绿色消费为基础，没有绿色消费就没有绿色生产，更谈不上绿色发展了。因此，我们在推进绿色发展中要把绿色消费文化的培养纳入进来，统筹考虑。例如，美、日、法等国在垃圾分类处理上明显较为成功。垃圾分类看似简单，实际反映的是居民的绿色消费文化和习惯，在垃圾分类的过程中居民就会自然知晓哪些可回收、哪些不可回收，绿色理念化为现实行动，而在这方面我国仍然任重道远。正如习近平总书记在 2019 年 6 月 3 日对垃圾分类工作做出的重要指示中强调，培养垃圾分类的好习惯，为改善生活环境做努力，为绿色发展可持续发展作贡献。①

---

① 《习近平对垃圾分类工作作出重要指示》，新华网，http：//www. chinanews. com/gn/2019/06-03/8854595. shtml.

第五章　中国绿色产业发展路径的案例
　　　　比较研究

在前面的章节我们分析了中国绿色产业发展的影响因素以及国外发达国家绿色产业发展的经验，从我国实践来看，绿色产业发展存在不确定性，并非一帆风顺，其重要的影响来自发展的路径选择不尽相同。本章将选取正反两方面的案例来对比分析我国绿色产业发展路径选择的关键点和着力点。

第一节　我国新能源汽车产业稳步发展的案例分析

一、发展新能源汽车产业的国内外背景

1. 国际背景

（1）资源与环境的约束使新能源汽车产业应运而生。传统的化石能源已支撑人类发展 200 余年，当今世界传统的化石能源面临枯竭已是不争的事实，而人类的发展对能源的需求却与日俱增，矛盾越来越突出。根据 2018 年《BP 世界能源统计年鉴》分析，2017 年一次能源消费量平均增长 2.2%，这是自 2013 年以来的最快增速，而过去十年的平均增速为 1.7%。在传统能源储量方面，到 2017 年，全球探明石油储量下降约 5 亿桶（-0.03%）至 1.697 万亿桶，按照 2017 年的产量水平，这只够满足全世界 50.2 年的产量。截至 2017 年底，已探明全球天然气储量为 193.5 万亿立

方米，按照当年的水平，只够满足全世界 52.6 年的产量，而全世界探明煤炭储量目前也只能满足 134 年的全球产量。① 由此可见，传统的化石能源也只能满足人类百余年的生产产量，伴随着资源的日益枯竭，世界环境问题也越发突出，化石能源的消耗带来大量有害气体、烟尘以及细小颗粒物，污染着地球的大气环境，并带来酸雨、雾霾、土壤沙化等，不仅破坏了自然生态系统，也影响着人类健康。化石能源还会带来的一个重要影响就是温室气体排放，使得全球气温变暖。据《今日美国》报道，斯坦福大学全球碳排放项目的研究成果显示，全球变暖的主要元凶——二氧化碳的排放在 2018 年达到了历史最高值。这项研究显示，化石燃料排放出的二氧化碳，占到所有排放二氧化碳的人类活动的 90%，在 2018 年达到创纪录的 370 亿吨，比 2017 年增加了 2.7%。② 这其中，传统汽车的尾气排放也是重要的碳排放来源。面对资源和环境约束，如何既满足人类高质量生活的需求，又能节约资源、保护环境，成为摆在人类面前的共同议题。从汽车产业角度看，研发出新能源以替代石油作为汽车的动力源，以及新能源汽车的研发需求也逐渐突出。传统的汽车大国，如美国、日本、德国，从 20 世纪末就开始关注和投入新能源汽车研发。

（2）欧美传统汽车产业转型升级，希冀占领未来汽车产业的制高点。新能源汽车代表了全球汽车行业的发展方向，世界上主要的汽车制造大国都把提高竞争力作为重大战略举措，正加快新能源汽车的研发和生产。欧盟各国，美国、日本等国政府，纷纷出台各项政策支持国内新能源汽车企业的发展，企业也利用技术、资本、品牌优势大力开拓新能源汽车市场。例如，2009 年美国联邦政府投入 140 亿美元支持新能源汽车的电池等关键零部件的研发和生产，推动充电基础设施的建设，并设立了 250 亿美元的基金，鼓励企业对新能源汽车的研发和生产。大众、奔驰、通用、丰田雷诺等汽车制造巨头纷纷加大研发力度，各种新产品、新技术

---

① 《2018〈BP 世界能源统计年鉴〉新鲜出炉》，中国能源报，http：//www.china-nengyuan.com/news/126990.html.

② 《麻烦来了！研究显示：今年全球温室气体排放量达到历史最高点》，百度，https：//baijiahao.baidu.com/s？id=1619085081684412421&wfr=spider&for=pc.

不断推向市场，力图在新能源汽车市场上抢占先机。近年来，新能源汽车的全球市场增速明显快于传统汽车。目前，各国把降低温室气体排放，减少对石油的依赖，作为优先发展的目标，这也为全球新能源汽车产业的发展明确了发展方向。

2. 国内背景

（1）培育战略性新兴产业已成为我国转变经济发展方式、加快产业结构转型升级的重要举措。2010年发布的《国务院关于加快培育和发展战略性新兴产业的决定》，要求我国在生物产业、新能源汽车产业等七大新兴产业上集中优势资源，重点突破和发展。"十二五"规划中再次要求把这七大战略性新兴产业作为国民经济的先导产业和支柱产业来培育和发展，着力提高我国新兴产业的产业竞争力和经济社会效益。为此我国各级地方政府相继结合地方产业的比较优势，积极组织、规划和实施与这七大新兴产业密切相关的产业扶持政策。战略性新兴产业从根本上说是以技术创新为基础，资源消耗少、环境污染小且综合效益高的，并且具有长远发展前景，对社会经济发展具有重大引领作用的产业。低碳经济时代已然来临，如何发展新能源汽车产业是摆在我国政府、企业和社会面前亟须破解的课题。

（2）我国汽车产业实现"赶超"战略的历史机遇。新中国成立70多年来，尤其是改革开放40多年来，我国汽车产业经历了"从无到有，从有到全"的过程，产业链日益完备，产业基础日渐夯实，现已发展成为我国的支柱产业之一。虽然我国汽车产业从中外合资到民族品牌都得到了蓬勃发展，但是传统汽车三大部件（发动机、变速箱、底盘）的核心技术，仍基本掌握在德、法、美、日等传统汽车强国手中，中国汽车产业"大而不强"的问题突出，产业链的高利润环节基本被国外汽车厂商占据，产业发展也受制于人。从核心技术来看，新能源汽车与传统汽车有很大不同。从全球范围来看，新能源汽车产业仍然处于发展的初期阶段，新技术层出不穷，产业化研发才刚刚起步，因此我们必须站在战略发展的高度看待新能源汽车产业，实现"赶超"战略，占得国际市场先机。在纯电动汽车技术等领域，中国处于世界较为先进水平，但是中国与发达国家之间还有一定的距离。因此，要充分发挥我国市场大、产业链完整的优势，努力在新能源汽车领域及核心技术领域缩小与传统汽车强国间的差距，从而实现技术突破和整个产业的跨越式发展，提高中国汽车产业的核心竞争力，也有利于抓住历史机遇实现"赶超"战略。

（3）中国汽车消费逐步增强，汽车已经走入寻常百姓家，发展新能源汽车提上了历史议程。从 2009 年开始，我国汽车产销量分别为 1379.1 万辆和 1364.5 万辆[①]，产销量超过美国、日本，成为世界第一大汽车生产国和消费国，2018 年全年汽车产销分别完成 2780.9 万辆和 2808.1 万辆，连续 10 年蝉联全球第一。[②] 然而，随着汽车尾气排放量的增加，汽车尾气的污染问题越来越重。2021 年 3 月正式发布的《中华人民共和国国民经济和社会发展第十四个五年规划和 2035 年远景目标纲要》中明确要求，到 2025 年，单位 GDP 能源消耗降低 13.5%，单位 GDP 二氧化碳排放降低 18%，而且这些均为约束性指标。目前，汽车尾气排放已成为我国的主要污染来源，大力发展新能源汽车、节能减排已上升到国家战略高度。为促进我国汽车产业结构优化升级，近年来国家陆续推出了相关政策，积极鼓励新能源汽车的发展。2011 年发布的《关于进一步做好节能与新能源汽车示范推广试点工作的通知》，对新能源汽车免征车船税、免除摇号以及免除限行等限制性措施，2012 年发布的《节能与新能源汽车产业发展规划》则指出，提高新能源汽车销量计划。发展新能源汽车产业不仅有利于环境保护、节能减排，还有利于提升企业的技术进步和创新能力。因此，大力发展新能源汽车，不仅符合我国国情，也顺应了全球汽车产业的发展趋势。

---

① 梁思辰：《2009 年中国汽车产销量跃居世界第一》，汽车之家，https：//www. autohome. com. cn/news/201003/98962. html？from＝pc.

② 《2018 年中国汽车产销量连续 10 年蝉联全球第一增幅回落》，中国新闻网，https：//www. autohome. com. cn/news/201003/98962. html？from＝pc.

二、我国新能源汽车产业发展的现状和成效

根据 2009 年工业和信息化部颁布的《新能源汽车生产企业及产品准入管理规则》定义，新能源汽车是指使用非常规车辆燃料作为动力来源，或者使用常规能源，采用新型车载驱动装置的汽车。新能源汽车主要包括纯电动汽车、氢发动机汽车、混合动力汽车以及其他新能源汽车等类别。从近几年新能源汽车的发展来看，我国主要推广和扶持纯电动汽车，而燃料电池汽车近年也得到较快发展，尤其是氢燃料汽车得到重视，总的来看，我国新能源汽车发展态势稳定，取得了不俗的成效，主要表现在以下几个方面。

1. 新能源汽车产业扶持政策持续稳定而且逐步全覆盖

新能源汽车由于其能耗低、排放少、污染小等优点，自问世以来，在很多国家得到大力推广，其中，全球混合动力汽车累计销量已超过 100 万辆。为了加快新能源汽车产业的发展速度，我国政府出台了一系列扶持政策，详见表 5-1。从 2001 年开始，我国通过 "863 计划" 组织力量研发新能源汽车，先后投入 20 多亿元。2009 年 12 月，国务院常务会议决定，将新能源汽车公共服务示范推广试点由 13 个城市扩大到 20 个城市，并选择在上海、杭州等 5 个城市率先启动私人补贴试点工作。部分城市也积极鼓励新能源汽车的推广和使用，深圳市为了加大新能源汽车的消费，居民购车时除享有 5—6 万元国家补贴之外，还可享受地方 3—6 万元财政补贴，此外，还可获得 9000 元电力补贴。针对新能源汽车产业的扶持政策，从开始重点补贴生产厂家，到关注终端销售推广补贴，再到产业链关键零部件和充电设施的建设维护补贴，产业政策基本覆盖了整个产业链，而且越来越呈现出全覆盖的趋势。

表5-1　新能源汽车产业相关代表性产业政策

年　份	名　称	主要细节
2001 年	国家重大科技创新项目支持	"十五"期间，国家"863 计划"设立了电动汽车重大科技专项课题，确定了"三纵三横"的研发布局；"十一五"期间，电动汽车与清洁能源汽车合并列入"863 计划"，启动了"节能与新能源汽车"重大项目
2004 年	《汽车产业发展政策》	文件明确指出：国家引导和鼓励发展节能环保型小排量汽车。根据国家能源结构调整战略要求，积极开展电动汽车、动力电池等新型动力的研究和产业化，重点发展柴油发动机技术和混合动力汽车技术
2009 年	《新能源汽车生产企业及产品准入管理规则》	文件对新能源汽车企业的产品准入和管理做出了详细规定，并将其分为起步期、发展期、成熟期三个不同的技术阶段，并对不同阶段制定了不同的政策要求
2012 年	《节能与新能源汽车产业规划（2012—2020 年）》	规划阐明了节能与新能源汽车产业发展的指导思想和基本原则，对产业发展的技术路线和主要目标做了明确规定，详细制定了五大主要任务和相关保障措施
2016 年	《关于"十三五"新能源汽车充电基础设施奖励政策及加强新能源汽车推广应用的通知》	为加快推动新能源汽车充电基础设施建设，培育良好的新能源汽车应用环境，文件对 2016—2020 年中央财政对充电基础设施建设、运营给予奖补进行了详细地规定，尤其对奖补的条件、比例、标准、资金使用范围进行了明确界定
2018 年	《关于组织开展新能源汽车动力蓄电池回收利用试点工作的通知》	工业和信息化部、科技部、环境保护部（现生态环境部）、交通运输部、商务部、质检总局、能源局联合组织开展新能源汽车动力蓄电池回收利用试点工作。争取到 2020 年，建立完善动力蓄电池回收利用体系，探索动力蓄电池回收，利用商业模式创新，并制定电池回收利用试点实施方案

续表

年　份	名　称	主要细节
2009—2019 年	新能源汽车补贴政策（2013 年前标准、两年标准、2017 年标准、2018 年标准、2019 年标准）	到目前为止，新能源补贴政策从 2009 年启动以来经历了 5 次变动，但核心目标是推广自主研发的产品，促进产能升级；以财政政策鼓励在出租、公交、公务、邮政和环卫等公共服务领域率先使用新能源汽车，促进新能源市场发展，但在具体的补贴金额、补贴方法、补贴标准、补贴范围上越来越细化，节能标准也越来越高
2019 年	《关于进一步加强新能源汽车产品召回管理的通知》	市场监管总局办公厅根据《缺陷汽车产品召回管理条例》及《缺陷汽车产品召回管理条例实施办法》对新能源汽车产品的召回管理做出明文规定和要求

资料来源：笔者根据网络资料自行整理。

2. 新能源汽车市场推广效果越来越明显

近年来，电动汽车在我国的发展经历了政府引导鼓励、企业积极响应、民众逐渐接受这样一个过程。经过"十二五""十三五"期间的努力培育，我国战略新兴产业发展进入成长期，具备一定的国际市场竞争能力。根据中国汽车工业协会统计信息网公布的数据显示，2018 年，新能源汽车产销分别达到 127 万辆和 125.6 万辆，比上年同期分别增长 59.9% 和 61.7%。[①] 新能源汽车经过多年的市场培育，生产销售出现井喷，产业发展从"导入期"进入"成长期"，中国依然是全球新能源汽车消费第一大国。同时，新能源汽车基础设施得到有力发展，根据中国电动汽车充电设施促进联盟发布的统计数据，截至 2018 年底，充电联盟内成员单位上报的公共类充电桩合计达 30 万台，私人类充电桩达 47.7 万台，两者共计 77.7 万台，同比增长 74.2%，[②] 逐步形成由点到面的充电网络。

近年来，在新能源汽车市场推广上，政府以及生产企业逐步加大政策

---

① 《2018 年汽车工业经济运行情况》（中国汽车工业协会信息发布会通稿），中国汽车工业协会统计信息网，http：//www. auto-stats. org. cn/ReadArticle. asp？NewsID＝10406

② 《中国充电联盟：2018 年充电基础设施同比增长超七成》，新浪财经，http：//www. auto-stats. org. cn/ReadArticle. asp？NewsID＝10406

扶持力度，加快市场推广步伐，并取得了良好的效果。2009 年 1 月，我国启动"十城千辆"工程，正式运行新能源汽车商业化示范项目。2010 年，在上海、深圳、杭州、合肥、长春等 5 个城市开展新能源汽车个人购买补贴试点工作，其中对纯电动汽车的补贴最高，可达 6 万元。为占据未来汽车市场格局中的有利地位，国内自主品牌汽车也逐步加大了对新能源汽车的研究与开发，比亚迪、奇瑞、长安等企业近年来陆续推出多款电动车，通用、丰田、大众等合资品牌也在中国推出多款新一代新能源汽车，以抢占市场先机。与此同时，各地方政府也陆续出台了促进新能源汽车产业发展的扶持政策，采取措施加大新能源汽车市场推广，使得新能源汽车产销量快速增长。

3. 新能源汽车自主创新能力和水平得到提升

我国新能源汽车经过了近 20 年的发展，现在技术日趋成熟，突破了一些关键技术，产生了一些有实力的新能源汽车企业，产品初步实现多元化，国内电动车最高时速达到 160 千米左右，最高续航水平为 322 千米。各地政府也对新能源汽车的研发工作给予了大量财政支持。目前，我国在动力电池关键材料、核心技术和产品研发方面取得了重大突破，总体水平已达到美、德、日等国家的水平，有些领域甚至还处于领先水平。比如，比亚迪、雷天、力神等企业研发的锂离子和镍氢以及多个系列的车用动力电池等，产品的主要性能指标居国际领先水平。另外，我国新能源汽车的整车研发能力不断提升，已经掌握了具有自主知识产权、适用于私人汽车和公共交通领域的整车集成技术；企业已经研发出系列化应用产品，且已进入公告阶段。① 总而言之，经过多年的发展，我国新能源汽车的自主创新能力和水平得到了大大提升，拥有一批具有自主知识产权的技术和产品，也使得中国新能源汽车产业的竞争力不断增强。

三、我国新能源汽车产业稳步发展的路径优势分析

通过对我国新能源汽车产业发展状况的梳理，我们发现近年来随着全

---

① 万钢：《各方共议新能源汽车发展》，《中国能源报》，2010 年 9 月 13 日，第 25 版。

球新一轮经济与产业变革，各国政府对于新能源越来越重视，为此，各国政府纷纷出台了相关政策加强对新能源汽车产业的扶持力度。在此背景下，我国新能源汽车产业由于路径选择科学合理，具有一定的优势，虽然发展也经历了一些波折，但总体上态势良好，发展迅速，取得了可喜的成绩。总结我国新能源汽车产业发展路径优势的经验和启示主要有以下四个方面。

1. 开放经济条件下，促使传统汽车产业绿色转型升级

2001 年 12 月，中国正式加入世界贸易组织（WTO），预示着中国经济逐步走向更加全面深入的开放，当年汽车产业被认为是受到影响最大的产业之一，竞争压力促使厂商关注行业发展趋势，但是从近 20 年的汽车产业发展来看，加入 WTO 不仅没有冲垮中国汽车产业，反而在开放的经济条件下，激发了产业发展的内生动力，在产业竞争压力下我国汽车厂商积极融入世界汽车产业体系，通过合资、独资以及"市场换技术"等多种途径，快速提升了传统汽车的生产技术和规模，使汽车产业成为国民经济的支柱产业之一。同样，开放的经济条件也在新能源汽车产业发展上促使厂商给予更多的关注，这给了我们的启示。

（1）市场竞争是催生绿色新兴产业发展的动力。如前文所述，绿色产业发展需要大量的创新活动，而新能源汽车作为绿色新兴产业不仅要技术创新，还需要商业模式创新、管理创新等。而市场竞争是创新的动力、源泉，充分的市场竞争可以使汽车厂商更加关注行业发展趋势、绿色技术的研发和推广。融入世界的中国汽车厂商发现，欧美汽车厂商 20 世纪 80 年代就开始研发节能环保型汽车，并逐步过渡到新能源动力的研发和应用。在市场竞争中，中国汽车厂商敏锐地发展新能源汽车不仅是未来汽车产业发展的趋势，也是实现"赶超"欧、美、日等汽车厂商的良好机遇，因此，以比亚迪、奇瑞、江淮、一汽、上汽等为代表的汽车厂商，纷纷加大在新能源汽车领域的投入，力图抢占市场先机。

（2）相对地放松管制、引导公平竞争，是新能源汽车产业健康持续发展的保障。开放的经济条件下，各种要素流动是市场配置的，且是国内与

国外两个市场、两种资源的交互配置，这就要求政府必须相对地放松管制，促进公平竞争。近十年，我国新能源汽车产业得到了迅猛发展，一个重要原因就是国家逐渐放宽政策，在符合国家制定的标准和要求的前提下，部分新能源汽车获得市场准入。例如，2009 年发布的《新能源汽车生产企业及产品准入管理规则》，对行业制度环境进行了优化，促进了产业内的公平竞争，从而使得各类资本敢于也乐于投资新能源汽车产业及其基础设施建设等相关领域，保障了整个产业的健康持续发展。

2. 持续稳定的全产业链产业政策和制度创新促进了新能源汽车产业的发展

作为对传统汽车的替代，新能源汽车的产业链具有长而复杂的特点，不仅是简单的汽车动力源的变化，还涉及发动机、变速箱、底盘等核心零部件的绿色技术研发和生产配套，更涉及充电站、加气站等基础设施的配套，也离不开市场推广的创新和投入，更需要售后服务和废旧电池回收再利用的跟进，这些就需要从全产业链的角度考虑，无论哪一环薄弱或滞后，都会影响整个产业。近年来，新能源汽车产业的良好发展势头正是得益于持续稳定的全产业链产业政策，主要表现在以下三个方面。

（1）持续而逐步细化的补贴政策。作为绿色产业重要组成部分的新能源汽车产业具有外部性，产业发展初期"市场失灵"问题突出，绿色技术研发也需要投入大量资金，如第 5 章的案例分析，国外在发展绿色产业过程中也给予或明或暗的产业政策扶持，特别是给予大量补贴。我国在发展新能源汽车产业的过程中，补贴政策一直是政府、企业和消费者关注的重要产业扶持政策之一，总结这些年的补贴政策，可以发现两个重要特征：一是政策具有持续性。从 2009 年起，国家在《汽车产业调整和振兴规划》中明确提出，对指定范围内的新能源汽车给予购置补贴，同年财政部发布的《关于开展节能和新能源汽车示范推广试点工作的通知》也指出，对试点城市公共服务领域购置新能源汽车给予补助，由此拉开了我国新能源汽车补贴的序幕，到 2019 年出台的新能源汽车补贴政策一直持续十余年，有效地促进和培育了新能源汽车市场的发展。二是政策逐步细化。新能源汽车产业补贴政策从开始时的"试点城市、试点企业、试点车型"到全国全行业补贴，从侧重补贴生产企业到重点补贴销售终端，并对不同的节能标准给予不同的补贴，可以说经历了从"撒胡椒式"补贴到"精准补贴"的过程，体现了补贴越来越细化的趋势。

（2）鼓励新能源汽车绿色核心技术创新。技术创新是绿色产业发展的内核，没有绿色技术的研发与使用，绿色产业也是"寸步难行"。因此，我国在新能源汽车产业发展中为避免产业"空心化"，尤其鼓励和支持绿色技术创新。主要体现在以下方面：第一，关注对核心零部件研发的政策支持。《节能与新能源汽车产业发展规划（2012—2020年）》在主要任务中第1条就明确提出了实施节能与新能源汽车技术创新工程，并要求进行相关研发体系建设、主要目标和政策扶持等。目前，我国新能源汽车（电动汽车）已经形成"三纵三横"的研发格局，我国在电池材料、动力电池、电机等关键技术研发领域已经取得长足进步和成果，为我国新能源汽车产业的持续发展打下了良好的技术基础。第二，不断提高补贴技术门槛，倒逼新能源汽车厂家加大技术创新投入。为了体现产业政策"扶优扶强"的目标，激发新能源汽车厂商技术创新，在补贴政策上逐步提高了门槛，倒逼企业不断进行技术创新，例如在纯电动汽车的补贴方面，2017年的补贴门槛是续航100千米，2018年的门槛升级为150千米，2019年的标准进一步提升至250千米。①

（3）政府积极推进新能源汽车市场推广和售后监管制度创新。随着社会的发展和科技的进步，人们对物质文化生活的更高追求，正是产品迭代的根源所在。迭代是一个过程，通过此过程，一种产品或服务取代了另一种产品或服务，为买方实现一种特定功能或几种功能。产品迭代是人的需求和产品更新换代的必然结果，也是促进技术进步和经济发展的内在动力。新能源汽车作为传统汽车的替代产品，在市场推广和售后监管中政府也给予了多方面的扶持政策，希冀能够促进消费者的需求，加快产品的替

---

① 《2019新能源车补贴政策出台！》，新浪网，http：//auto. sina. com. cn/j_ kandian. d. html? docid＝hsxncvh5795136&subch＝bauto&hpid＝00042.

代过程，主要表现在以下方面：第一，发挥公共领域新能源汽车消费的示范效应。2009年，我国启动了"十城千辆"工程，开展新能源汽车商业化示范推广；2014年，国务院办公厅发布了《关于加快新能源汽车推广应用的指导意见》，其中明确要求推动公共服务领域率先推广应用新能源汽车，要求"2014—2016年，国家机关以及新能源汽车示范城市的公共机构及政府机关购买的新能源汽车占当年更新车辆的总比例不低于30%，以后逐年扩大应用规模"[①]。此后，新能源汽车在公共领域通过公务车、租赁、公交车等进行了大规模推广，起到了很好的社会示范效应。第二，逐步完善售后监管政策。随着新能源汽车推广力度的增加，公民们开始关注并购买新能源汽车，我国已成为新能源汽车全球第一消费国，随之而来的售后监管问题也逐步显现。为此，我国政府出台了相关新能源汽车的售后监管政策：一是废旧电池回收再利用。2018年，我国出台了《关于组织开展新能源汽车动力蓄电池回收利用试点工作的通知》，要求尽快建立废旧电池利用体系和模式，防止二次污染，真正体现绿色产业的特性；二是完善新能源汽车召回制度。2019年，我国发布了《关于进一步加强新能源汽车产品召回管理的通知》，其中明确要求新能源汽车厂家落实和完善新能源缺陷汽车召回管理，保护消费者权益，保障新能源汽车产业可持续健康发展。

3. 国有资本与非公资本共同推进新能源汽车产业链完善

如前文所述，绿色产业的发展一方面具有外部性动因，另一方面作为新兴产业在发展初期需要大量的资金投入，作为产业链长且复杂的新能源汽车产业更是如此。因此，为弥补"市场失灵"，国有资本必须发挥示范和带动作用，积极投资新能源形成产业，但仅靠国有资本是不够的，新能源汽车整个产业链发展完善需要庞大的资金支持。因此，为使整个新能源汽车产业能够健康持续发展，必须引入非公资本。近些年，新能源汽车产业呈现良好的发展势头，其经验也是可圈可点的，主要表现在以下两个方面。

---

① 《国务院办公厅关于加快新能源汽车推广应用的指导意见》，中国政府网，http：//www. gov. cn/zhengce/content/2014-07/21/content_ 8936. htm.

（1）鼓励社会资本参与，多方面开发充电桩市场。解决电动车的充电便利性必须依靠全社会力量，建设充电桩不能只依靠财政资金，可以逐渐开放充电桩市场，让社会资本能够进入该领域。目前，我国充电基础设施建设商主要由国家电网、南方电网和中海油组成，并逐渐向社会资本开放，引入 PPP 模式。也就是说，放开充电桩市场，即汽车企业主要负责把车做好，而充电桩市场则由更专业的硬件、软件、服务团队来做。① 国家发改委的充电设施发展指南要求，在"十三五"期间新增充电站要达到1.2 万座，新增充电桩要达到 480 万根，充电桩建设需投资 500 亿元，充电站建设需投资 600 亿元，充电基础市场投资总和将达到 1100 亿元。如此巨大的投资规模，单靠政府难以支撑，因此，解决新能源汽车基础设施建设资金不足的关键，是要充分调动社会资本的积极性，吸引社会资本广泛参与。这不仅能积极引入社会资本参与建设和运营，拓宽投融资渠道，有效弥补政府资金的不足，也有利于发挥政府资金的杠杆作用，撬动社会资本参与新能源基础设施建设。随着我国新能源汽车的增多，对充电桩、充电站等充电基础设施的需求不断增加，社会资本的加入对充电基础设施的供给起到了重要的保障作用。②

（2）不断创新 PPP 模式，激发非公资本深度参与新能源汽车产业。对新能源汽车产业国有资本和非公资本如何有效融合，激发非公资本对产业的深度参与，是近年来新能源汽车产业界和理论界着力解决的关键问题之一。在充电基础设施领域，不断创新 PPP 模式取得了有效的突破和经验，主要表现在以下几个方面。第一，特许经营。政府部门与私人企业以特许经营协议为基础，成立特许经营公司。特许经营协议对项目的风险进行了有效评估，从初期对新能源汽车基础设施 PPP 项目的技术设计与可行性研究，到项目的审核与确认，再到项目的执行与利益分配，各方的利益得到了有效的保证，避免了日后的争议。第二，股权合作。股权合作方式采用

① 张芳、汪张林、邹俊：《我国新能源汽车推广策略研究——基于特斯拉推广模式的借鉴》，《价格理论与实践》2015 年第 9 期。
② 张芳、邹俊：《促进新能源汽车充电基础设施建设运用 PPP 模式的对策》，《重庆科技学院学报（社会科学版）》2017 年第 4 期。

"新能源汽车+充电桩""充电桩+分时租赁"和"充电桩+互联网"等形式开展企业间的战略联盟，将拥有不同技术优势的企业联系起来，风险共担，利益共享。目前，新能源汽车设备供应商积极参股新能源汽车企业。2016 年 3 月，合肥国轩公司以自有资金 30720 万元认购北汽新能源新增注册资本 12000 万元，增资完成后，合肥国轩公司将持有北汽新能源 3.75%的股权，公司股权增值收益可观，未来成长空间巨大。第三，"众筹建桩"。"众筹建桩"不仅可以在商业中心推广，也可以在社区、学校以及事业单位等区域推广，让拥有停车位的物业参与到投资充电桩建设中来。例如，2015 年，常州市已经通过"众筹建桩"的方式确定了 1500 个充电桩的建设，合作伙伴只要符合相关条件就可以提出申请，经当地规划部门审批，确定建桩地点，而合作伙伴并不需要承担建设成本，只需提供场地即可，建成投入使用后合作伙伴将会永久获得一半的充电服务费，此举一推出便吸引了大量的合作伙伴提出申请。[①]

4. 环保意识和绿色消费文化兴起，营造了良好的新能源汽车产业的发展环境

随着近年我国环境污染问题的凸显，"绿水青山就是金山银山"的理念越发深入人心，绿色发展成为人们普遍的愿景，公众的环保意识和绿色消费文化逐渐兴起，也为新能源汽车发展营造了良好的社会文化环境，主要表现在以下两个方面。

（1）探索打造碳交易市场，通过市场激发新能源汽车的消费潜能。美国很多州发布了严格的环保法规，这些法规要求，到 2025 年，每家汽车制造商的零排放汽车销量至少为总销量的 15%，如果汽车制造商的零排放汽车销量低于目标，他们将要么支付高额的罚金，要么从其他汽车制造商那里购买信用，才能避免巨额的罚金和负面宣传的影响。这项严格的环保法规推动了新能源汽车的发展，特斯拉是美国为数不多的零排放电动汽车制造商，其通过出售汽车零排放信用获得了大量收入。2013 年第一季度，这

---

① 张芳、邹俊：《促进新能源汽车充电基础设施建设运用 PPP 模式的对策》，《重庆科技学院学报（社会科学版）》2017 年第 4 期。

项业务共获得 6800 万美元的收入，约占其总收入的 12%。我国也在逐渐探索推广新能源汽车碳交易市场。例如，深圳市探索建立新能源公交车碳计量账户和碳减排计量方法，初步形成企业、市场、政府三方共同扶持新能源汽车应用的良性循环机制。通过碳交易市场可以有效运用市场机制来促进企业技术创新和绿色消费文化兴起，探索出一整套适合新能源汽车发展的应用方案，激发新能源汽车消费潜能。

（2）新能源汽车宣传推广中主打"环保牌"与"智能牌"，引领绿色消费。近年来，我国新能源汽车企业在宣传推广过程中不仅宣传新能源汽车的品质，还特别强调其"智能化"方面的技术措施，突出宣传新能源汽车在生产、使用等过程中的"智能化"及其对于环境保护的功能，以强化消费者对于新能源汽车的认知和态度。另外，政府不断加大宣传力度，提高整个社会的环保意识，激发人们购买、使用新能源汽车的消费意识，着力培养消费者转换愿望，引领绿色消费文化兴起。[①]

第二节　我国光伏产业曲折发展的案例分析

前文分析了新能源汽车产业稳步发展的案例，但是，在绿色产业发展的实践中，有些产业的发展并非一帆风顺，甚至还出现了停滞和倒退，致使整个产业陷入困境。下面我们通过对我国光伏产业的曲折发展案例来分析绿色产业发展可能存在的风险和障碍。

一、发展光伏产业的国内外背景

1. 国际背景

（1）世界能源危机，激发可再生能源需求。如前文所述，20 世纪五六十年代，世界能源危机蔓延，地球上的传统化石资源越来越紧缺，西方发达国家为争夺世界能源的主导权和控制权而展开角逐，甚至不惜进行局部

[①]　张芳、汪张林、邹俊：《我国新能源汽车推广策略研究——基于特斯拉推广模式的借鉴》，《价格理论与实践》2015 年第 9 期。

战争。为了维护本国经济的发展，美、日、法、德等国开始寻求可再生能源的开发和利用，从 20 世纪 60 年代开始，西方发达国家不断加大了对可再生能源和清洁能源的投入，希望摆脱能源问题对经济发展的束缚，加之当时西方发达国家环境污染问题突出，导致无论是政府还是公众对可再生能源的需求逐步提高。因而，作为可再生能源代表的光伏产业理所当然地引起了重视。光伏产业从 20 世纪 70 年代开始纷纷被各发达国家纳入国家能源战略，许多发达国家纷纷制定了各自的光伏产业发展规划，例如美国的"Sunshuot&Sunpath"计划、德国的"能源战略 2050"、日本的"阳光计划"等。根据欧盟委员会联合研究中心的预测，到 2040 年，世界上 20%以上的能源消耗将是太阳能光伏发电，具有广阔的发展前景。[①]

（2）科技创新加快了可再生能源的产业化和商业化。可再生能源的开发利用与传统化石能源有着天壤之别，其中蕴含着大量科技创新，欧美发达国家从一开始发展可再生能源就以技术创新为突破口和关键点，大力投入绿色技术研发。晶体硅、分布式电网等科技创新，不仅促进了可再生能源的发展，也降低了新能源的开发利用成本，加快了可再生能源的产业化和商业化。例如，美国政府对光伏产业公共技术研发的投资，由 2001 年的 8141 万美元增长到 2011 年的 39.6 亿美元，年均增长高达 39%；自 2000 年开始，日本政府不断加大对光伏产业的投入，平均每年投入 1.2 亿美元用于光伏技术的研发。[②] 可以说，技术革命和科技创新推动了光伏等可再生能源的持续发展。

2. 国内背景

（1）经济快速发展，能源成为制约瓶颈。改革开放 40 多年来，中国经济高速发展，取得了举世瞩目的成绩，但是能源需求也是巨大的，尤其是粗放型的发展模式致使经济发展能耗高，为了给经济发展提供有力的能源保障，中国能源进口规模一度不断增加，但仍不能满足需求。中国石油

① 赵枫：《在新形势下我国光伏产业持续发展的思考》，《可再生能源》2017 年第 8 期。
② 苏竣、张芳：《政策组合和清洁能源创新模式：基于光伏产业的跨国比较研究》，《国际经济评论》2015 年第 5 期。

消费从 1991 年以后呈快速增长态势，2000 年，中国原油和油品净进口总量为 7384 万吨，占消费量的比例超过 31%。进口大幅度提升，导致中国能源对外依赖程度逐年提升。我国继 2017 年成为全球最大的原油进口国之后，2018 年取代日本成为全球最大的天然气进口国。[①] 能源对外依存度高，一方面增加了我国经济发展的风险和不确定性，另一方面也迫使我国寻求传统能源的替代品，发展新能源和可再生能源，突破经济发展的能源瓶颈。

（2）环境污染问题凸显，促使我国大力发展清洁能源和可再生能源。随着中国经济的发展，环境污染日益严重，高污染、高能耗的发展模式已不可持续，这一点社会各界逐渐形成共识。尤其是 2005 年之后，我国的环境污染问题凸显，空气、水、土壤等污染问题层出不穷，社会各界对可持续发展和绿色发展的诉求越来越强烈，促使我国开始重视发展清洁能源和可再生能源。一方面，保障经济发展和国民生活的能源供应，减少能源对外依存度，不断改善人们的生活质量；另一方面，优化能源结构，推进能源产业转型升级，有利于节能减排，减少环境污染，构建环境友好型社会。

（3）未来国际经济竞争迫使我国必须关注新能源产业。能源是经济发展的命脉，在未来，国家间的经济竞争中，能源是关键。虽然能源对外依存度高并不一定就带来能源危机，但在贸易保护主义抬头的国际背景下，能源价格的波动对经济的影响也是不可小觑的。因此，各西方发达国不仅关注对传统能源的主导和控制，在新能源领域也力图控制关键技术和产业链高端，以期在未来的国际经济竞争中占据优势地位。如前文所述，西方发达国家在 20 世纪五六十年代就已经关注新能源的开发，而我国到 20 世纪 90 年代才涉足新能源领域，传统能源的国际市场主导权已经被欧美国家牢牢控制，为了摆脱未来国际竞争中的能源约束，我国必须加大对新能源产业的投入。

---

① 《2018 中国油气对外依存度分别攀升至 69.8% 和 45.3%》，搜狐财经，http://www.sohu.com/a/290713651_ 99944680

二、我国光伏产业发展的历史回顾和现状分析

1. 我国光伏产业发展的历史回顾

回顾我国光伏产业发展的历程，几经波折，既经历过产业发展的突飞猛进，也遭受过整个行业的低谷期，这里面既有国内产业发展的内因，也有国际经济环境的外因，还有地方政府和相关企业的因素。可以说，我国光伏产业发展的历史可谓历经坎坷，且问题重重，值得深思。本书依据产业发展的主导思想和标志性事件，把我国光伏产业的发展历史大致分为四个阶段。

（1）光伏产业的萌芽阶段（2002年以前）。2002年以前，我国光伏产业处于发展的萌芽阶段，远远落后于当时的美国、德国、日本。1998年，我国政府开始重视绿色能源产业的发展并关注光伏发电未来的发展潜力，出台了一系列扶持光伏产业的政策，同时，地方政府通过财政补贴、土地支持、贷款担保、税收优惠等方式给予光伏企业以大力支持。1997年，国家开始实施"中国光明工程"。利用太阳能作为全国扶贫工作之一，通过开发风能、太阳能，为远离电网的无电地区提供能源，改变当地贫困落后的面貌。2002年，国家发改委启动了西部省份"送电到乡工程"项目，投资26亿多元，该项目是利用当地的太阳能、风能和小水电等可再生能源资源，建设了近600座太阳能光伏发电站和风光互补发电站以及100多座小型水电站。[1] 揭开了分布式光伏发电的序幕。当时在国家政策的支持下，发展起第一批从事光伏业务的企业。比如，英利集团成立于1987年，1998年进入太阳能光伏发电行业，1999年它承接了国家第一个年产3兆瓦多晶硅太阳能电池示范项目。[2] 江西赛维在创立之初，获得当地政府的人力支持，如土地特批、筹建资金担保、电费补贴等。在光伏产业发展的初期阶段，如果没有国家宏观政策的指导，地方政府的支持，企业很难起步。

（2）光伏产业爆发式增长阶段（2002—2010）。从2002年开始，我国

---

① 王晏、雷光辉：《青海省送电到乡工程的实施及经验》，《太阳能》2004年第6期。

② 《关于英利》，英利集团官网，http://www.yingligroup.com/about/index.html

光伏产业进入了一个高速发展的黄金时期，国际市场需求旺盛，政府加大扶持和补贴力度，光伏企业数量激增，产能迅速扩大。2010 年，光伏产业被确定为国家战略性新兴产业后，政策支持又进一步刺激了产能的扩张。2010 年初，我国在硅片、电池片、组件等环节形成一股投资热潮，银行贷款成为企业资金的主要来源。2010 年，光伏电池产量和光伏组件产量分别占全球市场的 50% 和 49%，居世界之首。光伏产能大幅提升的同时，企业专利的申请数量也不断增加，技术的进步又推动了产业整体实力的提升。从 2006 年开始，中国光伏企业的专利申请数量迅速上升，2006—2012 年光伏企业的专利申请数量平均增长率达到 62.17%[①]。光伏组件价格、多晶硅价格居高不下，巨额的利润吸引了一大批企业进入该行业。在这个阶段，各地方政府纷纷出台优惠政策吸引光伏企业落户，优先发展光伏产业，对光伏企业的迅速扩张提供全力支持。截至 2005 年，全国 31 个省、300 个地市均将太阳能与光伏产业作为优先发展的产业。[②] 同时，一批有实力的光伏明星企业脱颖而出，如无锡尚德、江西赛维、天合光能、英利等。以无锡尚德集团为例，该公司在 2001 年成立，得到了无锡市政府的大力支持，获得政府赠款 600 万美元，其发展也是突飞猛进，生产规模最初为 10 WM，到 2006 年就已达到 270 WM。2005 年，无锡尚德集团在美国上市，成为第一家在美国上市的民营企业，跻身于全球四大光伏企业行列。

（3）光伏产业产能过剩阶段（2011—2013）。我国光伏产业发展初期，市场主要在国外，其中以欧洲市场为主，但从 2008 年开始，全球金融危机爆发，欧洲各国相继削减光伏补贴，市场需求逐渐萎缩，光伏产品的价格开始下降，企业利润有所下滑。国际金融危机导致海外市场需求萎缩，企业和政府没有捕捉到产业下滑的市场信号，继续给予企业贷款支持，光伏企业在产能过剩的情况下，非但没有减速，反而继续增产。2011 年 10 月，美国开始对我国 75 家光伏企业进行反倾销和反补贴调查。经过一年多的调查，2012 年 12 月，美国商务部宣布对进口自中国的太阳能电池征收为期 5

① 何文韬：《进入波动、产业震荡与企业生存——中国光伏产业动态演进研究》，《管理世界》2018 年第 1 期。
② 王立国、鞠蕾：《光伏产业产能过剩根源与对策找寻》，《改革》2015 年第 5 期。

116

年的"双反"关税，反倾销税和反补贴税分别高达 249.46% 和 15.9%。[①]
欧盟对中国光伏产品的"双反"调查紧随其后，由于我国光伏产品 70% 出口到欧盟市场，涉及金额巨大，此举使国内光伏企业遭到重创。2013 年 7 月，经过多方努力，欧盟最终对来自中国的光伏产品达成价格承诺。受欧美"双反"调查的影响，2012 年我国光伏产品对欧美出口量大幅度下滑，比 2011 年分别下降了约 30% 和 45%。在国际市场需求大幅下降的同时，光伏产品价格下跌严重，库存积压严重，企业出现了大面积亏损。2012 年，英利净亏损 4.919 亿美元，晶澳净亏损 2.758 亿美元，天合光能净亏损 2.666 亿美元，韩华净亏损 2.509 亿美元，晶科净亏损 2.476 亿美元，阿特斯净亏损 1.951 亿美元。到 2013 年底，行业龙头企业的负债率为 80%—85%，个别企业达到了 90% 以上。[②]

（4）市场逐渐回暖阶段（2014 年至今）。从 2014 年开始，受益于各国出台的产业扶持政策，以及中欧光伏产品贸易纠纷的缓解，光伏产业逐渐回暖，光伏装机量不断攀升。中国光伏产业在经历了市场的洗礼后，通过淘汰落后产能、技术创新、产业升级、结构调整，产业格局发生了很大变化。2015 年，我国累计光伏装机量 43.18 GW，2018 年新增光伏装机量 174 GW，已经连续 4 年居全球第一。[③] 2018 年，中国光伏产业总体运行状况平稳，产业规模保持一定增长。在国际市场竞争中，我国光伏产业通过建立完整的产业链，使"两头在外"的局面有所缓解，国际竞争力逐渐加强，市场开始多元化，抗风险能力得到提升。我国光伏产业的出口市场由欧洲、美国、日本等传统市场逐渐转向新兴市场。2019 年，我国光伏产品出口的前 10 名中有一半是发展中国家，包括越南、印度、墨西哥、巴西等，对"一带一路"沿线国家以及非洲、拉丁美洲等地区的进出口均有增

---

① 韩玉军、李雅菲：《美欧对华光伏产品反倾销的成因与影响》，《国际贸易》2013 年第 7 期。
② 《2012 光伏企业亏损意料之中》，北极星太阳能光伏网，http：//guangfu.bjx.com.cn/news/20130515/434340.shtml.
③ 《2013—2018 中国新增光伏装机量蝉联世界第一》，北极星太阳能光伏网，http：//guangfu.bjx.com.cn/news/20190705/990887.shtml.

长。① 但是，光伏行业依然面临重重困难。一方面，一部分技术落后、面临淘汰的企业又开始恢复生产，导致落后产能淘汰不到位；另一方面，行业内一些龙头企业借助规模优势，又开始扩大产能，行业内无序竞争和产能的持续增加可能会使光伏企业再次面临市场环境变化带来的风险。

2. 我国光伏产业发展的现状分析

（1）出口产品结构和市场结构有所改善。2011—2013 年，我国光伏企业陆续遭遇到美国、欧盟的反倾销、反补贴调查，征收高额的"双反"关税，海外市场遭到重创，并对国内光伏企业产生连锁反应，企业亏损、倒闭现象严重，此后几年，光伏市场一直低迷。从 2017 年开始，太阳能光伏海外市场开始复苏。2019 年，光伏组件出口 66.26 GW，2018 年为 46.17 GW，同比增长 43.5%，出口前三位的企业分别为晶科、晶澳、阿特斯。② 2019 年，光伏逆变器出货量达 51.91 GW，出口总额 23.41 亿美元，出口前三位的企业分别为华为、阳光电源、锦浪。③ 从出口产品的结构来看，太阳能电池、光伏组件仍是出口的主力军，近年来，光伏逆变器的出货量也在不断攀升，改变了我国光伏产业出口结构单一的局面。从出口市场的结构来看，我国光伏企业在守住传统贸易伙伴市场份额的同时，还加大了对新兴市场的开拓力度，对"一带一路"沿线国家以及非洲、拉丁美洲等地区的进出口均有增长，出口市场的多元化使光伏企业有了新的发展机遇。2017—2018 年，中国组件出口总量连续排名第一的是印度，印度逐渐成为最重要的光伏装机大国，也是中国主要的出口国之一。④ 但是，从目前海外市场的出口情况来看，光伏产业依然面临海外市场源源不断的"双反"政策，美国等国家继续采取"双反"措施，使得国内光伏企业难以在这些

---

① 《太阳能电池出口增长 47.5%，2019 年中国外贸竞争力不降反升》，北极星太阳能光伏网，http：//guangfu.bjx.com.cn/news/20200120/1037824.shtml.

② 《2019 年光伏组件出口：总出货量 63.61GW，晶科、晶澳、阿特斯出口额排名前三》，北极星太阳能光伏网，http：//guangfu.bjx.com.cn/news/20200203/1039612.shtml.

③ 《2019 年光伏逆变器出口：总出货量 51.91GW，华为、阳光、锦浪出口额排名前三》，北极星太阳能光伏网，http：//guangfu.bjx.com.cn/news/2020-02-06/1040714.shtml.

④ 《组件出口大国印度，2020 年市场需求会发生这些变化》，北极星太阳能光伏网，http：//guangfu.bjx.com.cn/news/2020-01-10/1035319.shtml.

市场上大展拳脚。

（2）产能过剩依然严重。光伏产业早期利润率很高，产品供不应求，众多企业一拥而上，使产能爆发式增长。2010 年，光伏产业被确定为我国战略性新兴产业，政府给予较大的扶持力度，再次刺激了光伏产能迅速扩张。2011 年是光伏产能过剩最为严重的一年，全球光伏供应量为 70 GW，但需求只有 27.5 GW。光伏需求量虽然增长，但增长幅度远不及光伏供应量的增长，产能过剩局面一直持续。2012 年，光伏全球新增市场增长率仅为 6%，全球多晶硅产能超过 40 万吨，而实际需求量仅为 23 万吨，需求远低于供给。光伏组件产能达到 45 GW，是 2009 年的 7 倍。[①] 面对国际市场需求猛降和国内市场几乎空白的双重压力，光伏产品库存积压严重，价格大幅下跌，下降速度之快，企业难以招架，企业面临经营困难和亏损严重的局面。2008 年，多晶硅的价格一度接近 500 美元／千克，2012 年已经跌至 21—28 美元／公斤。这一轮产能过剩危机主要来自欧盟和美国对中国光伏产品的"双反"调查，即便企业因为产能过剩遇到经营危机，地方政府也不遗余力地对企业进行救济。[②]

（3）产业链已形成，但缺乏核心技术。从欧美两次"双反"调查来看，出口光伏产品过于集中在产业链一端，这样不可避免地造成了同类企业之间的市场竞争。光伏产业链上游包括高纯度单晶硅、多晶硅、硅片的生产；中游包括光伏电池、光伏组件以及逆变电器的生产；下游包括光伏发电系统的集成和运营。多年来，我国光伏产业链一直呈现"两头在外"的局面，上游高纯度硅料主要依靠从欧美进口，而生产的太阳能电池及组件主要依靠国外市场消费，在硅料提纯技术、并网设备等环节，关键技术仍落后于欧美等先进国家。[③] 上游的晶体硅材料和硅片制造技术属于技术密集型环节，高纯度多晶硅的制造多年来一直被美、日及欧洲各国的企业

[①] 《光伏业二次扩张背后的尴尬：产能过剩问题集中爆发》，新浪财经，http：//finance.sina.com.cn/chanjing/cyxw/2018-02-27/doc-ifyrvnsw9557750.shtml.

[②] 郁建兴、王茵：《光伏产业财政补贴政策的作用机制——基于两家光伏企业的案例研究》，《经济社会体制比较》2017 年第 4 期。

[③] 耿曙：《发展阶段如何影响产业政策：基于中国太阳能产业的案例研究》，《公共行政评论》2019 年第 1 期。

垄断。下游的光伏电站建设及并网设备虽然技术上有所突破，但与美国、德国仍有较大差距。中游的电池、组件环节技术门槛较低，投资期较短，竞争优势最大，是最先发展起来的环节，但由于门槛低、竞争激烈、利润回报少，成为我国屡遭欧美"双反"调查的主要原因。随着光伏产业的逐步成熟，过去通过购买一条生产线，高价聘请一个技术团队就能实现盈利的暴利时代早已终结，企业只有采用先进的生产技术和科学的制造模式，才能生产出低成本、高质量的光伏产品。光伏制造产业链是否高效，能否保证低成本下实现高转换效率和稳定质量，是光伏推广和应用的关键和基础。

（4）产业布局不合理，"弃光限电"现象严重。我国光伏产业布局不合理，在产能释放的情况下，我国光伏市场供大于求的矛盾开始显现，西部地区布局的光伏发电站"弃光限电"现象十分严重。"弃光限电"就是光伏电站的发电量超过了电力系统的最大传输电量和负荷消耗电量从而限制了电力输出。弃光率越高，就意味着光伏发电利用率越低。根据联合资信《2017 年光伏发电行业研究报告》显示，2016 年，西北地区弃光电量70.42 亿千瓦时，弃光率 19.8%，其中，新疆和甘肃弃光率分别为 32.23%和 30.45%，均超过 30%。2017 年，西北五省平均弃光率为 14.1%，远高于 6%的全国平均水平。"弃光"现象严重，主要是由于电网输送能力弱，光伏电站建成后无法并网。西北地区本地消纳能力有限，光伏电力绝大部分需要输送到别的地区，而当地电网规模还不具备支撑千瓦级光伏电的输送能力。2015 年、2016 年，西北五省区新增光伏装机容量分别为 608 万千瓦时和 943 万千瓦时，占到全国的 40%和 28%，与此同时，西北地区的电网建设速度却远远滞后于新增装机规模。"弃光限电"反映了我国在光伏产业布局中存在不合理的现象，一方面西北地区发电产能过剩，另一方面，用电地区使用不了光伏电力。因此，光伏产业在布局中要考虑就地消纳问题，以减少远距离输送带来的成本增加及资源浪费。

三、我国光伏产业曲折发展历程的路径劣势分析

1. 政府保护过度，缺乏市场竞争，导致资源配置扭曲，光伏产业发展在低水平上徘徊

在我国光伏产业的发展初期，政府产业政策起到了重要的推动作用，使我国光伏产业建立了"从无到有，从有到多"的局面。但随后爆发出来的几次危机，反映出国内产能的迅速扩张没有及时得到释放，而政府的不当干预不仅没有阻止产能过剩，反而加重了这一矛盾。2008 年，爆发了国际金融危机，欧洲各国政府压缩对新能源产业的补贴，市场严重萎缩，我国出口市场遭遇困境。次年，住房和城乡建设部、财政部印发了《关于加快推进太阳能光电建筑应用的实施意见》，开始实施太阳能屋顶计划，政策信号释放以后，刚刚冷却的光伏市场立刻回暖。2011 年，欧美对我国的光伏产品开展"双反"调查，国际需求再次萎缩，国内光伏企业受到重创。为了挽救光伏企业，2013 年 6 月，发改委发布了《关于发挥价格杠杆作用促进光伏产业健康发展的通知》，规定了分布式光伏发电的度电补贴政策。同年 7 月，国务院发布了《促进光伏产业健康发展的若干意见》，提出重点支持分布式发电项目，有序推进光伏电站建设的指导意见，地方政府也积极响应，采取贷款担保、地方并购等方式帮助企业渡过难关。在几次重大转折期，政府出手进行调控。政府的过度干预造成了一些原本应该淘汰的落后企业没有被淘汰出局，企业对政府产生了依赖，产业整体在低水平上徘徊，为下一次危机留下了隐患。在政府的过度保护之下，光伏行业出现信息不对称、市场集中度低、恶性竞争等"市场失灵"现象。经历"市场失灵"后，由于生产规模大、企业库存高、产品销量低，导致利润率逐年下降，直至出现全行业亏损。[①]

2. 地方政府的不当支持，导致光伏产业过度扩张

发展光伏产业既能拉动当地 GDP，又能解决就业，还能创造地方税

---

① 王立国、鞠蕾：《光伏产业产能过剩根源与对策找寻》，《改革》2015 年第 5 期。

收，光伏产业作为战略性新兴产业受到地方政府的热捧，各地政府争先恐后地采取各种优惠措施吸引光伏企业落户当地工业园。然而，部分地方政府主导下的产业扩张路径催热催熟了光伏产业，也给光伏产业带来了隐患。战略性新兴产业在发展初期，缺乏资金，确实需要地方政府在土地、金融、税收等方面给予一定的支持，但随着产业的发展，如果这种过度保护依然存在，调控力量超过了市场机制，企业会逐渐丧失自主创新的机会，从而失去市场竞争能力。多数光伏企业创立之初得到了地方政府的大力扶持，包括税收减免、财政支持、土地优惠、贷款优惠等多方面的优惠政策，但在光伏产业发展的高峰期，部分地方政府的过度优惠政策排斥了竞争行动市场机制，不利于资源的优化配置。另外，部分地方政府依然采取过度的财政补贴、干预银行贷款、资源交换等方式来争抢光伏项目，形成了地方政府和光伏企业强力的绑架机制。① 具体地讲，在光伏产业发展危机时期，当光伏企业出现亏损时，地方政府又给予资金担保，使光伏企业不再担心债务问题，并盲目扩张，当市场出现严重的供过于求时，大量新建产能无法消化，光伏产业在迅速扩张的同时也不可避免地迅速衰败。因此，企业的命运不是掌握在自己手中，而是掌握在地方政府和银行手中，当企业没有高于同行的技术专利时，只能通过资本运作和扩张产能来保住现有的地位，企业的重心不是放在自我创新和运营成本的控制上，企业决策逐渐背离市场规律，进而丧失了市场竞争力，一步步走向失败。

3. 企业自主创新能力不足，产业缺乏核心技术

我国是光伏产品生产大国，却不是光伏科技创新大国，多年的"两头在外"模式导致光伏产业缺乏核心竞争力，受制于人，在复杂的市场环境下更易受到冲击。多年来，政府对光伏产业的补贴集中于生产和出口方面，而对核心技术的研发方面支持相对较少；企业在市场需求旺盛时期的主要精力放在扩大生产上，也忽视了对技术的投入。在当前的竞争格局下，企业为了短期效益，会偏向于"成本低、风险小"的低技术开发，很

---

① 陈昭锋：《政府主导式的中国光伏产业成长困境研究》，《现代经济探讨》2013 年第 7 期。

少投入大量资金到高风险、技术密集型的环节。① 核心技术的研发和投资是具有长期性和战略性的，如果所有研发由企业来承担，这样的费用也非中小企业所能承担，政府在对光伏产业的补贴中不能直接补贴生产和出口，而须有针对性地对企业核心技术进行投入，鼓励企业不断进行技术创新。中国是多晶硅生产大国，却不是强国，硅料的提纯属于技术密集型环节，利润高，一直以来由美、日及欧洲各国垄断，硅料的生产环节属于高污染、高能耗、低利润环节，长期以来，生产集中在中国等发展中国家和地区。我国光伏企业始终没有占据全球光伏价值链中的领导和控制地位，如无锡尚德、江西赛维、天威英利曾在各自的领域达到世界领先，但因为没有核心技术，产业层次较低，在市场的剧烈波动下，也都黯然退市，破产重组。政府可以通过搭建科技服务平台来支持企业组建自己的科研团队，从而有效地提高科技创新能力。同时，政府要继续做好知识产权保护及基础研发信息的搜集和发布等公共服务。政府只有将更多的精力投入基础设施建设和产业配套服务方面，才能培育使企业健康发展的土壤，降低企业的交易成本，最大限度地减少和避免寻租行为。

第三节　案例比较与启示

通过对新能源汽车产业和光伏产业不同发展路径的案例分析，我们发现，路径选择对这两个绿色产业竞争力的提升有着"天壤之别"，通过对比分析我们可以得出以下三点启示。

1. 路径选择对绿色产业的发展至关重要

纵观我国光伏产业的发展历程，其从发展之初就以出口为导向，生产的光伏产品90%以上销往国外，政府对光伏企业的补贴实际上大多被外国消费者享受，未能广泛使国内消费者受益。② 这种以出口导向为主的发展

---

① 陈昭锋：《政府主导式的中国光伏产业成长困境研究》，《现代经济探讨》2013年第7期。
② 刘晶、黄涛、张楚：《从产业主导权审视战略性新兴产业的发展路径——以光伏产业的"双反"争端为例》，《科学管理研究》2010年第5期。

路径，短期内会带来出口贸易额的增加、企业利润的提升、地方 GDP 的拉动，但长期来看不利于产业的健康发展，无助于培育国内市场。长期以来，政策层面都倾向于支持光伏产业的供给端而非需求端，促进光伏产品国内市场应用的政策相当缺乏，使得国内光伏需求市场一直没有开发起来，而当国外对我国的战略性新兴产业实行压制和打击时，产业便极易遭到重击。以出口为导向的发展方式与我国鼓励绿色产业发展战略目标背道而驰，一方面导致企业严重依赖国外市场，一旦国际市场需求下滑，光伏企业短期内会因为产能过剩而陷入危机，使产业发展受制于他国。另一方面，这种模式不利于实现能源安全和环境保护的战略目标，导致生产环节的污染留在国内，而被补贴的新能源产品却输往国外，国内消费者受益不多。这种"生产在国内，市场在国外"的市场格局，在光伏产业发展初期曾经起到过一定的作用，给企业的迅速发展带来了资金和市场，而当产业走向新的阶段时，这种受制于人的发展路径会将整个光伏产业置于危险之中。

在新能源汽车的发展路径上，美、日大力发展混合动力汽车，我国则主攻纯电动汽车技术，采取自主创新，核心零部件国产化的发展战略。[①]这是因为，一方面，当时我国在内燃机技术方面，远远落后于美、德、日等国，发展纯电动汽车可以在一定程度上绕开内燃机技术，缩小技术上的差距，实现"弯道超车"；另一方面，通过在公共交通和政府用车领域积极推广，利用示范城市的实际应用经验，向全国推广，从而开辟出广阔的国内市场。"自主研发"的战略使得我国新能源汽车在技术上并未受制于其他国家，"培育国内市场"的战略使得我国新能源汽车产业并未受到国外市场需求萎缩的影响，随着技术的完善和产品的成熟，新能源汽车反而开始出口国外市场。不同的发展路径对绿色产业的长期发展起到了至关重要的作用，我们也能从光伏产业和新能源汽车发展的路径中找到差异，总结经验，从而有利于其他绿色产业的健康发展。路径选择需要符合国情，

---

① 陈扬、王学锋：《产业链视角下的中国新能源汽车发展策略与瓶颈分析》，《兰州月刊》2014年第 8 期。

结合现有的技术能力和市场特征，总结出一套适合产业发展的特点，选择好适合自身发展的路径。

2. 完整的产业链是提升绿色产业竞争力的必由之路

目前，我国光伏产业链已基本建立齐全，但产业链发展不平衡，呈现出"中间强，两头弱"的特征。对上游硅料加工这一环节，目前我国可以生产纯度较低的工业硅，但这种技术能耗大、污染多、流程长，而高纯度硅料提纯技术没有突破，一直被德、美、日三国垄断，形成进口依赖。对中游光伏电池和光伏组件生产环节，由于技术含量不高、进入门槛较低，成为我国光伏产业链中最早发展起来的优势环节，但存在附加值低、产能过剩等问题。对下游光伏发电系统的应用环节，由于存在初始投资成本高、回收期长等特点，在我国起步较晚，也面临融资困难、发电成本高等问题。上游和下游环节的薄弱影响了产业的整体竞争力，光伏产业需要逐渐向产业链两端延伸，增强技术优势，加强融资能力，通过"补短板"和"增优势"等措施来完善产业链，推动光伏产业健康发展。

新能源汽车产业经过多年的发展已具有一定的产业基础，在电池、电机、电控和系统集成等环节取得了重大技术突破，实现了插电式混合动力汽车和纯电动汽车市场化运作。产业链上游的锂电池及电机原材料供应较为稳定，中游的电池和电机技术迅速成熟、成本下降，下游的整车、充电桩、充电站等基础设施的配套体系逐渐完善，电池更换、废旧电池回收利用体系逐渐健全，完整的产业链对建立健全市场服务体系至关重要。绿色产业发展经验表明，要实现产业健康发展，必须建立健全完整的产业链，突破产业链中的瓶颈环节，打开"堰塞湖"，才能发挥产业的整体效益。

3. 绿色科技创新是产业发展的核心动力

绿色创新是通过技术创新，对落后的、高污染的传统技术进行革新，通过解决高污染、高排放的技术生产方式，使企业获得绿色创新动力，提高生产效率。我国光伏产业的核心竞争力不足，先进技术、关键材料和高端设备都依靠进口，因此制约产业升级转型的重要因素在于绿色创新动力不足。具体表现在以下方面：一是关键的生产环节缺乏核心技术，高端装备依赖进口，如多晶硅的提纯技术常年受制于他国，蓄电池、逆变器等配套产品技术水平也不够完善；二是光伏企业的生产制备工艺不成熟，同类产品的物料和电力消耗过大，产生的废料较多，生产成本较高；三是储能技术有待提高，储能技术是行业发展的瓶颈，一旦储能技术得到较大提高，便可有效实现光伏并网的难题，从而解决"弃光限电"的问题。在核心技术领域如动力电池、驱动电机等方面，不断突破；在氢燃料电池技术研发上取得了重大进展，逐步进入商业化示范运行阶段；在燃料电池耐久性、关键材料和核心零部件上有进步，但与国外先进水平仍有一定的差距，这些只有通过绿色创新才能缩小差距。[1] 绿色创新，是新旧动能转换过程中，通过创新驱动获得经济高质量发展的重要环节，是产业由粗放型增长模式向节能型增长模式转换的重要动力，也是解决经济发展产业结构不合理的重要途径。

---

[1] 陈清泉、郑彬：《创新思维下的新能源汽车发展理念》，《中国工程科学》2019 年第 3 期。

第六章 中国绿色产业生产效率、影响
因素与路径选择研究

我国绿色产业的发展既取得了长足进步，也面临着诸多问题；既有成功的经验，也遭遇了困境和挫折，如何建立中国绿色产业发展的长效机制是一个我们亟须探索的新课题。本章对我国绿色产业的全要素生产率及其影响因素进行实证研究，结合国内外案例研究的启示，在此基础上着重从理论上分析发展绿色产业的路径选择：传统产业转型升级是有效路径，科技创新是根本路径，国有资本引领是现实路径。

第一节 我国绿色产业全要素生产率实证研究

目前，国内学者对绿色产业进行的实证分析大致分为三类：第一类是从绿色生产、绿色消费、绿色环境三方面构架评价指标体系，以宏观衡量来评价各地区绿色经济、绿色环境的推进情况；第二类是基于相关绿色行业数据，构建相应的评价指标体系来测度行业发展情况，进而大致了解全社会的绿色产业发展情况并对绿色产业发展影响因素进行分析；第三类是基于区域间绿色产业内具体企业的数据，构建评价指标体系，进行针对性分析。本书选取第二类方式分析绿色产业的生产效率及影响因素，得出具有普遍适用性的产业发展建设性意见，亦更符合本书研究的初衷。

按照国际绿色产业联合会的定义，绿色产业是指在生产过程中以保护环境、降低污染为目标，借助科技力量，在绿色产业生产机制上力求资源节约、节能环保的产业。不难看出，绿色产业追求在资源使用上的高效；

而高技术产业，不仅追求科技含量高，在生产环节中还追求资源利用的高效性。另外，大众用户的环保意识不断提高，与传统产品相比，用户对高技术电子产品的环保性追求偏好更强，如产品能耗、产品污染等。企业为获取用户青睐，亦会追求产品的环保性，改进生产过程，降低生产资源损耗与污染。因此，本书选取高技术产业来代替绿色产业进行实证分析。

一、模型选取、评价指标体系构建及数据来源

1. 模型选取

产业生产活动是一项多投入、多产出的复杂活动。研究认为，采用数据包终分析（Data envelopment analysis, DEA）方法来计算产业发展效率，是一个有效的方法。此外，考虑现实生产活动更切合于规模效率可变的环境，本书选取 DEA 中的 BCC 模型来测度全国各省份产业的生产效率。

假设有 n 个决策单位，其中 x_i 为输入变量，y_i 为输出变量。第 i 个决策单元的相对效率记为 E_i，第 i 个决策单元的第 j 个投入指标值记为 x_{ij}，第 i 个决策单元的第 j 个产出指标记为 y_{ij}，第 i 个决策单元的第 k 个产出的权重记为 u_k，第 i 个决策单元的第 j 个投入的权重记为 v_j，规模报酬记为 c_j。

$$x_i = (x_{1i}, x_{2i}, \cdots, x_{ni})^T \succ 0, \ i = 1, 2, \cdots, n$$

$$y_i = (y_{1i}, y_{2i}, \cdots, y_{ni})^T \succ 0, \ i = 1, 2, \cdots, n$$

BCC 模型可表述为：

$$\max E_i = \sum_{k=1}^{s} u_k y_{ki} - c_j$$

S. T.

$$\sum_{i=1}^{n} v_j x_{ij} = 1$$

$$\sum_{k=1}^{s} u_k y_{ki} - \sum_{j=1}^{m} v_j x_{ij} \leq 0$$

$$u_k, v_j \geq 0; \ j = 1, 2, \cdots, m; \ k = 1, 2, \cdots, s; \ i = 1, 2, \cdots, n$$

运用 BCC 模型，无须规模报酬不变的前提假定，规模报酬可能会随着各种因素的影响而变化，更加符合实际情况，用以研究各决策单元投入量的增减对产出量的影响。

在国际上，全要素生产率（Total Factor Productivity，TFP）通常被视为衡量经济体或产业生产效率最有效的经济指标。全要素生产率主要有参数法和非参数法两种计算思路，使用较广的参数法是随机前沿生产函数法（Stochasthc Frontier Analysis，SFA），而非参数法则是综合运用 Malmquist 指数和数据包络分析理论集合的 Malmquist-DEA 方法。

本书的研究对象——高技术产业，偏宏观，采用 Fare 等的 Malmquist 指数分解模型，其方程式可表述为：

$$\Delta TFP = \Delta TE \cdot \Delta TP = \Delta PE \cdot \Delta SC \cdot \Delta TP$$

$$\Delta TE = D_c^{t+1}(x^{t+1},\ y^{t+1}) / D_c^t(x^t,\ y^t)$$

$$\Delta TP = \sqrt{[D_c^t(x^{t+1},\ y^{t+1})/D_c^{t+1}(x^{t+1},\ y^{t+1})] \times [D_c^t(x^t,\ y^t)/D_c^{t+1}(x^t,\ y^t)]}$$

$$\Delta PE = D_v^{t+1}(x^{t+1},\ y^{t+1}) / D_v^t(x^t,\ y^t)$$

$$\Delta SC = \frac{D_c^{t+1}(x^{t+1},\ y^{t+1}) / D_v^{t+1}(x^{t+1},\ y^{t+1})}{D_c^t(x^t,\ y^t)/D_v^t(x^t,\ y^t)}$$

其中，t 为时间，D_c 为距离函数（基于不变规模报酬），D_v 为距离函数（基于可变规模报酬），D_c 和 D_v 恰好为 DEA 理论中的 CCR 模型和 BCC 模型的最优值的倒数。故本研究采用 Malmquist-DEA 方法来测算各决策单元的全要素生产率指数。

2. 评价指标体系构建

基于投入产出理论，任何生产的产出皆离不开人力劳动、资金的投入，高技术产业内企业生产过程研究将从人力劳动投入和资本投入两方面建立投入评价指标。另外，产业特点和行业竞争要求，高技术产业企业坚持科学技术是第一生产力，注重科技创新。结合上述两点，本研究关于人力劳动投入指标选取产业从业人员平均人数（人）项指标来替代，关于资本投入指标选取产业资产总量（亿元）项指标来替代。

主营业务收入，是指企业从事本行业生产经营活动所取得的营业收入，能准确反映企业的生产经营状况。本研究选取主营业务收入（亿元）作为产出评价指标。综上所述，指标汇总见表6-1。

表6-1 绿色产业生产效率评价指标体系

指标分类	一级指标	二级指标
投入指标	人力劳动投入	产业从业人员平均人数（人）
	资本投入	产业资产总量（亿元）
产出指标	经济产出	主营业务收入（亿元）

3. 数据来源

研究数据均来源于2013—2017年《中国高技术产业统计年鉴》。为了对我国各区域的产业投入和产出状况进行比较分析，将省份作为生产决策单元，采用 Malmquist-DEA 方法，使用 DEAP 2.1 软件计算出我国各省份的全要素生产率指数值（相对效率值）及平均值（几何平均值）。

二、实证结果分析

基于投入导向型可变规模报酬的 Malmquist 指数，测度我国高技术产业的生产效率变动情况，具体结果见表6-2。

表6-2 我国区域高技术产业生产效率变动情况一览表（2012—2016）

区 域	全要素生产率变动（TFPCH）	技术效率变动（Effch）	技术进步变动（Techch）	纯技术效率变动（Pech）	规模效率变动（Sech）
全　国	1.041	0.987	1.055	1.000	0.987
东部地区	1.031	0.979	1.053	1.000	0.979
中部地区	1.047	0.991	1.057	1.024	0.968
西部地区	1.099	1.035	1.061	1.052	0.984
东北地区	1.020	0.961	1.062	0.961	1.000
北　京	1.066	0.992	1.075	0.994	0.998
天　津	1.068	1.000	1.068	1.000	1.000
河　北	1.042	0.983	1.060	0.983	1.001
山　西	1.058	0.997	1.061	0.993	1.004

续表

区　域	全要素生产率变动（TFPCH）	技术效率变动（Effch）	技术进步变动（Techch）	纯技术效率变动（Pech）	规模效率变动（Sech）
内 蒙 古	1.022	0.945	1.081	0.946	1.000
辽　宁	0.935	0.877	1.066	0.877	0.999
吉　林	1.114	1.054	1.057	1.051	1.003
黑 龙 江	1.028	0.962	1.068	0.965	0.997
上　海	1.022	0.958	1.066	0.958	1.000
江　苏	1.026	0.974	1.054	1.000	0.974
浙　江	1.049	0.987	1.063	0.988	0.999
安　徽	1.091	1.030	1.059	1.029	1.001
福　建	0.991	0.939	1.055	0.936	1.003
江　西	1.007	0.934	1.079	0.948	0.985
山　东	1.05	0.998	1.053	1.000	0.998
河　南	1.019	0.945	1.079	0.978	0.965
湖　北	1.095	1.029	1.065	1.028	1.001
湖　南	1.109	1.018	1.090	1.060	0.960
广　东	1.021	0.959	1.064	1.016	0.944
广　西	1.111	1.012	1.098	1.006	1.005
海　南	1.028	0.952	1.080	0.958	0.994
重　庆	1.059	1.000	1.059	1.000	1.000
四　川	1.088	1.032	1.055	1.033	0.999
贵　州	1.071	0.993	1.078	0.991	1.002
云　南	1.06	0.982	1.079	0.981	1.001
西　藏	1.035	0.962	1.076	1.000	0.962
陕　西	1.107	1.038	1.067	1.037	1.000
甘　肃	1.137	1.052	1.082	1.051	1.001

区　　域	全要素生产率变动（TFPCH）	技术效率变动（Effch）	技术进步变动（Techch）	纯技术效率变动（Pech）	规模效率变动（Sech）
青　　海	1.194	1.108	1.077	1.085	1.021
宁　　夏	1.306	1.209	1.080	1.165	1.038
新　　疆	1.069	0.996	1.073	0.855	1.165

从总体上看，我国高技术产业的生产效率呈现上升趋势，2012—2016年全国增长率年均为 4.1%，展现出全国高技术产业良好的发展趋势。从区域上看，呈西部地区、中部地区、东部地区、东北地区依次递减的趋势。东部地区高技术产业生产效率平均增长 3.1%，中部地区高技术产业生产效率平均增长 4.7%，西部地区高技术产业生产效率平均增长 9.9%，东北地区高技术产业生产效率平均增长 2.0%。东部地区除福建省外，其他省份高技术产业生产效率均处于增长状态，但上海、江苏、广东、浙江四省市的生产率增长较缓，其中上海是由于 2013 年和 2015 年在投入增加的情况下主营业收入出现下降导致的，另三省每年的投入与产出几近呈同比例增长。这与四省市转向追求"互联网+"、新能源、新基建等产业发展有关。在东北地区三省中，辽宁出现负增长率，需要引起注意。不难看出，就产业生产效率而言，我国高技术产业生产效率的增长状态与区域经济背景密切相关，表现出明显的空间差异性和集聚现象。

从结果看，我国各区域高技术产业生产效率的增长有技术进步的带动，所有省市的技术进步呈现增长趋势，2012—2016 年我国高技术产业技术进步平均增长 5.5%，亦反映了我国高技术产业近年来不断追求科技创新，提升技术水平，使产业链向高端迈进从而取得了良好的成果。各地区技术效率普遍存在着下降趋势，2012—2016 年全国的技术效率水平为 0.987，东部地区、中部地区、东北地区的技术效率水平分别为 0.979、0.991、0.961，仅西部地区的技术效率水平为 1.035。其中，东北地区技术效率倒退严重，从侧面反映了我国振兴东北老工业基地战略的必要性，同时为战略推进提出了更高挑战。此外，创新资源丰富的东部地区技术效率倒退相对严重，这一现象值得警惕。

从技术效率分解情况来看，2012—2016 年我国高技术产业的纯技术效率水平维持在相对平稳状态，全国为 1.000，东部地区为 1.000，中部地区为 1.024，西部地区为 1.052，东北地区为 0.961。桂黄宝（2014）研究表明：1999—2009 年我国高技术产业纯技术效率呈微弱增长趋势，全国平均增长率为 0.6%，东部地区为 -0.2%，中部地区为 1.4%，西部地区为 0.5%[①]。相较来看，研究数据表明纯技术效率峰值出现由东到西传递的现象，这与近年我国推行的产业转移战略有关。截至 2016 年末，在高技术产业主营业收入方面，东部地区占全国的 70.33%，中部地区占 15.45%，西部地区占 11.6%，高技术产业从东部地区向中西部地区转移项目成功后，会迅速提高当地的产业产出效率与技术水平。但对高技术产业分布来说，东部地区占全国的 70% 以上，其纯技术效率的停滞给全国高技术产业发展带来了巨大影响，值得警惕。

从规模效应方面来看，大部分区域的高技术产业生产没有规模效应衰退，2012—2016 年全国高技术产业生产的规模效应年均负增长 1.3%，东部地区年均负增长 2.1%，中部地区年均负增长 3.2%，西部地区年均负增长 1.6%，东北地区保持不变，这在一定程度上暴露了我国高技术企业整体规模相对较小的问题，说明仅靠投入增长并不能带来规模效率的增长，大规模的投入并没形成有效的产出，高技术产业建设存在重复建设、盲目跟风、产业趋同以及规划布局不合理等现象。

第二节　绿色产业生产效率影响因素实证分析

一、理论假设

现实中产业发展的路径选择受制于诸多因素，即人文、教育、国民素

---

① 桂黄宝：《我国高技术产业创新效率及其影响因素空间计量分析》，《经济地理》2014 年第 6 期。

质等因素，但更多的是受到经济社会发展因素的影响。因此，本书着重从经济学角度探讨中国发展绿色产业的相关影响因素。

假设1：产业内企业进行研发创新的意愿越强、资源投入越多，越有利于产业技术进步，也越有利于促进产业生产效率的提升，是绿色产业发展的重要影响因素。

针对任何一个产业不断进行技术创新，提升资源利用率和转化率，其实就是践行产业绿色化。绿色产业更需要不断进行技术创新，推动产业高效发展，保持竞争力，进而改善全社会。技术创新是经济持续增长的动力，而企业是技术创新的主体，企业自主创新能力的提高为经济的发展不断注入生机与活力。产业内企业对自主创新的资源投入和意愿强度，对产业内技术进步及整个产业的持续健康高效发展具有深远影响。

假设2：绿色产业技术产权交易规模越大、越活跃，越有利于促进产业生产效率的提升，是绿色产业发展的重要影响因素。

经济学的产权是指使用资源的一个权利束，用来明确所有者的权利、特许权和权利限制。[①] 在市场经济中，一个有效的产权结构具有可转让性、排他性和强制性三个特征，但是，在绿色产业发展过程中产权因素的影响主要表现为：绿色技术产权交易。技术产权的可转让性是市场经济下产权交换的一种表现形式。产权的自由交换可以提高效率，无论是对生产者还是消费者都是一种激励，也会提高整体社会福利。但是，在绿色产业中绿色技术的转让并非易事，绿色技术作为一种稀缺资源，其转让往往会受到国家和企业层面的限制，目的就是最大限度地获取大卫·李嘉图所说的"稀缺租金"[②]。绿色技术产权交易客观上制约和影响了绿色产业发展的速度，没有绿色技术的支撑，绿色产业将成为"无根之木"，难以持续健康发展。

假设3：绿色产业发展中政府扶持力度越大，越有利于促进产业生产

---

① [美] 汤姆·蒂坦伯格、琳恩·刘易斯等：《环境与自然资源经济学》（第十版），王晓霞译，中国人民大学出版社，2016，第17页。

② "稀缺租金"最早是大卫·李嘉图认识到并指出的。李嘉图认为，土地的价格是由最不肥沃的土地的边际单位产出决定的。但是不肥沃的土地生产成本高，即使增加了耕种面积，也不会降低价格，稀缺租金由此产生。

效率的提升，是绿色产业发展的重要影响因素。

绿色产业在我国尚处于产业发展的幼稚期，新兴产业的发展离不开政府的扶持；另外，绿色产业的发展面临"市场失灵"的挑战，政府为了遏制绿色产业发展的低效率，会出台相关的公共政策予以纠偏和激励。绿色产业发展中的政府扶持，主要表现为出台一系列扶持政策，比如绿色产业财政、人才、研发、土地、税收、外部环境等，这些或直接或间接地影响着绿色产业的发展。

另外，绿色产业作为资本和技术密集型产业，在产业发展初期需要大量资本持续投入，可以说资本的大量投入是绿色产业发展的前提条件。再加之我国的特殊国情，资本因素对绿色产业发展具有重要影响，受我国工业经济发展的历史路径影响，公有制经济在我国国民经济中占主导地位，因此，新时代发展绿色产业离不开国有经济主体的参与和支持，尤其需要国有资本引领绿色产业发展，[①] 通过国有资本的投入带动和吸引非公资本参与绿色产业发展，从而实现"滚雪球"效应，有利于绿色产业持续健康地发展。

二、模型设定及变量选择

根据上述理论分析，本书构建的计量模型如下：

$$Ma_{it} = \beta_0 + \beta_1 \mathrm{Inn}_{it} + \beta_2 \mathrm{Prt}_{it} + \beta_3 \mathrm{Gs}_{it} + \mu + \varepsilon_{it}$$

其中，$i = 1, 2, 3, \cdots, N$，表示观察样本的数量；$t = 1, 2, 3, \cdots,$ N 表示时间；β_i 表示模型截距项；μ 表示用来控制个体或时间的效应；ε_{it} 表示随机误差项（相互独立）。Ma_{it} 表示产业全要素生产率变动情况，利用 Malmquist-DEA 方法得出跨年间全要素生产率变动指数。Inn_{it} 表示产业内企业的创新意愿，选用各样本的对应年度 R&D 经费总额/前一年其营业收入总额的比重来衡量。Prt_{it} 表示产业的技术产权交易规模情况，选用各样本的年度技术交易总额（包括技术获取及改造支出等）（万元）来衡量。

---

① 邹俊、徐传谌：《国有资本支持战略性新兴产业发展——理论溯源与现实推进》，《经济与管理研究》2015 年第 3 期。

GS$_{it}$表示政府扶持力度，选用年度 R&D 科研投入中政府资金总量/产业 R&D 经费内部支出总量的比重和国有及国有控股企业新增使用固定资产/产业新增固定资产的比重的算术平均值来衡量。

为了减少样本值的变动幅度影响，同时考虑解释变量 Inn$_{it}$ 和 Gs$_{it}$ 的样本值为百分比，在假设检验和模型回归分析中，对被解释变量 Ma_{it} 和解释变量 Prt$_{it}$ 进行对数化处理。

三、数据来源及统计分析

鉴于数据的可获得性，本研究所有数据均来源于 2013—2017 年《中国高技术产业统计年鉴》。

利用 STATA 14 软件，对样本数据进行描述性统计，结果见表 6-3。

表 6-3　主要变量的描述性统计

变量	最小值	最大值	均值	标准差
Ma	0.734	1.96	1.069944	0.1345696
Inn	0.0036277	0.0781917	0.023551	0.0126307
Prt/万元	0	6453075	467335.7	1123263
Gs	0.0046036	0.4928968	0.1255573	0.0874833

四、假设检验

理论上，针对面板数据，有三种可供选择的面板估计模型，分别是混合效应模型（POLS）、固定效应模型（FE）和随机效应模型（RE）。在实际使用过程中，利用 STATA 14 软件，依次进行 F 检验和 Hausman 检验，判定样本数据特征适合选择哪种面板估计模型。

F 检验的原假设为"POLS 模型更优"，下面对样本进行 F 检验，确定选择 POLS 模型还是 FE 模型，结果为：F test that all u_ i = 0；F (35, 97) = 1.80；Prob > F = 0.0116。可见，P 值为 0.0116，小于 0.05，表示拒绝原假设，因此不适合选择混合效应模型。

Hausman 检验的原假设为"适合随机效应模型"，逆假设为"适合固定效应模型"。对样本进行 Hausman 检验的结果见表6-4。可见，卡方检测值 chi2（5）= 17.90，此值较大，P 值为 0.0013，远小于 0.05，说明模型整体显著性较高，表示拒绝原假设，因此不适合选择随机效应模型，应选择固定效应模型。

表6-4　Hausman 检验结果

参数	FE（b）	RE（B）	（b）−（B） difference	Sqrt（diag （V_ b-V_ B）） S. E.
Inn	10. 12561	3. 462745	6. 662862	1. 696075
Gs	−0. 2942407	−0. 36332	0. 0690794	0. 1304533
Prt	−0. 041852	−0. 0132646	−0. 0285874	0. 0162997
_ cons	0. 330753	0. 1740472	0. 1567059	0. 1811565
chi2（5）=（b-B）′［（V_ b-V_ B）^ （−1）］（b-B）= 17.90				Prob>chi2 = 0. 0013

五、实证结果与分析

由 F 检验和 Hausman 检验的结果可知，样本数据特征适合选择固定效应面板模型进行回归分析。本书利用 STATA 14 软件，对面板样本数据进行个体固定效应模型分析，其结果（同步进行聚类稳健性估计）见表6-5。

表6-5　固定效应面板模型回归分析结果

参数	Coef.	Robust Std. Err.	t	$P>\mid t\mid$	［95% Conf. Interval］	
Inn	10. 12561 ***	3. 261461	3. 10	0. 004	3. 511057	16. 74016
Gs	0. 2942407	0. 2419074	−1. 22	0. 232	−0. 7848515	0. 1963702
Prt	−0. 041852 ***	0. 0129119	−3. 24	0. 003	−0. 0680386	−0. 0156655
_ cons	0. 330753 **	0. 1486809	2. 22	0. 032	−0. 0292142	0. 6322919
sigma_ u = 0. 13056249		sigma_ e = 0. 0945405			rho = 0. 6560289	
corr（u_ i, Xb）= −0. 8450		$F(3, 36) = 7.64$			Prob > F = 0. 0004	

注：＊表示10%显著性水平，＊＊表示5%显著性水平，＊＊＊表示1%显著性水平。

由回归分析结果可见，常数项（_ cons）表示效应 μ 的平均值；rho 统计量代表个体效应的方差占混合误差方差的比重，"rho = 0.6560289" 表示复合扰动项（$\mu + \varepsilon_{it}$）的方差大部分受效应 μ 的变动影响。"Prob > F = 0.0004"，远小于 0.01，表示模型整体显著性很高，拒绝原假设，样本数据特征适合固定效应回归模型。

由回归分析结果和相关检验可知，全要素生产率变动值 Ma 与行业内企业研发创新意愿值 Inn 的回归系数约为 10.12561，并通过了 1%水平下的显著性检验，表明各区域绿色产业的生产效率提升与行业内企业的研发创新意愿呈现强正向相关性，即行业内企业研发创新意愿每上升 1%，就会推动全要素生产率提升幅度增加 10.12561%。企业进行研发创新，不仅会提高后续的新产品销售收入，进而带动主营业务收入的增长，还会促进技术进步，最终带来行业的生产效率提升，推动绿色产业健康向好发展。

全要素生产率变动值 Ma 与政府扶持力度值 Gs 的回归系数约为 −0.2942407，但未通过显著性检验，说明政府扶持对促进产业生产效率提升具有不确定性。这一结论与高艳慧的研究成果，即"政府资金对于滞后一期的自有资金投入有显著的促进作用，但政府资金本身对于研发产出的效果则不明确"[1] 相一致。当前，针对企业的 R&D 经费支出，政府进行资金配套扶持，以鼓励自主创新，引导企业增加研发投入，提升科技创新能力。但这种模式难以避免企业的道德风险问题。绿色产业具有较强的外部性，正外部性往往使得绿色产业发展陷入"先动者劣势"的怪圈，谁也不愿意先进入而让别人"享受"，与此相对的负外部性引起的"后动者优势"效应也会影响绿色产业的发展。在市场经济中资本是一种资源，资源配置是追求效率的，资本流向高回报率的产业是市场的必然选择，而我国的绿色产业大都为幼稚产业，资本投入不仅很难在短期内取得稳定的利润回报，还会遭遇各种风险和不确定性。这表明，就提升绿色产业的生产效率而言，目前政府资金和国有资本扶持显得比较低效，尚需改进，可以尝试

---

[1] 高艳慧、万迪昉：《企业性质、资金来源与研发产出——基于我国高技术产业的实证研究》，《科学学与科学技术管理》2011 年第 9 期。

将研发资金补贴这种方式换为税收优惠或其他事后补贴的方式。这也提醒我们，在当前我国绿色产业的发展中，国有资本应该加大传统产业的转型升级，并大力支持科技创新，才能提高国有资本的效率，带动和吸引非公资本参与绿色产业发展。

全要素生产率变动值 Ma 与技术交易市场规模值 Prt 的回归系数约为 -0.041852，并通过了 1%水平下的显著性检验，表明各区域绿色产业的生产效率提升与行业技术交易市场规模呈现弱负向相关性，即技术交易市场规模每上升 1%，就会促使全要素生产率提升幅度减少 -0.041852%。正常来说，技术产权的自由交换可以提高效率，无论对生产者还是消费者都是一种激励，也会提高整体社会福利，呈现正向相关性。这一现象可能是两个原因导致的：一是对于任何个体，技术交易总金额应包含技术产权出售和技术产权引进两个方面。本书由于数据来源有限，技术交易规模变量仅采用技术产权引进金额（支出项）指标，而未考虑到技术产权销售金额（出售项）指标。二是我国产权保护制度不健全，阻碍了绿色产权市场交易，遏制了投资者、企业对绿色产业市场的投资热情。

第三节　中国绿色产业发展路径选择的理论分析

中国绿色产业发展的路径选择受到产权、外部性、创新意愿以及政府扶持等因素影响，结合前文分析国外绿色产业发展路径选择经验的启示，以及对比国内新能源汽车和光伏产业的不同发展路径，我们发现我国绿色产业发展的路径选择既要遵循经济理论和经济规律，又要考虑我国经济的产业基础和经济环境。总的来说，根据降低绿色产业发展的交易成本和传统产业沉淀成本问题来分析，笔者认为传统产业转型升级是有效路径，科技创新是根本路径，国有资本引领是现实路径。

一、传统产业转型升级是绿色产业发展的有效路径

前文分析了我国传统产业发展的依赖性及其路径局限性问题，在现实中有的已经矛盾非常突出，例如，近年来我国矿产资源、石化能源的供需

矛盾，以及在环境方面的我国国民生活和经济发展之间的矛盾。国人在享受着改革开放以来工业发展增进社会福利的同时，也在承受着环境污染带来的"伤痛"。历史发展到传统产业必须转型升级的阶段，政府和民众对于传统产业转型升级和促进绿色产业发展形成了高度的共识，"绿水青山就是金山银山"已成为人们追求的新目标。因此，传统产业升级是发展绿色产业的有效路径。

1. 传统产业转型升级的必要性

我国传统产业的发展，总体来看对国民经济影响深远，但是受制于资源与环境等因素，我们必须重新审视传统产业的发展路径。转型升级是促使传统产业再次焕发生机的必由之路，也是促进绿色产业发展的有效路径。因此，我国传统产业的转型升级既有其必要性也是现实可行的。如前文所述，传统产业的发展路径无论从自身产业发展，还是外部资源环境约束来看，都难以为继，转型升级势在必行。从必要性的角度来看，我国传统产业转型升级主要体现在以下几方面。

（1）传统产业转型升级有其产业发展的内在规律。从人类的工业文明史来看，产业发展演变有其内在的规律，从中观和宏观的角度来看，产业升级是指产业由低技术水平、低附加值状态向高新技术、高附加值状态的演变趋势。① 例如，随着产业不断升级，服装产业从开始简单的纺织织布，逐步发展为高端服装设计、研发、生产、销售，人们不再只是满足穿衣保暖，而是不断追求个性化、科技化和品牌化的服装诉求，这反过来也促使服装产业不断升级。由此可见，产业升级从微观的角度还可以细分为：产品升级、工艺升级、功能升级以及产业链升级。例如，人们听音乐的工具从磁带，再到 MP3、MP4，再到逐渐被音乐软件等替代，这既是产品升级，又是工艺和功能的升级。这种传统产业的转型升级是其内在规律使然，可以说小到日用品大到机械设备、装备制造，许多传统产业伴随产业发展和技术进步不断转型升级。

（2）传统产业转型升级是可持续发展的现实需要。如前文所述，随着

---

① 刘志彪等：《产业经济学》，机械工业出版社，2015，第 323 页。

资源的日益枯竭和环境污染的严重，我国传统产业的转型升级日益成为推进可持续发展的现实需要，主要有以下两方面原因。第一，传统产业转型升级有利于降低能耗，减少污染。转型升级重要的表现就是通过技术升级提高生产率，降低单位能耗，这样可以有效改变传统的靠投资拉动的粗放型产业发展方式，实现集约型和创新驱动的产业发展，也有利于减少环境污染，实现环境友好和可持续发展。第二，传统产业转型升级有利于推进资源循环利用，实现产业"绿色化"改造。产业升级从市场表现来看是提供更多的物美质优的产品，而本质上是技术和生产工艺的进步，并且还强调资源循环利用，最大化地利用地球既有资源生产更多的产品，延伸了传统产业的产业链和价值链，从而有利于实现传统产业的"绿色化"改造。

（3）传统产业转型升级是经济的理性选择。传统产业是否愿意转型升级，能否转型升级，不仅会受到企业自身和市场驱动的影响，还会受到政府推动的影响，而这背后都存在转型升级的成本考量。从经济成本的角度，我国传统产业转型升级已逐渐成为必然的理性选择，主要有以下两方面原因。第一，从市场角度看，根据前文分析传统产业发展所依赖的要素资源价格会不断提高，当企业的边际成本激增，出现 MC>MR 时，传统产业相关企业就会重新考量自身的生产技术和方式，从而逼迫传统产业不断进行技术创新，提高资源使用效率，降低成本提高市场竞争力。例如，随着我国人力成本的不断提升，许多传统企业技术改造利用工业机器人替代工人来节约成本；随着铁矿、煤矿、森林等资源的不断减少，相关原材料价格提升，也促进传统企业大力进行技术升级，降低单位能耗，并着力发展内部循环经济，提高企业资源的整体利用效率。第二，从政府角度看，由于传统产业引发的负外部性问题已经愈演愈烈，近年来我国雾霾天气、水污染、土地沙漠化以及工业污染等问题日益严重，导致传统产业负外部性的社会成本激增，政府为此付出的治理成本也是高昂的，当社会成本高于社会收益时，政府就需要通过相关公共政策规制传统产业的负外部性问题，提高传统企业的生产成本，通过改变传统企业的转型升级成本与规制成本的相对价格比，使得传统产业中的相关企业意识到转型升级可以节约成本提高企业的整体经济效益。

2. 传统产业转型升级的可行性

我国传统产业转型升级有其现实的必要性，但是能否真正实现转型升级还要考察其可行性问题。在开放条件下，一个国家的传统产业转型升级不仅会受到本国因素的影响，还会受到国际政治经济等外部环境的制约，因此，本书主要从以下几方面探讨我国传统产业转型升级的可行性问题。

（1）经济上的可行性。如前文所述，传统产业转型升级是有经济成本的，如果成本过高也会阻碍转型升级的推进，我国传统产业转型升级在经济上具有可行性主要体现在以下几方面。

第一，传统产业有序转型升级可以降低沉淀成本。传统产业并非"夕阳产业"，而传统产业从产业发展的幼稚期到成熟期会经历漫长的发展时间，在这一过程中要进行大量的产业专用性投资，如果通过发展全新的产业，这些专用性投资则会成为沉淀成本。高昂的沉淀成本会影响市场和企业决策，不仅不利于传统产业健康发展，也无法促进新产业发展。然而，可以通过工艺升级、流程升级以及技术升级把原先的机械装备、生产设备等专用性资产进行改造再利用，大幅度降低传统产业的沉淀成本。而对于传统企业来说，相对于进入全新的产业领域转型升级可以在节约沉淀成本的同时，降低传统企业的风险和不确定性。

第二，转型升级有利于培育接续产业。从世界产业发展的模式看，产业发展的轨迹逐步由要素投入驱动型模式转向创新驱动型模式，一国和地区的产业获得持续竞争力的关键是不断提高产业的科技水平和技术含量。[1]从产业生命周期来看，一个产业从初创到成长、成熟、退出历史舞台会经历四个阶段，为了延长或形成新的生命周期，转型升级会成为传统企业的理性选择，其中最为重要的一个原因是转型升级有利于培育接续产业。接续产业是指在原先产业的基础上通过使用新技术、新材料或新工艺而发展起来的新产业，接续产业既是对原先传统产业的继承也是对传统产业生命周期的延伸和提升。从经济角度看，传统产业转型升级有利于节约培育接

---

[1] 李向阳：《产业转型的国际经验及启示》，《经济纵横》2013年第10期。

续产业的成本。例如，传统的钟表产业经历了多次技术改造和结合新技术，逐渐延伸发展了诸如机械表、电子表、光能表以及智能表等多种接续产业，使得在手机普及的时代，钟表产业依然蓬勃发展。

第三，转型升级有利于经济社会的稳定发展。如前文所述，传统产业对我国国民经济具有重要影响，也造就了我国良好的工业基础，如果不顾传统产业发展的延续性，而只发展新产业，必然会造成对经济和社会稳定的冲击，诸如失业、通货膨胀以及供求失衡等问题会凸显。然而，产业升级转型有新产业代替旧产业的模式，也有产业内部通过管理创新、技术创新和模式创新由低端向高端转型、由低附加值向高附加值转型的模式。①因此，从这个角度看，传统产业内部转型升级不仅有利于社会的稳定发展，也有利于控制社会成本，而最大化地提高社会福利。

（2）技术上的可行性。我国传统产业转型升级不仅需要考量经济上的可行性，而能否实现高质量的绿色转型发展的关键还在于技术支撑，从我国经济社会发展的总体态势来看，传统产业转型升级在技术上是具有可行性的，主要体现在以下两个方面。

第一，传统产业技术的"引进来"战略依然有很大空间。改革开放40多年来，我国传统产业在技术引进方面受益良多，尤其是通过外国企业直接投资的方式实现了国际技术转移，例如汽车、家电、钢铁、装备制造等产业，通过这种方式大大提高了技术水平，也推进了传统产业快速扩张。另外，从发达国家的发展经验来看，实行开放政策，从国外引进先进技术和管理经验，可以加速本国的产业升级转型。虽然我国传统产业的发展取得了长足的进步，中国制造也遍布全球，但是客观来说，我国传统产业的整体技术水平与发达国家还存在一定的差距。当前，制约中国传统产业转型升级的突出短板是中国尚未形成一个有利于精益制造的生态体系，突出表现为"小而散"的制造业企业在产品质量及产品设计方面的基础能力普

---

① 田学斌、柳天恩、周彬：《新形势下我国产业转型升级认识纠偏和政策调适》，《当代经济管理》2019年第7期。

遍不足，关键零配件和高端生产设备的创新研发能力普遍缺失。[①] 因此，在新时期，"引进来"战略在传统产业依然有很大的空间，关键是通过不断扩大开放，大力引进发达国家的清洁生产等相关绿色技术，促进我国传统产业从产业链低端向中高端升级发展，推进"中国制造"向"中国智造"转型。

第二，我国技术自主创新能力不断提升。近年来，中美贸易摩擦再次警示我们，产业转型升级不能完全依赖技术引进，关键还要靠自主创新能力的提升。新中国成立70多年来，我国传统产业的自主创新能力不断提升，从完全依靠苏联的技术援助到自力更生，再通过改革开放进行技术引进，实现了技术引进与自主创新并举，主要表现在近年来我国对研发的投入逐年增长，取得的专利等技术成果也不断增长。根据年度统计年鉴分析，2008年，我国基础研究经费支出220.8亿元，而到2018年则达到1118亿元，10年间翻了5倍多；从表6-6来看，我国工业企业和制造业办研发机构数从2010年到2015年也是快速增长，其中制造业办研发机构从2010年的16083个增长到2015年的62060个，而制造业中的大多数属于传统产业；在专利成果方面，2017年，我国发明专利授权量居前十位的企业中有近一半是传统产业的企业；2018年中国受理专利申请数量为全球最多，达到创纪录的154万件，占全球总量的46.4%，其数量相当于排名第二位至第十一位的国家的申请量之和。[②] 这些说明我国传统产业的自主创新能力不断得到提升，传统产业转型升级在技术上得到了有力的支撑，使得转型升级有了"源头活水"。

---

① 张杰：《中国产业结构转型升级中的障碍、困局与改革展望》，《中国人民大学学报》2016年第5期。

② 《中国专利申请数量继续在全球领先》，新华网，http://www.xinhuanet.com/tech/2019-10/17/c_1125113929.htm

表6-6 工业企业和制造业办研发机构数据

年 份	2015 年	2014 年	2013 年	2012 年	2011 年	2010 年
制造业企业办研发机构数/个	62060	56241	50714	45075	30685	16083
工业企业办研发机构数/个	62954	57199	51625	45937	31320	16717

数据来源：2010—2015 年各年度统计年鉴。

（3）国际环境的可行性。如前文所述，从内部经济和技术上看传统产业转型升级具有可行性，而在开放条件下传统产业转型升级还会受到外部国际环境的影响。从当前国际政治经济环境来看，我国传统产业转型升级虽然面临困难但总体上是具有可行性的，主要表现在以下两个方面。

第一，气候和环境污染问题已是全球性问题，需要各国合作解决。如前文所述，当前全球气候变暖、酸雨、雾霾等环境污染问题日益严重，已经成为世界各国普遍关心的全球性问题。世界各国对人类可持续发展问题已形成高度共识，发达国家与发展中国家就碳排放、控制污染等全球性议题进行了多边多轮的谈判博弈，虽然各国政治经济环境的变化时常带来反复，但是各国合作解决气候和环境污染问题，共同促进人类可持续发展的大趋势不会改变。因此，加快我国传统产业转型升级既是彰显负责任大国形象的明智选择，也是推进我国实施可持续发展战略的有效路径。近年来，我国在切实履行减少碳排放和治理环境方面的承诺上受到国际社会的普遍认可。

第二，逆全球化和贸易保护主义环境，倒逼我国传统产业转型升级。从2008年美国金融危机开始，世界各国经济普遍下行，导致欧美各国为了应对失业、国际收支不平衡、国际贫富差距拉大而掀起了一股逆全球化潮流，进而各国贸易保护主义倾向抬头，比如：美国一方面大力实施"制造业回归"和"再工业化"战略，另一方面在全球大力挥舞贸易保护主义大棒，挑起与多个国家的贸易摩擦，给本已不稳定的世界经济再次蒙上阴影。逆全球化和贸易保护主义通过强行布局产业价值链破坏了全球产业链的完整性，阻碍了全球分工的发展。① 正是由于贸易保护主义倾向，欧美国家通过提高碳关税等绿色壁垒对我国传统产业产生了严重影响，例如，在 2008—2015 年间，碳关税的实施，使我国制造业出口量下降了 21%，面临的平均关税达到 26%。其中 2015 年我国造纸及纸制品业出口交货值为 559.8 亿元，同比下降 6.7%。② 但在逆全球化和贸易保护主义环境下，反而倒逼我国传统产业为了提高产业的国际竞争力必须加快转型升级，结合供给侧结构性改革大力提高传统产业产品的技术附加值，推动其向产业链、价值链的高端发展。

二、科技创新是绿色产业发展的根本路径

如前文所述，转型升级是传统产业"绿色化"和发展绿色产业的有效路径，但是转型升级的核心是创新，无论是原材料、生产设备、生产工艺、产品设计还是生产管理的创新，基本沿着"产品升级——企业升级——产业升级——管理升级"的路径演化发展，而传统产业能否转型升级以及转型升级的层次，其关键性要素是科技创新，原因在于科技创新不仅可以带动传统产业转型升级，还可以促进新经济、新兴产业兴起，因此，绿色技术创新是绿色产业发展的必由之路和根本路径。

1. 绿色产业发展的根本动力是科技创新

科技创新使得人类社会不断进步，技术进步使得人类从农业社会进入工业文明，而网络技术的发明与发展使得人类地球村"互联互通"随心而动，因此，绿色产业发展离不开绿色科技，可以说科技创新是绿色产业发展的根本动力，而世界各国对科技创新也是通过各种政策竭力支持和鼓励，也希望通过科技创新创造和带动绿色新兴产业的发展。利用政府与市场"两只手"的力量促进科技创新，发展绿色新兴产业。由于科技创新活

---

① 余稳策：《新中国 70 年开放型经济发展历程、逻辑与趋向研判》，《改革》2019 年第 11 期。
② 转引自周俊霞：《碳关税对我国纸制品出口贸易的影响分析》，《对外经贸实务》2016 年第 7 期。

动具有很强的不确定性和外部性，因此仅靠企业自身研发投入来推进科技创新往往速度慢、成效低，必须从市场和政府两个方面合力推动绿色科技创新，主要表现在以下三个方面。第一，传统产业尤其是传统制造业可以通过科技创新实现绿色转型，并且传统产业中的大型企业创新活动更为活跃，投入产出效率更高。第二，科技创新可以为企业带来更高的绩效。科技创新可以提高市场竞争优势，为企业带来更多利润。第三，政府政策支持对高科技企业持续投入研发具有重要影响。从市场竞争的角度看，科技创新是企业获取竞争优势的利器，但是市场集中度低、企业规模小却反而不利于企业创新投入。而在科技创新活动中，高新技术领域的企业对政府政策支持具有一定的依赖性，因此，我们必须正确认识到政府科技创新政策支持是绿色新兴产业发展的重要路径之一。

2. 发达国家通过鼓励科技创新带动绿色产业兴起发展

如前文所述，政府科技创新政策支持对包括绿色产业在内的高新技术产业具有重要影响，因此，欧美各国一直以来都不遗余力地通过各种途径支持和鼓励科技创新，也催生和带动了诸多绿色技术的诞生，推进了绿色产业发展，下面我们主要列举美、法、日等国家的一些政策经验。

通过对欧美各国科技创新政策的梳理，我们发现几个具有普遍性的经验：第一，科技创新活动需要国家和各级地方政府持续支持和引导；第二，科技创新可以快速提升绿色产业的竞争力和国家的竞争力，科技创新能力和水平制约着国家绿色产业的发展路径选择；第三，科技创新孕育着绿色新产业新经济，对国民经济的影响具有战略性和持续性。因此，从发达国家的经验来看，促进科技创新是推进绿色新兴产业兴起和发展的根本路径。

3. 推进科技创新与绿色产业发展的互动机理

如前文所述，科技创新活动不仅受到企业自身条件的影响，同时也受到政府政策等外部环境的影响。政府政策支持为企业的创新活动提供了有力的保障，并激励和促进企业持续开展科技创新活动。因此，我们必须清楚政府政策支持对企业科技创新和绿色产业兴起发展的作用机理，才能有的放矢地实施和改进科技创新政策。本书从以下几个角度剖析它们之间的作用机理。

（1）财政支持政策的作用机理。财政支持政策是各级政府为了推动企业科技创新或解决重大科技难题而针对一些研发项目投入的资金，其投入方式主要包括直接投入、资助专项、引导性投入、专利质押等。近年来，国务院和相关部委就财政支持科技创新出台了许多财政政策，比较有代表性的有：2014 年，国务院印发的《关于深化中央财政科技计划（专项、基金等）管理改革方案的通知》，科技部、财政部印发的《关于启动实施国家科技成果转化引导基金有关工作的通知》；2016 年，财政部、科技部印发了《中央引导地方科技发展专项资金管理办法》，财政部、海关总署、国家税务总局发布了《关于"十三五"期间支持科技创新进口税收政策的通知》；2018 年，科技部、财政部发布了《关于加强国家重点实验室建设发展的若干意见》；2019 年，财政部、科技部印发了《中央引导地方科技发展资金管理办法》，财政部发布了《关于进一步加大授权力度促进科技成果转化的通知》，财政部、科技部还印发了《中央财政科技计划（专项、基金等）后补助管理办法》，从多方面给予科技创新以税收和资金等支持。这些财政支持政策不仅增加了企业的创新活动资金，分散了企业的创新活动风险，增强了企业的创新动力，同时也带动了社会各界对企业创新活动的支持和关注，拓宽了企业的融资渠道，进一步激励了企业的创新产出。另外，这些财政支持政策能够有效地把企业、市场、高校、科研机构等创新主体有机结合，也提升了高校、科研院所的创新产出，为企业的创新活动提供了重要的技术来源。同时，随着企业创新产出的增加，企业新产品销售收入增长，必然会带来政府财政收入的增加，由此会形成一个良性互动的循环。因此，财政支持政策对企业创新产出的作用机理如图 6-1 所示。

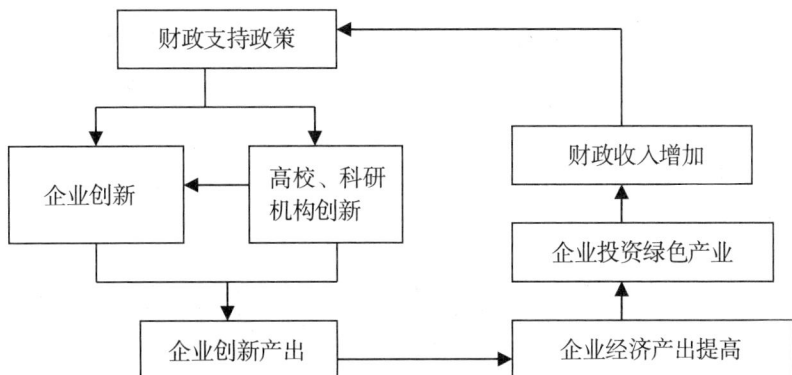

图 6-1 财政支持政策作用机理示意图

（2）金融支持政策的作用机理。企业在创新活动中会遇到资金筹集和资源整合等诸多问题。《国家中长期科学和技术发展规划纲要（2006—2020年）若干配套政策》中明确提出，将金融支持服务体系建设作为创新型国家建设的主要配套措施。近年来，从国家到各地方都出台了相关政策鼓励科技与金融结合，并把科技、产业与金融三者深度融合作为推进新兴产业发展的重要着力点。科技与金融相结合，本质上是金融与高新技术产业结合，这就超越了一般意义上的金融支持科技创新，金融支持政策的主要作用包括两方面：一是改善企业的融资环境、拓宽企业的融资渠道；二是为企业规避风险提供金融工具和制度安排。政府通过银行、保险市场、资本市场和中介服务四方面来完善金融支持体系建设，通过建立相关平台、引导资本市场参与企业创新活动、构建良好的融资环境，缓解企业的资金短缺问题，提高企业的科技产出，推动企业发展绿色新兴产业，进而提高企业的市场竞争力，增加企业利润，而企业也将会增加在金融体系中的投、融资。因此，金融支持政策对企业创新产出的作用机理如图 6-2 所示。

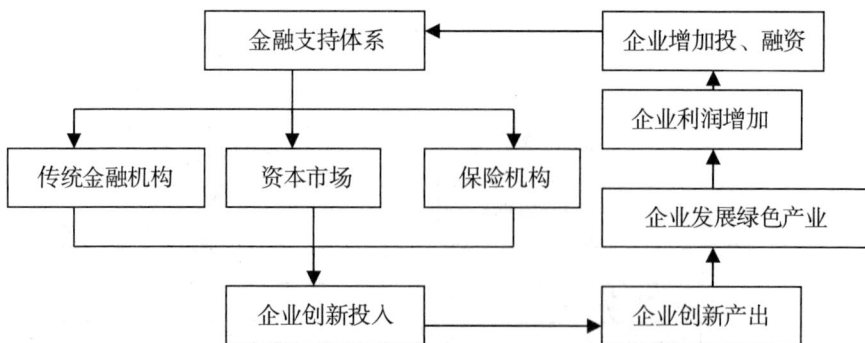

图 6-2　金融支持政策作用机理

（3）人才支持政策的作用机理。作为科技创造的主体，科技人才的多寡直接影响一个国家或地区的综合实力与发展前景。赵曙明等基于江苏省625 份问卷调查发现，吸引和留住江苏省创新型核心科技人才的要素中，排在前三位的分别是发展空间（17.7%）、工资水平（13.9%）和人才政策（13.4%）。① 由此，不难发现地方的人才支持政策对其吸引科技创新人才的重要作用。近年来，各地方始终把科技人才工作作为推动经济社会持续腾飞的强力引擎，积极打造科技人才高地，招商引资演变为"招才引智"，人才争夺战呈越演越烈之势。其主要原因就在于在现代高科技经济领域，一个人才或一个人才团队就能打造一个高科技产业，因此，从国家到地方都鼓励企业和研发机构引进创新创业人才和团队。扶持科技团队，利用这些高层次人才的卓越技能促进科技创新，从而增加了科技成果创新产出，增加了企业的经济产出，增加了政府财政收入。与此同时，随着这些高科技企业的发展壮大，势必会带来相应的就业需求，科技企业需要高层次人才，并积极培育科技人才，从而会增加科技人才的总量，这也为绿色产业发展储备了人力资本。鼓励研究机构引进人才与团队可以提高其科研能力和水平，增加科研机构的科技成果，从而进一步提升对企业创新的技术支持，使得绿色产业发展能够得到稳定的人才和智力保障。因此，科技创新人才支持政策的作用机理如图 6-3 所示。

---

① 赵曙明等：《创新型核心科技人才培养与政策环境研究——基于江苏省 625 份问卷的实证分析》，《南京大学学报（哲学. 人文科学. 社会科学版）》2012 年第 3 期。

```
┌──────────────┐        ┌──────────────────┐
│   人才引进    │ ◄───── │  人才引进和扶持政策  │
└──────────────┘        └──────────────────┘
   │      │                      ▲
   │      │                      │
   │      │             ┌──────────────┐
   │      │             │  财政收入增加  │
   │      │             └──────────────┘
   ▼      ▼                      ▲
┌────────┐  ┌────────┐  ┌──────────────┐
│企业创新能│◄─│科研机构 │  │  企业利润增加  │
│力提升   │  │创新能力 │  └──────────────┘
│        │  │提升    │           ▲
└────────┘  └────────┘  ┌──────────────┐
   │                    │ 企业发展绿色产业 │
   │                    └──────────────┘
   ▼                             ▲
┌────────────┐         ┌──────────────────┐
│ 企业创新投入 │ ──────► │  企业创新产出增加   │
└────────────┘         └──────────────────┘
```

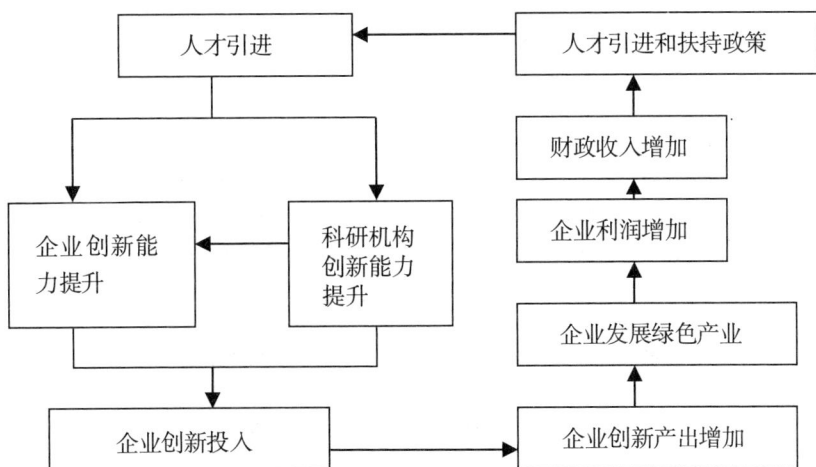

图 6-3　人才支持政策作用机理

（4）协同创新科研平台的作用机理。创新不是少数人的灵光一现，而是众多复杂单位的有效协同。由于科技企业（尤其是中小型企业）自身资源有限，其进行科技创新就需要协同研发，协同科研平台建设在其中起到了重要作用。2016 年的《国家创新驱动发展战略纲要》、2017 年的《国务院关于强化实施创新驱动发展战略进一步推进大众创业万众创新深入发展的意见》以及 2019 年的《国家发展改革委科技部关于构建市场导向的绿色技术创新体系的指导意见》等科技创新政策中，国家都明确提出了加紧科研平台的建设。这些平台建设不仅给企业进行创新活动提供了活动场所，更为企业进行科技创新提供了技术支撑。此外，随着这些协同创新平台（基地）趋于完善和集中，增加了对创新创业人才和团队的影响力，可以促进平台内企业的信息交流和协同研发，从而降低企业的创新成本，激发企业的创新动力，引发企业创新产出的增长，进而直接或间接促进绿色产业发展。因此，协同创新科研平台建设的作用机理如图 6-4 所示。

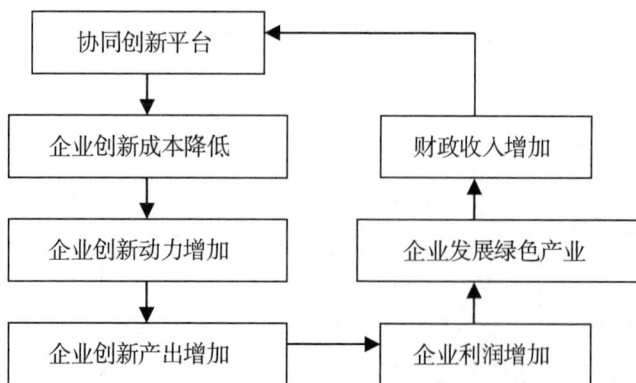

图 6-4　协同创新科研平台的作用机理

三、国有资本是引领绿色产业发展的现实路径

绿色产业发展一方面从传统产业转型升级来推进产业结构调整，有效带动绿色产业兴起发展；另一方面从科技创新着手，利用绿色科技创新以及绿色技术应用来促进绿色新产业和新经济发展。但是受我国工业经济发展的历史路径影响，在现实中这两方面的路径推进存在诸多问题和困难，公有制经济在我国国民经济中依然占主导地位，因此，新时代发展绿色产业离不开国有经济主体的参与和支持，尤其需要国有资本引领绿色产业发展。国有资本可分为国有资金、国有物质资本和人力资本三种形式，可分为国有企业、国有投资公司和主权基金三种具体运营载体。① 笔者认为，无论是从理论还是现实可行性来看，国有资本引领绿色产业发展都是我国绿色产业兴起和壮大的现实之路。

1. "市场失灵"导致社会资本投资绿色产业的动力不足

如前文所述，绿色产业发展关键的核心在于绿色科技创新，而创新活动本身就具有不确定性，没有资本的持续支持是"寸步难行"的，市场对资源配置并非完美无瑕，市场失灵现象"比比皆是"，从绿色产业发展的

---

① 邹俊、徐传谌：《国有资本支持战略性新兴产业发展——理论溯源与现实推进》，《经济与管理研究》2015 年第 3 期。

角度来看，市场失灵突出体现在以下两点。

（1）资源产权问题。产权具有专属性和排他性，即某人一旦享有对某个资源的产权，就具有排他性，其他人就不能对该资源享有产权。一方面，如果产权不明确或者出现多重产权，就会挫伤资源所有者对其投资与管理的积极性。在绿色产业发展中，资源产权不明确问题会导致社会资本投资动力不足。假设两个理性人共同拥有某传统企业的全部产权，而在传统企业转型升级中，绿色技术研发需要大量投资，这时就会出现谁也不愿意投资的局面，因为谁都只想"坐享其成"，而如果两人或多人共同投资研发，将会带来更加复杂的投资方式、投资额以及利益分配的谈判，也会带来交易成本激增，反而导致共同投资协议难以达成。另一方面，资源产权的安全性也会影响社会资本的投资意愿。从市场机制本身来说，很难保证资源产权不存在被剥夺的威胁。如果某地区存在政治经济的不确定性和不稳定性，导致产权可能随时被剥夺，那么，定义再明确的产权也不再安全，因此，长期投资不可能发生。[①]

（2）市场机会主义。由于绿色产业在发展过程中存在诸多不确定性和风险，由此会带来社会资本更加追求短期效益，而对需要长期投资且利润不确定的绿色产业，则投资动力不足。如前文所述，无论是传统产业转型升级还是绿色科技创新，一方面需要持续投资，另一方面还会影响短期的收益，面对这种未来的不确定性，资本的逐利性会使得社会资本更倾向于短期效益，而在绿色产业发展中，需要持续而大量投资的诸如科技研发、技术改造、产业结构调整等领域短期行为较多，导致市场充斥着机会主义行为。在市场机会主义和信息不对称的条件下，"道德风险"和"逆向选择"问题就会显现，社会资本在这种情况下是不愿意过多关注和投资绿色产业的。

（3）外部性问题。绿色产业具有节能环保的产业特点，因而带有较强的外部性，但是如果绿色产业发展的成本由企业承担，而现实收益却并非企业自身，就会出现外部性问题。假设市场上只有一个企业原先生产传统

---

① 张帆、夏凡：《环境与自然资源经济学》，格致出版社，2015，第34页。

汽车，若企业转型升级生产新能源汽车，从而减少了对石油等资源的消耗，人们通过使用新能源汽车减少了成本，而这部分费用却并非全部被企业获得，从而导致私人成本与社会成本、私人收益与社会收益不一致的情况，如图 6-5 所示，D 表示需求曲线，S_1 表示社会边际成本曲线，S_2 表示私人边际成本曲线，汽车企业生产的边际成本表示为 S_2，而其给社会带来的边际成本表示为 S_1，两条曲线之间的垂直距离就是企业为生产新能源汽车而付出的额外成本，企业根据边际收益等于边际成本的原则来决策自己的最优产量 Q_2，但是如果考虑到企业过多承担的社会成本，市场的均衡产量显然不是社会最优产量 Q_1，这时候就出现了市场决策失灵问题。这种绿色产业正由于外部性问题导致企业生产越多损失越大，而市场定价却低估了绿色产品的社会收益，无法将外部性内在化，从而使得企业投资绿色产业的动力不足。

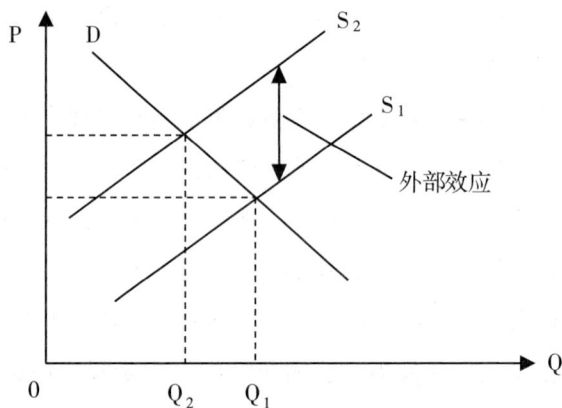

图 6-5　外部性对市场的影响

2. 政府失灵导致绿色产业市场制度性交易成本激增

如前文所述，绿色产业在发展过程中会遭遇市场失灵问题，需要政府通过"有形之手"纠正市场失灵。但是现实中政府也会面临失灵问题，政府失灵最突出的表现就是没有把资源以及公共产品或服务有效地配置给政府的服务对象，从而直接或间接损害了社会公众的利益。就我国绿色产业的发展状况来看，政府失灵问题主要体现在两方面。

（1）公共政策失灵导致绿色产业要素价格扭曲。政府通过制度和实施一系列公共政策来实现对社会资源和经济活动的引导，因此，政府失灵的关键源自公共政策的失灵。绿色产业的发展，离不开政府政策的支持，但是现行的许多公共政策却导致绿色产业要素价格扭曲，主要表现在以下几点。第一，宏观经济政策波动使绿色产业发展不稳定。从近年绿色产业的发展来看，宏观经济政策波动对绿色产业发展影响较大。从经济过热政府调控，到美国金融危机引发世界经济整体性下行，凯恩斯主义回归，经济刺激政策频出，导致宏观的货币政策、财政政策、贸易政策以及金融政策等波动性较大，市场预期不稳定，最终导致绿色产业发展需要的土地、资金、技术等要素价格扭曲。第二，绿色产业政策导致资源浪费和重复建设乱象丛生。绿色产业在我国尚属极具发展潜力的幼稚产业。幼稚产业是指处于发展初期，基础薄弱，竞争力缺乏，但经过适当保护后可以发展成为具有一定竞争优势的新兴产业。① 近年来，我国出台了大量与绿色产业发展相关的产业政策，一方面促进了绿色产业的兴起与发展，另一方面也带来一些负面影响，尤其是绿色产业政策影响了不同产业部门之间的盈利率，以及资源在不同产业之间的配置，如前文的案例分析，有些产业政策甚至导致各地恶性竞争、资源浪费以及重复建设等一系列乱象，最终扭曲了绿色产业发展的要素资源价格。第三，公共政策的滞后性导致市场机制失效。如前文所述，市场失灵影响绿色产业的发展，政府往往通过公共政策以及相关的政策工具试图纠正市场失灵，但是由于政府的政策推行过程效率低，公共政策往往具有滞后性，不仅没有有效调节供需和资源配置，反而扭曲了要素价格。例如在相关土地、森林、水资源以及财政税收等政策方面，政府鼓励并支持绿色产业发展，限制其他产业部门使用和供给，结果导致这些资源要素偏离正常的供求关系，使资源要素价格波动大，加剧了市场机制失效。

（2）政府的"有形之手"致使制度性交易成本激增。科斯敏锐地发现市场机制的运转是存在交易成本的，而交易成本最终会对企业决策起到重

---

① 肖兴志：《中国战略性新兴产业发展研究》，科学出版社，2011，第101页。

要影响。在政府通过提升环境规制和干预资源配置来促进我国产业结构调整转型升级以期发展绿色产业的过程中，政府的"有形之手"往往导致制度性交易成本激增，主要表现在以下方面。第一，政府寻租行为。伴随着政府干预市场，寻租行为就会"如影随形"。寻租是政府部门或官员通过不正常或违法违规手段给予少数利益集团以特殊利益，而不是通过生产和市场交易取得的利润。寻租行为易滋生腐败，为了获取寻租利润，企业会竞相采用不同手段试图"俘获"政府工作人员，使寻租成本增加；而政府为了遏制寻租会采取反寻租策略，监督政府工作人员的决策和执行行为，导致反寻租成本增加，这两方面最直接的就是导致制度性交易成本激增，许多资源本来应该用于发展绿色产业，结果却错配到寻租和反寻租活动中去了。第二，绿色制度不完善。发展绿色产业需要一系列的制度体系支撑，但是目前我国绿色制度并不完善。当前我国在制度和政策设计上主要集中于生产领域，消费和生活层面较欠缺，这导致企业与政府在发展绿色产业决策问题上存在博弈行为。企业在发展绿色产业过程中"等、靠、要"思想较重，企业发展绿色产业的整体制度性交易成本较高，从而导致政府失灵问题显现。

3. 获取国家竞争优势需要国有资本支持绿色产业发展

世界各国的竞争已演变为经济竞争，经济战场是没有硝烟的战场，但依然很残酷。从中美贸易摩擦的发展历程来看，发达国家始终想对发展中国家进行发展路径锁定，试图对发展中国家的产业结构调整和升级设置重重障碍，尤其是高科技新兴产业，面对国际竞争格局的深刻变化，国有资本必须坚定地支持和引领绿色发展，主要原因来自以下两方面。第一，国有企业是我国企业参与国际竞争的主力军。由于我国国有经济的特殊地位，国有企业在国民经济中占据主导地位，我国的工业基础基本建立在国有企业之上，随着国有企业改革的不断深化，国有企业的绩效不断提升，2019 年，世界 500 强中我国国有企业已有 129 家上榜，其中中央企业有 48 家，中国石化、中国石油、国家电网更是名列第二、第四、第五，这说明在国际市场竞争中国有企业是主力军。第二，国有资本具有支持和发展绿色新兴产业的特殊功能。国有资本是指国家拥有的资本，国家及其代理人拥有产权，对其具有支配和收益的权力。[1] 而绿色产业作为具有发展潜力的战略性产业理应是国有资本支持和发展的重点领域，也是未来国家间竞争的重要领域，为了持续保持国家竞争优势，必须大力支持绿色产业。正如迈克尔·波特所言："国家的竞争优势在于，一国的企业能持续具有高层次的竞争优势，同时具有参与新兴先进生产的能力。唯有如此，才能有效地运用国家资源。"[2]

　　总的来看，在市场经济中，资本是一种资源，资源配置是追求效率的，资本流向高回报率的产业是市场的必然选择，而我国的绿色产业大都为幼稚产业，资本的投入不仅很难在短期内取得稳定的利润回报，反而还会遭遇各种风险和不确定性。从前文所述发现，即使是美国等信奉自由市场的西方国家，在发展绿色产业过程中都有国有资本的参与和支持，这背后实际上反映了国有资本与绿色产业发展的渊源，也是中国绿色产业快速发展现实路径。

---

[1]　邹俊、徐传谌：《国有资本支持战略性新兴产业发展——理论溯源与现实推进》，《经济与管理研究》2015 年第 3 期。

[2]　[美] 迈克尔·波特：《国家竞争优势》，李明轩、邱如美译，华夏出版社，2002，第 271 页。

第七章　中国绿色产业发展路径的实践障碍及其制度分析

第一节　中国绿色产业发展路径的实践障碍

一、利用传统产业转型升级促进绿色产业发展的路径障碍

前文研究分析表明，我国传统产业转型升级既有必然性也有可行性，但是面对国内外不确定性因素的增加，传统产业的转型升级之路并非"一马平川"，而最为重要的是传统产业要结合自身的产业基础以及国内外新产业、新经济的发展动向，理性地选择转型升级的路径。当前我国利用传统产业转型升级促进绿色产业发展的路径障碍主要有以下三个方面。

1. 传统产业转型升级与战略新兴产业发展结合不到位

传统产业与战略性新兴产业既有区别又有联系，我们不能把传统产业与战略性新兴产业"非此即彼"地看待。当前有些观点认为我国发展战略性新兴产业就是要彻底淘汰传统产业，这是一种片面的认识，传统产业涉及人们的衣、食、住、行等很多基础需求领域，既不会彻底消失，也不会"一成不变"。笔者认为，传统产业转型升级与战略性新兴产业发展结合尚不到位，主要表现在以下两方面。

（1）淘汰传统产业的落后技术和产能滞后。随着科技创新的不断发展，传统产业的生产技术也是日新月异，再加之前文所述，我国传统产业

的规模和资源依赖性突出，导致我国传统产业呈现复杂的市场格局：既有技术先进的企业，也存在一些落后的技术和产能。这往往导致企业转型升级动力不足，市场呈现"劣币驱逐良币"的现象。因此，我们亟须清醒地认识到传统产业转型升级的必要性，逐步提高环境与资源公共政策规制，加快淘汰传统产业中落后的产能和技术，激发传统产业升级转型的内在动力。但是目前，我国在造纸、纺织、钢铁、石化、机械制造等传统产业领域依然存在技术落后、产品能耗和环境污染大的问题，也导致这些行业产能过剩严重，制约了产业向高端化方向发展。政府采取的相关措施，如技术改造补贴、环境规制、提高产品标准等，制度设计尚存缺陷，导致相关传统企业转型升级滞后。

（2）利用传统产业的产业基础"存量"推进战略性新兴产业发展的"增量"力度不够。我国传统产业转型升级除了要坚决淘汰落后的产能外，还要把握好"存量"与"增量"的关系，任何一个产业的发展壮大都会经历复杂而漫长的过程，也会存在大量沉淀成本。另外，传统产业积蓄的产业基础"存量"本身也是转型升级的基础条件。然而，当前传统产业的相关企业也在因地因时制宜，实事求是地根据自身条件有战略规划地选择和培育向战略性新兴产业方向发展的路径，结合"中国制造2025"在"增量"上推进向绿色产业转型和向产业链高端升级上力度不足。例如，前文案例中所述的传统汽车产业向新能源汽车产业转型，传统电力照明产业逐渐向节能型照明发展，钢铁行业提高冶炼技术、摆脱粗钢制造向高端钢铁产品升级，等等。传统产业虽能结合原先的产业基础，但在转型升级之路上仍然需观望等待，存在主动性和积极性不足的问题。

2. 发展清洁生产与循环经济，推进传统产业"绿色化"发展迟滞

传统产业中并非所有产业都能与战略性新兴产业有效结合，也有一些产业尤其是资源型传统产业总是存在一定的污染排放等环境问题，在大力推进"绿色化"发展上迟滞，主要反映在以下两个方面。

（1）推进技术改造，实施清洁生产之路困难。一些传统产业按当前的技术条件无法做到"零排放"，但是依然可以通过技术改造和清洁生产，

实现节能减排目标，大大提高传统产业的"绿色化"水平。虽然政府大力推行一些绿色清洁生产的示范项目，引导传统企业积极转型升级。例如在2012—2016 年间，全国大力推进绿色制造的发展，国家财政资金支持建设了 225 个重大绿色制造项目，使资源能源利用效率不断提高。[①] 然而，由于技术和成本原因，当前传统产业进行的生产全流程"绿色化"技术改造，包括从产品设计研发、原材料采购、生产设备技术改造、生产管理、产品包装，到市场营销等环节在节约原材料和能耗，并减少废弃物排放数量和毒性产品的清洁生产之路上推进困难。

（2）变废为宝，发展循环经济乏力。随着污染处理技术的进步，许多原先工业生产的废弃物，现在可以循环再利用，近年来我国环保产业和固体废弃物处理产业越来越受到企业的关注，但是，由于循环经济模式不确定，发展循环经济也需要大量投资，在现实中传统企业发展内部循环经济、变废为宝的积极性不高，企业资源利用率整体不高，传统产业转型升级实现"绿色化"转型发展乏力。

3. 传统产业与新经济形态融合发展不足

近年来，随着网络技术的发展与普及，5G、大数据、平台经济以及共享经济等新经济形态层出不穷，但是传统产业转型升级与新经济形态融合发展不足，主要表现在以下两方面。

（1）贯彻传统产业转型升级，落实"三去一降一补"不到位。如前文分析，我国传统产业的发展路径具有典型的规模驱动、资源消耗大、资本依赖等特征，造成在长期发展中带来传统产业产能普遍过剩、成本高、技术创新不足等问题，因此，要促进我国传统产业"涅槃重生"，重新焕发生机，各地各级政府必须坚决贯彻落实中央的"去产能、去库存、去杠杆、降成本、补短板"政策，同时要加大对传统产业中"僵尸企业"的处置力度，迫使传统企业放弃固有的发展路径。但是，在实践中，部分政府落实"三去一降一补"不到位，在促进传统产业选择合适的产业发展趋势和方向进行绿色转型，加大技术创新、技术改造力度优化生产流程和工

---

① 刘勇：《新时代传统产业转型升级：动力、路径与政策》，《学习与探索》2018 年第 11 期。

艺，促进产品升级，实现传统产业绿色化和高端化等方面不到位，故而难以推进传统产业走向绿色的高质量发展之路。

（2）推进传统产业与新经济形态融合发展方面欠缺。我国传统产业转型升级必须紧密与以网络经济为代表的新经济形态相融合，通过"互联网+"改变传统产业的相关企业，尤其是制造企业，的生产模式，利用大数据技术重组企业的生产流程，促进企业内部的资源优化配置，减少资源和原材料的浪费和闲置，真正实现绿色制造和智能制造。例如，海尔集团在内部实施"企业平台化、员工创客化、用户个性化"战略，格兰仕公司则打造"G+智慧家居战略平台"。这些传统企业积极与新经济形态的融合发展，不仅革新了产业组织形式，也推动了相关企业协同转型升级。但是，传统产业在积极融入新经济形态，利用"互联网+"实现产销一体化，把企业生产与用户需求无缝对接、提高生产效率、节约生产成本和交易成本、降低资源消耗等方面仍然有所欠缺。另外，传统产业在融入"互联网+"、物联网、共享经济以及人工智能等新经济形态，革新传统产业组织形式，促进传统产业利用工业互联网集聚全球创新资源和优化产业分工，实现传统产业轻资产发展和共享发展，激发传统产业转型升级的内生动力等方面仍有障碍。

二、推进科技创新加快绿色产业发展的路径障碍

通过前文对国内外案例研究，对发展绿色产业路径选择的理论分析，我们深刻地认识到推进科技创新是绿色产业发展的根本路径，为此近年来我国各级地方政府不遗余力地积极完善鼓励科技创新的相关制度和科技创新政策，以期加快地方经济绿色转型，但是回顾来看，推进科技创新加快绿色产业发展的路径也遭遇了诸多障碍。因而，本书将在构建模型对地方政府科技创新绩效进行评估的基础上，客观地分析科技创新加快绿色产业发展路径障碍的症结所在。

1. 地方政府科技创新政策的绩效评估分析[①]

由前文分析我们发现，政府政策支持对科技创新和绿色产业发展具有重要作用。党的十八大提出科技创新是提高社会生产力和综合国力的战略支撑，要坚持走中国特色自主创新道路，实施创新驱动发展战略。科技创新与革命已被视为国家解决社会生态环境、发展绿色新兴产业等重大问题的关键性武器，但其发展离不开政府公共政策的支持，科技政策体系建设是实现创新驱动战略的重要保证。近年来，全国各省市积极贯彻落实国家科技发展方针政策，结合自身实际情况，推出相关科技创新政策。然而，出台的科技创新政策的执行与实施是否能够有效地促进本地科技创新能力的提升呢？是否取得了政府的预期政策效果呢？本书以安徽芜湖市为例，对地方政府科技创新政策的绩效进行评价研究，得出科技创新促进绿色产业发展的路径障碍，以期为政府改进、完善科技创新政策，提高政策绩效，寻找促进绿色技术创新的着力点和突破点提供借鉴和思路。

（1）相关文献回顾

目前，国内学者对科技创新方面进行综合评价的研究成果较少，对科技创新政策的实施效果进行定量评价的研究成果更少，但亦有部分学者认识到其重要性，进行了相关研究。贾品荣采用模糊积分的评价方法，从政策制定、政策执行和政策效果三个层面建立评价指标体系，对北京市民生科技政策的实施绩效进行了模拟评价。[②] 王霞等以 56 个国家级高新区为样本，结合城市子系统理论，引入产城融合分离系数，运用熵值法建立了产城融合度评价模型，对各高新区进行评价分析，发现大部分高新区存在着城镇化落后、城市功能缺位等问题。[③] 马艳梅等构建了城镇化可持续发展评价指标体系，利用 2003—2010 年长三角地区的数据，对其可持续发展综

---

① 张芳、邹俊、葛杨生：《地方政府科技创新政策绩效评价研究——以芜湖市为例》，《重庆工商大学学报（社会科学版）》2018 年第 4 期。

② 贾品荣：《民生科技的政策实施绩效评价》，《中国管理科学》2014 年第 11 期。

③ 王霞等：《国家高新区产城融合度指标体系的构建及评价——基于因子分析及熵值法》，《科学学与科学技术管理》2014 年第 7 期。

合水平进行熵值法测度，并对其可持续性进行了象限图评价。① 尹航等从经济效益、社会效益、环境效益和扩散效应四个方面，对科技成果转化项目构建了评价指标体系，并进行熵值法测度。② 邹华等提取 2008—2010 年我国东、中、西和东北部 10 个典型地区的统计数据，运用熵值法对数据进行处理，得出我国区域创新能力的评价结果，并提出相关的政策建议。③ 沈红丽不仅对自己构建高校科技创新评价体系中的一级指标分别进行因子分析，还运用熵值法对其确定权重，结果发现两种方法的结合使用能够简化分析对象的结构，使评价结果更科学、更客观。④ 郭强构建了科技创新政策评估指标体系，并利用 2000—2009 年全国 31 个省级地区的相关数据，采用模糊数学理论和熵值法分别计算出指标的隶属度和权重，对科技创新政策的效果进行定量评估。⑤

在已有的研究中，关注地方政府科技创新系列政策绩效的较少，而在科技创新活动中，地方政府的角色和功能是无法替代的。因此，本书将构建科技创新政策评估指标体系，利用安徽芜湖市在"十二五"期间的相关科技创新数据，对以芜湖市为代表的地方政府科技创新政策的实施绩效进行定量评价研究。

（2）指标体系、评价方法和数据选取

① 科技创新政策评价指标体系的构建。"十二五"期间，芜湖市深入实施创新驱动发展战略，不断完善科技创新政策体系，市政府和科技管理部门紧紧围绕提升科技创新能力的主线，出台了一系列的政策措施，形成了"1+2+7"的科技创新政策体系。笔者对芜湖市出台的科技创新政策进行了梳理，大致归纳为科技创新供给政策、科技创新需求政策和科技创新

① 马艳梅、吴玉鸣、吴柏钧：《长三角地区城镇化可持续发展综合评价——基于熵值法和象限图法》，《科学学与科学技术管理》2015 年第 6 期。
② 尹航、孙希波、傅毓维：《基于熵值法确权的科技成果转化项目后评价研究》，《科学学与科学技术管理》2007 年第 10 期。
③ 邹华、徐纷纷、杨朔：《基于熵值法的我国区域创新能力评价研究》，《科技管理研究》2013 年第 23 期。
④ 沈红丽：《因子分析法和熵值法在高校科技创新评价中的应用》，《河南工业大学学报》2009 年第 1 期。
⑤ 郭强：《基于省级数据的区域科技创新政策评估》，《统计与决策》2012 年第 3 期。

环境政策三类，详见表 7-1。

表 7-1 "十二五"期间芜湖市出台的主要科技创新政策汇总

类 别	涉及方面	政策文件名称
科技创新供给政策	资金支持	《芜湖市关于促进科技和金融结合的实施意见》《芜湖市科技"小巨人"企业创新能力培育办法》《芜湖市科技型中小企业天使投资引导基金管理办法》《芜湖市创新创业专项资金管理办法》《芜湖市科技保险保费补贴办法》和《芜湖市专利权质押贷款试点办法》
	人力支持	《关于加强自主创新建设人才特区的实施意见》《关于进一步提升人才特区建设水平的意见》《扶持高层次科技人才团队创新创业实施办法的通知》
科技创新需求政策	产业扶持	《关于加快培育和发展战略性新兴产业的实施意见》和《关于印发芜湖市机器人产业集聚发展若干政策（试行）的通知》
	成果转化	《促进高校、科研机构科技成果在芜湖转化的若干政策》
科技创新环境政策	知识产权保护	《关于加快商标品牌建设的实施意见的通知》和《关于印发芜湖市打击侵犯知识产权和制售假冒伪劣商品专项行动方案的通知》
	研发及创新平台建设	《芜湖市产业技术研究院建设扶持管理办法》《芜湖市科技企业孵化器绩效考核办法》和《关于发展众创空间推进大众创新创业的实施意见》

本书结合现实的芜湖市科技创新政策重点、《"十三五"国家科技创新规划》和《中国制造 2025 安徽篇》的战略目标，从科技创新供给政策、科技创新需求政策和科技创新环境政策三个方面，构建科技创新政策评价指标体系，选取 21 个三级指标，运用模糊数学的方法来量化评价科技创新政策的绩效，详见表 7-2。

表 7-2 芜湖市科技创新政策实施绩效评估指标体系

系统层	子系统层	指标层
科技创新政策实施效果评估	科技创新供给政策实施效果	规模以上工业企业 R&D 经费内部支出总额
		地方财政科技拨款总额
		规模以上工业企业 R&D 经费占主营业务收入的比重
		从事 R&D 活动人员的总数
		从事科技活动人员的总数
		有 R&D 活动的企业个数
		实施科技计划项目数
	科技创新需求政策实施效果	专利申请量
		专利授权量
		各类科技成果数（省部级以上）
		技术市场成交合同金额
		技术市场成交合同数
		规模以上工业企业新产品销售收入占主营业务收入的比重
		新认定的高新技术企业数
	科技创新环境政策实施效果	人均地区生产总值
		规模以上工业企业总产值
		规模以上工业企业增加值
		各类科研中心数量
		科技企业孵化器数量
		万元 GDP 能源消费量
		每万人口有效发明专利数

科技创新供给政策，主要从资金、人力资源和重大科技项目三个方面，来推动科技创新活动的快速发展。其中，资金支持政策实施效果主要体现在企业科技投入和政府财政科技投入两方面的变化上，R&D 经费内部支出总额能总体反映一个地区企业的 R&D 活动资金的投入程度（由于中

小企业的科技创新投入较少且尚无相关的统计数据，因此本书选取规模以上工业企业 R&D 经费内部支出总额，来代表芜湖市的企业科技创新投入）；选取地方财政科技拨款总额这一指标，来实质地反映政府对科技创新的资金支持力度；选取规模以上工业企业 R&D 经费占主营业务收入的比重，来评估芜湖市企业对科技创新的重视程度和持续能力。此外，人力资源支持政策实施效果主要体现在参与科技活动的人员和单位数量变化上。本书选取从事 R&D 活动人员的总数和从事科技活动人员的总数两项指标来重点评估人力资源政策对科技活动的实施效果；选取有 R&D 活动的企业个数这项指标，衡量全市培养和引进科技创新人才的单位数量。最后，选取年度实施科技计划项目数这项指标，来评估芜湖市对重大科技创新项目的支持程度。

科技创新需求政策，在专利需求、技术市场需求和企业项目需求三个方面，拉动科技创新活动快速发展。其中，本书选取年度专利申请量和专利授权量两个三级指标，评估专利需求类科技创新需求政策的实施效果，它们可以直观地反映整个地区的科技创新水平；选取各类科技成果数这一指标，来评估地区在重大科技项目上的创新能力。此外，选取技术市场成交合同金额和技术市场成交合同数两项三级指标，从规模和活跃度两个方面来反映技术交易市场的繁荣程度，以评估技术交易市场需求类科技创新政策的实施效果。最后，选取规模以上工业企业新产品销售收入占主营业务收入的比重这一指标，来反映新产品研发对整体产品生产销售的实际作用和影响程度，作为评估企业项目需求类政策的指标；选取新认定的高新技术企业数这一指标，来反映地区的知识密集型产业发展的情况。

科技创新环境政策，主要从经济、环境和公共服务三个方面，为科技创新活动提供丰厚的土壤。本书选取衡量地区整体经济发展水平的人均地区生产总值、衡量地区工业生产总规模的规模以上工业企业总产值和衡量地区工业生产效益的规模以上工业企业增加值，作为评估地区经济环境的三个三级指标。另外，选取各类科研中心数量和科技企业孵化器数量，来反映地区对中小科技企业的扶持力度，作为评估地区公共服务体系环境的两个三级指标。最后，选取万元 GDP 能源消费量，来反映通过科技创新对环境污染的减少程度；选取每万人口有效发明专利数，来反映地区整体科技创新产出质量与市场应用水平。

② 评价方法。为了消除指标权重确定的随意性及主观评价等问题，本书采用熵值法对芜湖市科技创新政策实施绩效进行评价分析。熵值法是一种客观的赋权方法，它通过各项指标观测值所提供的信息量大小来确定指标权重系数：信息量越大，不确定性就越小，熵也越小；信息量越小，不确定性就越大，熵也越大。[①] 该方法的具体核算过程为以下四个步骤。

一是计算指标对数据同度量化。假设 m 个年份，n 项评价指标，构成指标数据矩阵 $X = (x_{ij})_{m \times n}$，$i = 1, 2, \cdots, m$；$j = 1, 2, \cdots, n$（本书中 $m = 5$，$n = 21$）。对各指标进行同度量化处理，以消除各指标的量纲和数量差异对指标的影响。因为该模型有正向指标和负向指标，具体计算公式为：

$$X'_{ij} = \frac{x_j - x_{\min}}{x_{\max} - x_{\min}}（正向指标） \tag{7.1}$$

$$X'_{ij} = \frac{x_{\max} - x_j}{x_{\max} - x_{\min}}（负向指标） \tag{7.2}$$

二是测算第 i 个年份第 j 个指标的比重 y_{ij}，即

$$y_{ij} = \frac{x_{ij}}{\sum_{i=1}^{m} x_{ij}} \tag{7.3}$$

并由此建立数据的比重矩阵 $Y = \{y_{ij}\}_{m \times n}$。

三是计算各指标的信息熵值 e_j、差异系数 g_j、权重值 w_j，即

$$e_j = -K \sum_{i=1}^{m} y_{ij}(\mathrm{In} y_{ij}) \tag{7.4}$$

$$g_j = 1 - e_j \tag{7.5}$$

$$w_j = \frac{g_j}{\sum_{i=1}^{n} g_j} \tag{7.6}$$

---

① 张平平、李红卫：《基于熵值法的中部六省旅游竞争力测评研究》，《中北大学学报（社会科学版）》2011 年第 2 期。

$$K = \frac{1}{\ln m} i = 1, 2, \cdots, m; j = 1, 2, \cdots, n \tag{7.7}$$

四是测算样本的综合评价值。采用测算单个指标的评价值：

$$d_{ij} = w_j \times x_{ij} \times 100 \tag{7.8}$$

运用加权求和公式，测算出样本的综合评价值 D（D 越大，表示样本的效果越好）：

$$D = \sum_{j=1}^{n} d_j \tag{7.9}$$

③ 数据来源。本书选取 2011—2015 年五年的数据作为评估样本，在较长的时间跨度下纵向评价 2011—2015 年芜湖市科技创新政策的实施效果，采用的原始数据来源于《芜湖市统计年鉴》《芜湖市国民经济和社会发展统计公报》、芜湖市统计局网站、芜湖市科技局网站以及安徽省科技厅网站。

（3）评价结果与分析。

① 评价结果。依据熵值法的计算方法，对采集到的 21 项指标、110 个原始数据进行处理，可得到各项指标的信息熵值、差异系数和权重值，具体见表 7-3。

表 7-3　芜湖市科技创新政策绩效测度评估赋权

系统层	子系统层	指标层	信息熵值	差异系数	权重值
科技创新政策绩效	供给政策实施效果	规模以上工业企业 R&D 经费内部支出总额	0.9847	0.0153	0.0355
		地方财政科技拨款总额	0.9629	0.0371	0.0863
		规模以上工业企业 R&D 经费占主营业务收入的比重	0.9985	0.0015	0.0034
		从事 R&D 活动人员的总数	0.9863	0.0137	0.0318
		从事科技活动人员的总数	0.9917	0.0083	0.0192
		有 R&D 活动的企业个数	0.9834	0.0166	0.0387
		实施科技计划项目数	0.9799	0.0201	0.0468

系统层	子系统层	指标层	信息熵值	差异系数	权重值
科技创新政策绩效	需求政策实施效果	专利申请量	0.9904	0.0096	0.0223
		专利授权量	0.9960	0.0040	0.0092
		各类科技成果数（省部级以上）	0.9850	0.0150	0.0348
		技术市场成交合同金额	0.9409	0.0591	0.1374
		技术市场成交合同数	0.9575	0.0425	0.0989
		规模以上工业企业新产品销售收入占主营业务收入的比重	0.9997	0.0003	0.0007
		新认定高新技术企业数	0.9624	0.0376	0.0875
	环境政策实施效果	人均地区生产总值	0.9915	0.0085	0.0197
		规模以上工业企业总产值	0.9921	0.0079	0.0185
		规模以上工业企业增加值	0.9934	0.0066	0.0154
		各类科研中心数量	0.9878	0.0122	0.0284
		科技企业孵化器数量	0.9675	0.0325	0.0755
		万元 GDP 能源消费量	0.9955	0.0045	0.0105
		每万人口有效发明专利数	0.9227	0.0773	0.1796

对数据进一步处理，可得"十二五"期间芜湖市各年科技创新政策绩效的累计分值，具体见表7-4。

表7-4 "十二五"期间芜湖市科技创新政策绩效评价分值

指 标	2011 年	2012 年	2013 年	2014 年	2015 年
规模以上工业企业 R&D 经费内部支出总额	0	1.005	1.758	2.628	3.552
地方财政科技拨款总额	0	2.930	5.121	8.093	8.630
规模以上工业企业 R&D 经费占主营业务收入的比重	0	0.166	0.166	0.214	0.342
从事 R&D 活动人员总数	0	1.025	2.147	2.614	3.179

指　标	2011 年	2012 年	2013 年	2014 年	2015 年
从事科技活动人员数	0	0.299	0.780	0.819	1.921
有 R&D 活动的企业个数	0	0.426	1.180	2.669	3.869
实施科技计划项目数	0	4.521	4.675	4.368	2.092
专利申请量	0	1.211	1.756	1.263	2.227
专利授权量	0	0.924	0.585	0.491	0.524
各类科技成果数(省部级以上)	0	0.591	3.478	3.412	1.509
技术市场成交合同金额	0	4.510	7.068	10.333	13.742
技术市场成交合同数	0	4.887	4.173	9.323	9.887
规模以上工业企业新产品销售收入占主营业务收入的比重	0.070	0	0.009	0.050	0.068
新认定高新技术企业数	8.752	5.835	0	8.752	7.585
人均地区生产总值	0	0.454	0.930	1.679	1.968
规模以上工业企业总产值	0	0.437	1.023	1.552	1.847
规模以上工业企业增加值	0	0.325	0.912	1.412	1.536
各类科研中心数量	0	0.567	1.392	2.191	2.835
科技企业孵化器数量	0	4.117	4.117	6.861	7.547
万元 GDP 能源消费量	0	0.187	0.637	0.884	1.053
每万人口有效发明专利数	0	3.003	6.275	9.547	17.965
求　和	8.822	37.419	48.183	79.156	93.879

最后,将表7-4中芜湖市5年中各子系统的各指标得分相加,求得芜湖市科技创新政策3个子系统的最终得分值及综合排名,见表7-5。

表7-5　芜湖市科技创新政策绩效各子系统的最终得分值及综合排名

年　份	供给政策	需求政策	环境政策	总分	排名
2011 年	0	8.822	0	8.822	5
2012 年	10.372	17.958	9.089	37.419	4

年　份	供给政策	需求政策	环境政策	总分	排名
2013 年	15.828	17.068	15.287	48.183	3
2014 年	21.405	33.624	24.126	79.156	2
2015 年	23.585	35.543	34.751	93.879	1
平均得分	14.238	22.603	16.650	53.492	—

② 评估结果分析。

第一，指标贡献度分析。由表 7-3 可见，权重值最高的 6 项指标依次为每万人口有效发明专利数、技术市场成交合同金额、技术市场成交合同数、新认定高新技术企业数、地方财政科技拨款总额和科技企业孵化器数量。这表明，推进全民创新、大力扶植小微科技企业、加强科技成果转化与技术交易市场化建设三个方面，应是今后芜湖市推进科技创新的工作重点。

此外，供给政策、需求政策、环境政策三个子系统的权重值分别为 0.2617、0.3908 和 0.3476。这表明了科技创新需求政策与环境政策对推进地方政府科技创新工作的贡献度较大，而科技创新供给政策的贡献度小一些。

第二，科技创新供给政策绩效分析。"十二五"期间芜湖市科技创新供给政策的 7 个指标评估结果得分如图 7-1 所示。

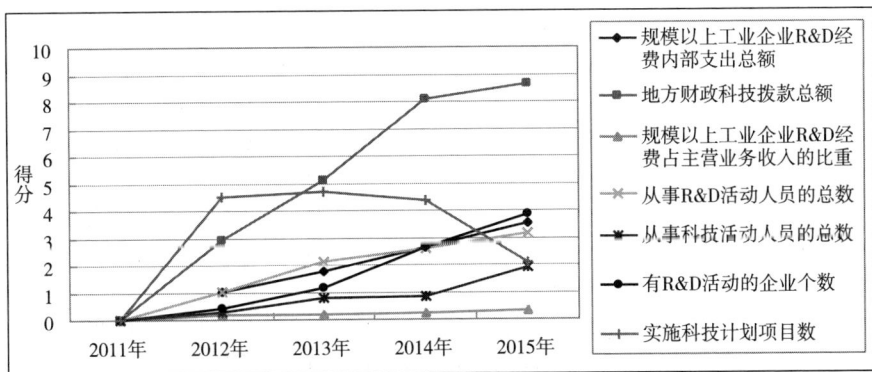

图 7-1　"十二五"期间芜湖市科技创新供给政策绩效得分

由图 7-1 可以看出，除实施科技计划项目数指标外，其余 6 项指标的评估结果得分均处于增长趋势。有 R&D 活动的企业个数、规模以上工业企业 R&D

经费内部支出总额、从事 R&D 活动人员的总数以及地方财政科技拨款总额等 4 项指标的得分在这 5 年内稳步增长，这表明了芜湖市科技创新资金投入和科技创新人才的增加有效地推动了全市科技创新水平的上升，起到越来越大的正效应。而规模以上工业企业 R&D 经费占主营业务收入的比重指标的得分几乎保持不变，说明芜湖市整体企业进行科技创新的意愿不够强烈，对科技创新的重视程度不够。实施科技计划项目数指标的得分在 2011 年大幅上升后，出现连续下跌，这主要是由于科技创新具有不确定性，且政府主导下的科技创新项目成果能否符合市场的实际需求，通过市场检验也具有不确定性。

2015 年，芜湖市科技创新供给政策的 7 个三级指标的评估结果得分的贡献程度从大到小依次排列为：地方财政科技拨款总额、有 R&D 活动的企业个数、规模以上工业企业 R&D 经费内部支出总额、从事 R&D 活动人员的总数、实施科技计划项目数、从事科技活动人员的总数和规模以上工业企业 R&D 经费占主营业务收入的比重。不难看出，在供给政策实施效果中，资金供给类政策的执行效果优于人力资源供给类政策，起到了主要的推力作用，在一定程度上体现了芜湖市近年来不断加大科技创新资金支持的作用，但也反映了其在人力资源支持方面仍需加强。

第三，科技创新需求政策绩效分析。"十二五"期间芜湖市科技创新需求政策的 7 个指标的评估结果得分如图 7-2 所示。

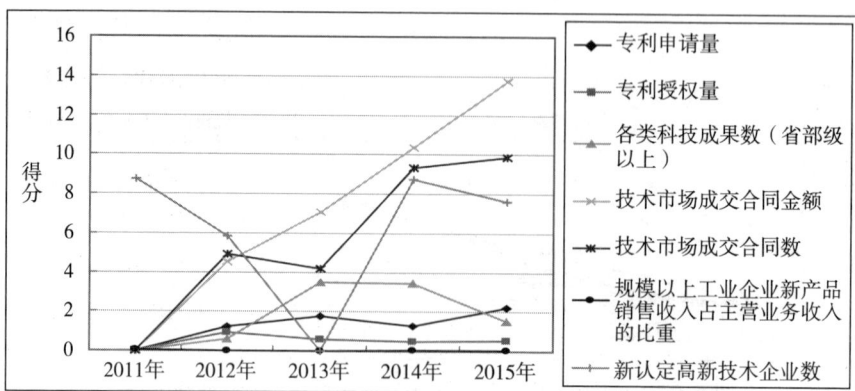

图 7-2 "十二五"期间芜湖市科技创新需求政策绩效得分

由图 7-2 不难看出，首先，除技术市场成交合同金额和技术市场成交合同数两项指标以外，其他 5 项指标的得分均没有显著增加。其中，技术市场成交合同金额和技术市场成交合同数两项指标的评估结果得分有显著的提高，这表明，近几年芜湖市关于推进科技成果转化和技术市场建设的政策具有良好的成效。其次，专利申请量、专利授权量和各类科技成果数 3 项指标的评估结果得分都出现上升后略有回落现象，但整体上呈现增长趋势，说明芜湖市关于知识产权保护和专利需求等政策整体上有效地推动了科技创新水平的提升，但需注意进一步推出相关政策来激发全民创新活力，增强专利需求类政策的引致效果。再次，新认定高新技术企业数这项指标出现大幅的震荡，说明芜湖市推进知识型密集产业建设的政策执行不稳定。最后，规模以上工业企业新产品销售收入占主营业务收入的比重指标的评估结果得分基本没有变化，在评估分析期内几乎未显现科技创新政策对其的作用情况，说明企业整体对进行产品创新的意愿不强。

第四，科技创新环境政策实施效果分析。"十二五"期间芜湖市科技创新环境政策的 7 个三级指标的评估结果得分如图 7-3 所示。

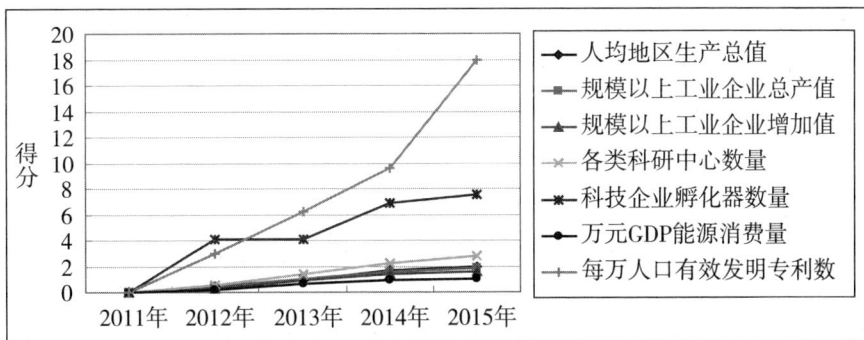

图 7-3　"十二五"期间芜湖市科技创新环境政策绩效得分

由图 7-3 不难看出，"十二五"期间，7 项三级指标的评估结果得分都有稳步增长。这体现了芜湖市科技创新环境类政策在推进科技创新环境体系建设和提升整体科技创新水平上呈现显著的正向作用。其中，每万人口有效发明专利数和科技企业孵化器数量两项指标的评估结果得分显著增长，这表明了芜湖市近几年不断提升全民创新能力建设工作收到了显著成效，同时也表明了出台的科技创新公共服务政策具有远瞻性，体现了芜湖市在构建创新创业扶持平台和大力扶持中小科技企业方面，需要进一步发扬。其他 5 项指标的评估结果得分也均稳定增长，表明了科技创新环境政策得分与地区经济发展水平之间存在程度较高的正相关关系，随着社会经济的发展，科技创新环境政策实施效果也会逐步显现。因此，努力提高经济发展水平、扩大企业数量与规模、完善支撑服务体系建设，是有效提高当地科技创新环境政策实施效果的捷径。此外，万元 GDP 能源消费量指标的得分也在不断增长，体现了芜湖市对环保的重视程度不断加大，但在总分中所占比例较小，也说明了芜湖市仍需加强推进生产的绿色化建设。

第五，科技创新政策绩效整体分析。从时间维度来看，近几年芜湖市的科技创新政策产生了不错的成效，正效应逐步显著，有效地提升了科技创新水平，推动了城市社会经济的发展如图 7-4 所示。

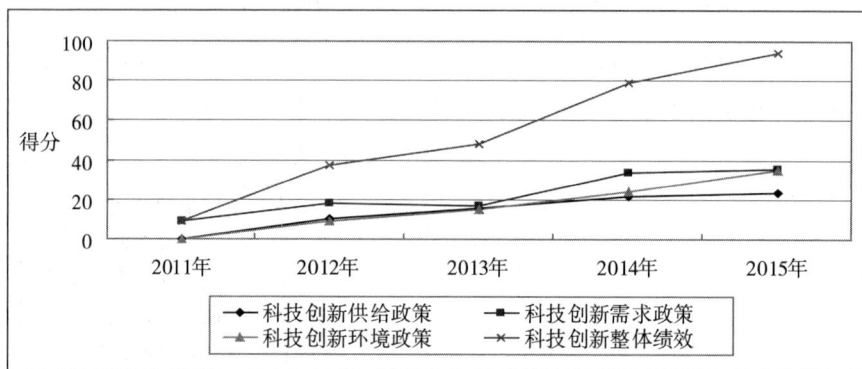

图 7-4 "十二五"期间芜湖市科技创新政策整体绩效得分

整体来看，"十二五"期间芜湖市科技创新政策整体实施效果得分显著提高，说明相关科技创新政策的实施取得了一定的成效。2015 年，芜湖市科技创新需求政策和环境政策的得分在 35 分左右，科技创新供给政策实施效果得分为 23.6 分，整体得分达到 93.9 分。这一结果说明，单项科技创新政策实施效果仍有待加强，政策系统具有协同效应，整体实施效果良好，也印证了应从整体角度采用综合模糊评价方法对政策实施效果进行评价。由 5 年间的对比情况看，芜湖市科技创新需求和环境政策实施效果得分增长较快，而科技创新供给政策实施效果得分增长相对较慢。这与芜湖市政府近年来重视提升公共服务水平、增加创新创业平台建设数量，为企业和科研机构持续创新创造外部条件以增加对专利和技术市场的需求，注重通过需求引领科技创新整体实力不无关系，而科技创新供给政策的实施效果相对来说差一些，由此可见芜湖市政府在科技创新供给政策方面仍有待加强。

2. 推进科技政策促进绿色产业发展的路径障碍

从前文对芜湖市"十二五"期间一系列科技创新政策绩效的评价结论来看，不可否认地方政府出台的科技创新政策有效地激活了地区企业的创新意愿、推动了科技创新产出的增长、优化了地区产业结构，对推动绿色产业发展的作用越来越明显。但是，地方政府在如何进一步加大科技创新力度，提高政策绩效，实施创新驱动发展战略，保持经济健康持续增长方面仍然存在不少问题，导致利用科技政策促进绿色产业发展存在诸多障碍，主要表现在以下几方面。

（1）绿色科技创新的重点领域不突出、不明显。当前，必须紧抓新一轮科技革命和产业变革的历史机遇，结合国务院印发的《"十三五"国家科技创新规划》，深入实施创新驱动发展战略，完善科技创新体系建设，发挥自身优势，整合优质资源，实现创新发展、共享发展、绿色发展。绿色科技创新应基于现实社会发展的迫切需求，以科技领域的先进技术为基础，以产业发展急需的技术为目标，找准创新的着力点与发力点，以创新科技推动社会变革或产业突破性发展，在提升全球绿色治理能力的同时，推动全人类社会的快速进步。[①] 因此，各地应围绕重点产业进行布局，继续深耕人工智能、新能源汽车、新型显示、通航技术与装备、太赫兹运用技术、新材料、智能制造与装备、轨道交通装备、现代农机装备、生命健康、现代农业、互联网和大数据应用技术等12个科技重大专项，以及与之密切相关的机器人及智能装备、显示及光电技术、汽车及关键零部件、农机装备、航空装备、新材料研发与应用等20个科技重点研发领域。然而，

---

① 陈洪昭、郑清英：《全球绿色科技创新的发展现状与前景展望》，《经济研究参考》2018年第51期。

我国各级政府在围绕各地优势产业、新兴产业出台科技创新扶持政策，将科技创新资源集中于优势产业和绿色新兴产业方面不突出、不明显，甚至各地产业发展雷同、重复建设的情况屡见不鲜；另外，在围绕重点绿色产业领域出台针对性科技创新扶持政策，引导人才、技术、资金、土地资源向重点产业集聚，集中绿色创新资源，实现聚焦突破方面也不明显，导致了绿色科技政策滞后于绿色产业政策，绿色产业政策脱离于绿色科技政策的混乱现象。

（2）绿色科技资源配置效率较低，绿色科技资源和知识共享机制缺失。从前文的评估分析来看，政府科技创新资金投入和科技创新人才的增加，有效地推动了科技创新水平的上升，但相对来说，科技创新人才方面的贡献较弱。由此可见，绿色科技资源配置效率较低，绿色科技创新投入资源结构亟须优化，各创新投入组合效率也不高。另外，中央与地方以及地方政府之间绿色科技资源和知识共享机制欠缺，导致企业间绿色技术协同研发能力以及产业整体绿色科技创新能力偏低。今后应大力鼓励国家和省级重点实验室向企业开放，研究制定大型科学仪器设备等协作共享的管理运行机制。例如，效仿上海等城市对中小企业发放"科技卷"；建设"科技资源共享线上平台"，帮助企业了解和确认自身的绿色科技资源需求，并进行"一对一"地指导帮扶，在高等院校、科研机构、大型企业间推行重要科研设备和科技数据资料共享；加强区域绿色产业技术创新联盟建设，促进产业内企业的科技成果知识共享，政府牵头鼓励绿色产业创新联盟举办产业前沿技术交流会，增强与国内外行业领先绿色企业间技术成果及知识的交流与协同。

（3）绿色科技政策失灵预警机制滞后。以问题为导向发现薄弱环节，我国各级政府缺乏有效的绿色科技政策失灵预警机制，监督制度化和评估机构的独立性也不够，导致绿色科技创新促进绿色产业发展的实际效果有限。因此，我们可以借鉴引入与日本"e-Rad 研发管理系统"类似的研发管理系统来治理重复研究等问题。建立绿色科技政策绩效档案，搭建相关的数据库，推进政策绩效管理工作从"共同参与式"逐步发展到"自我管理式"，推进绩效评估管理工作的规范化。着力加强绿色科技政策全流程专业化评估，建立健全绿色科技政策评估体系和工作机制，重视专业评估机构和人才队伍建设，强化评估结果的多维度运用，提高政策评估的透明度，从而通过有效的预警机制使政府不断调整和优化绿色科技创新政策，真正促进绿色产业发展。

（4）绿色科技创新市场导向机制欠缺。市场导向下的企业绿色技术创新就是要借助市场机制来优化企业绿色技术，创新要素配置效率，充分发挥市场的供求机制、竞争机制及价格机制，降低绿色技术创新的不确定性和多重外部性，进而提高企业绿色技术创新的投入。[1] 市场的最终检验才是衡量供给侧结构性改革是否有效的标准。我国对绿色产业的研究与开发70%来自政府，美国、日本和德国则是由工业界负责70%以上的研发支出，工业界更重视从市场需求的角度去开发新技术和新产品，因而更具有商业实用价值，而我国绿色科技创新市场导向机制欠缺，传统的研发融资体制不利于实用技术的发展。因此，各级政府应加快构建绿色科技创新市场导向机制，让市场发挥创新资源的配置作用，从政府主导逐步向市场主导、政府引导转变。让社会化、市场化的中介组织承担绿色科技创新的融资与分配，让资本市场来筹集创新研发费用，通过深化改革来健全绿色技术创新市场导向机制，真正实现科技创新与绿色产业的市场化结合。

三、国有资本引领绿色产业发展的路径障碍

如前文所述，绿色产业发展中会面临市场失灵、政府失灵以及应对国家竞争等问题，国有资本引领绿色产业发展虽然具有较强的理论根基，但在现实实践推进中也存在一定的路径障碍，具体表现在以下几方面。

1. 供给侧结构性改革背景下国有资本有序进退不足

从国有资本的特殊功能来看，国有资本在支持绿色产业发展上还有很大的提升空间，国有资本应该坚持从我国当前经济发展的"五大发展"理念着手，做好以下两方面战略性"进退"，但是现实推进中也存在诸多困难：

---

[1] 汪明月等：《市场导向的绿色技术创新机理与对策研究》，《中国环境管理》2019 年第 3 期。

第一，国有资本从高耗能、高污染的落后产业退出缓慢。当前我国许多国有企业仍然处于传统的高耗能、高污染状态，导致国有资本使用效率不高。因此，供给侧结构性改革背景下加快国有企业主动从技术落后的高耗能、高污染产业退出缓慢，甚至还有反复，尤其在处置"僵尸企业"问题上推进缓慢。另外，国有企业转型升级、加快产业结构调整迟缓，国有企业依然没有从根本上改变过度依赖规模扩张和资源消耗的发展模式，以技术和效率提升为核心的内生的可持续发展模式也没有建立。

第二，国有资本投资绿色产业，引导社会资本进入，杠杆效应发挥不足。除了加快国有资本从落后产业退出之外，还要鼓励国有资本在新能源、环保、资源循环再利用、高端装备制造、生物技术、信息技术等绿色新兴产业上进行战略布局。如前文所述，尚处于幼稚期的绿色产业存在外部性和市场失灵等问题，政府的"有形之手"在发展绿色产业时有时也会"有心无力"。而国有资本则兼具市场和政府调控的双重功能，但是当前我国国有资本进入绿色产业的主动性、积极性不够，没有发挥出良好的预期的作用，国有资本的"杠杆效应"没有显现，导致国有资本吸引更多社会资本合作发展绿色产业的"示范效应"还未显现。

2. 国有资本优选重点发展绿色产业滞后

国有资本引领绿色产业发展要统筹考虑，需要根据产业基础发挥比较优势，才能更好地发挥引领和示范作用，但是，当前国有资本优选重点发展绿色产业滞后，表现在以下两方面。

第一，国有资本缺乏优选重点发展的绿色产业。如前文所述，绿色产业需要大量资本的持续投入，但作为新兴产业本身具有风险和不确定性，加之绿色产业的大量专用设备投资等会成为沉淀成本，因此，国有资本不可能也无法做到对所有的绿色产业均衡投资。然而，当前国有资本缺乏优选重点发展的绿色产业，使得国有资本的投资效率和保值增值不确定性增加，必须要优选重点支持的绿色产业领域，不能盲目投资。笔者认为，当前应根据国有企业原有的产业基础及绿色产业发展的国内外新趋势，选择部分绿色产业进行重点支持，比如对新能源汽车、高端装备制造、生物、信息技术、光伏、环保等绿色产业应予以优先支持。

第二，国有资本引领和支持绿色产业的方式单一。如前文所述，国有资本的表现形式为国有企业、国有投资公司和主权基金，因此，国有资本引领绿色产业发展的方式也应该是多样化的。但是，我国国有资本当前引领和支持绿色产业的方式单一，主要是直接投资，而且引领和发展的经济绩效并不好，主要是因为各绿色产业的特点相差巨大，比如有些绿色产业风险较大也需要大量的固定资产投资，新能源、环保产业等可以由国有企业通过转型升级或直接投资进入，国有企业承担更多的社会责任，引领产业发展；有些绿色产业进入门槛低但需要持续投入，比如信息技术、网络产业、平台产业等，可以通过国有主权基金以财务投资、入股、风险投资等形式直接或间接给予持续支持；有些绿色产业市场发展较好，各类资本充分竞争，比如新能源汽车、光伏等产业，则可以通过国有资本投资公司以兼并重组、入股、控股等形式促进产业持续健康发展，构建良好的市场结构。绿色产业在发展初期需要适度集中的市场结构。适度集中的市场结构是指产业内适度集中、企业间充分竞争，以大企业为主导、中小企业协调发展的"寡头主导型"市场结构。① 要避免绿色产业还未壮大就形成"小而散"的市场格局，这不利于绿色产业竞争力的提升。由此可见，必须加快改变国有资本引领和支持绿色产业方式单一的现状。

3. 国有资本绿色技术研发投资不足，缺少关键绿色技术突破

如前文所述，科技创新是绿色产业发展的灵魂，但是绿色技术创新需要持续投入，尤其在一些基础研究和关键技术领域研发上投入巨大，社会资本也不愿持续投入，而国有资本则应该大力支持绿色技术研发，力图突破关键绿色技术，但是实际上国有资本对绿色技术研发投资不足，缺少关键绿色技术的突破，主要表现在以下三点。

第一，国有企业对绿色技术研发投入不足。国有企业在我国国民经济中占据重要地位，且国有企业普遍规模较大，产业基础和技术研发能力较好。近年来，尽管国有及国有控股企业高技术产业 R&D 费用呈增加趋势，

---

① 肖兴志：《中国战略性新兴产业发展研究》，科学出版社，2011，第101页。

但占 GDP 的比重却不足 0.01%，整体投入仍显不足，直接影响了国有企业的自主创新，制约了其向战略性新兴产业转型的步伐。[①] 因此，新时代国有企业必须加大对绿色技术创新的研发投入，尤其是在一些关键技术和"卡脖子"技术领域，国有企业要敢于担当、勇于创新，通过真正掌握绿色核心技术，带动绿色产业持续发展。

第二，国有资本对构建绿色技术创新联盟推动乏力。绿色科技创新是一个庞大的系统性工程，仅靠少数几个大型国有企业研发投入是不够的，成效慢且成本高，必须依靠产业技术联盟，在绿色技术研发上进行分工协作，共享技术成果。近年来，国有资本引领和推动构建绿色技术联盟乏力，对产业中的相关重要企业吸纳不足，没有很好地发挥各自企业的技术创新优势，在绿色产业发展中遇到的关键技术进行联合攻关方面乏善可陈，反而出现了绿色科技创新资源浪费，研发效率较低，不利于实现绿色技术的快速突破。例如，我国在光伏等产业上缺乏技术创新联盟，在关键技术上的联合研发等方面推进缓慢，成效低。

第三，国有资本推进绿色技术成果市场化应用不足。绿色技术研发是绿色产业发展的核心，但是绿色技术要想转化为绿色产品，还需要技术成果的市场化和商业化。现实中民营企业由于企业资金实力等条件欠缺，往往在技术成果转化上滞后，另外，民营资本的逐利性导致为了追求利润最大化而有意识地放缓或延迟绿色技术成果的市场化应用，而这反过来使得绿色技术研发的激励不足。因此，国有资本应在这方面发挥特殊作用，但是国有资本在实践中往往落入追求规模和资源消耗的路径依赖，国有资本在加快绿色技术成果的市场化和商业化方面推进的积极性、主动性不足，使得绿色产业难以形成"技术研发——产品生产——市场推广"的良性循环，另外，国有资本在引领和创新绿色产业商业模式方面也缺乏开拓，使得产业从生产到消费终端的全绿色模式难以实现。

---

① 李士梅、张倩：《国有经济向战略性新兴产业集中的理性思考》，《学习与探索》2012 年第 7 期。

第二节　当前绿色产业发展路径实践障碍的制度分析

产业发展离不开一定的制度环境，制度环境就像是孕育产业的土壤，因而什么样的制度环境就会诞生什么样的产业，当然有些制度环境因素与自然禀赋息息相关，但更多的制度环境因素却是受到政府、社会、企业以及公民等多种力量形塑而成的。因此，我们要深入探讨当前绿色产业发展遭遇路径障碍的制度原因，以期寻找制度创新的方向和目标。

一、现有制度安排存在的主要问题

新中国成立 70 多年来，为了提高人民的生活质量，促进社会经济发展水平，国家制定和颁布了一系列经济制度，尤其是改革开放以后，中国经济制度发生了重要的变革，但是基本的市场化取向没有根本改变。在长期的经济发展过程中形成的既有制度体系，曾经对中国经济的腾飞起到了保障和促进作用，但是在迫切需要发展绿色产业的当前，既有的制度安排在很多方面对绿色产业发展的路径选择不利，甚至造成了阻碍，主要表现在以下四个方面。

1. "经济人"目标与绿色产业制度目标激励不相容

政府是宏观政策和制度制定的主导力量，政府的目标选择也会对经济产生重要影响。按照公共选择理论，政府以及官员都是"经济人"，会为自身利益最大化做出目标选择。因此，就会出现部分政府的"经济人"目标与绿色产业制度目标激励不相容的问题，主要源自以下两方面。

第一，"经济人"目标具有惯性。从新中国成立到改革开放的 40 多年，中国经济走出了一条不平凡的道路，从贫弱的国家发展成为世界第二大经济体，其中固然与中国的资源禀赋和后发优势密切相关，也体现了中国的制度优势，但最为特殊的一点是中国在经济建设过程中形成的"政治竞标赛"。以前，某些地方政府以 GDP 指标为核心相互竞争，客观上促进了经济发展，但实际上，不同产业的技术路径被锁定在"斯密式"的增长轨道和"索洛式"的增长轨道上，① 经济增长轨道的锁定反过来又导致政府"经济人"目标形成惯性，GDP 至上依然在很多地方政府目标中盛行，导致了对绿色产业制度的相关目标忽视和淡漠。

第二，政府行为导致绿色产业制度目标激励不足。为了当地的经济增长，部分地方政府往往通过各种优惠政策招商引资，甚至以资源过度开发、牺牲生态环境为代价，这种追求经济短期增长的行为与绿色产业的长期社会福利最大化目标难以相容。

2. 绿色产业制度不完善

近年来，我国为了实现绿色发展目标，制定了一系列环境、资源和财税等制度和政策以促进绿色产业发展，但从产业发展现状来看，绿色产业制度不完善问题依然凸显，主要表现在以下两方面。

第一，绿色产业制度标准低、门槛低。为了促进绿色产业发展，我国近年来出台了诸多绿色产业政策，但是在这些制度中往往呈现出标准低、门槛低的现象，导致相关绿色产业一拥而上，套取政府补贴等种种乱象。实际反映出绿色产业制度依然按一般产业制度设计。然而，一般制度不足以激励积极的经济后果，还需要足够的资源、相关制度和良好的治理。② 例如，在前文案例中分析的光伏产业，其发展中绿色产业制度标准低、门槛低不仅没有促进产业健康发展，反而导致光伏产业大起大落，对市场造成了较大损伤。

第二，绿色产业制度执行难。制度不会自发产生经济绩效，关键还在于制度的有效执行。当前绿色产业制度在多方面遭遇执行难，这其中既有政府自身的原因，也有来自市场、利益集团乃至公民自身的原因，就像阿西莫格鲁和罗宾逊在《国家为什么会失败》中指出的，在过去和现在，许多国家的失败是因为他们的攫取性经济制度没有给储蓄、投资和创新创造

① 陈银娥等：《绿色经济的绿色制度》，中国财政经济出版社，2011，第114页。
② ［瑞士］卢卡斯·布雷斯彻：《绿化经济与构建可持续社会：向可持续发展转型的挑战与应变》，张林等译，北京大学出版社，2019，第107页。

适当的激励。① 正是攫取性的经济制度的存在，使得绿色产业制度执行的激励不足，政策和制度的相关主体和客体对制度执行的主动性和积极性不够，因而难以实现制度设计的预期目标。

3. 绿色产业制度体系不健全

绿色产业与传统产业在生态环境和资源开发利用上有着本质的区别，因此绿色产业的相关制度要根本解决的是人类生产生活与资源可持续发展问题，促使市场主体向绿色化发展转变，从根本上解决人与自然和谐发展的问题。因此，绿色产业制度是一个系统性的制度体系，不仅需要绿色产业制度之间互相协调，也需要与其他制度能够相互配套，但是当前绿色产业体系并不健全，主要表现在以下两方面。

第一，绿色产业的特性导致制度安排难以"一步到位"。从绿色技术研发到产品生产，再到绿色产品消费，一系列生产和流通环节都在不断随绿色产业的兴起而变化，市场和政府对绿色产业的认识也是不断深化的过程，绿色技术也在不断进步，再加上公共政策制定者的有限理性问题，导致绿色产业的相关制度安排难以"一步到位"，是一个循序渐进的过程。比如：当前我们对可再生能源、环保产业的认识与20世纪八九十年代就有天壤之别，这归根结底是由绿色产业的特性决定的。

第二，绿色产业纵向、横向制度之间不配套。绿色产业的发展不仅需要产业相关制度的支持，也需要与其他制度之间相互配套。然而，当前纵向上部分地方政府为地方绿色产业发展制定的相关绿色产业制度与国家层面的宏观绿色产业制度不配套；另外，横向上绿色产业制度与其他产业制度并存，甚至形成与绿色产业在制度和政策资源上的竞争之势，导致绿色产业制度与其他制度不配套。这些纵向和横向的不配套使得整个绿色产业制度体系不健全。

4. 绿色产业制度对市场主体的约束力欠缺

绿色产业在发展过程中需要通过一系列制度来激励和约束市场主体的

---

① ［瑞士］卢卡斯·布雷斯彻：《绿化经济与构建可持续社会：向可持续发展转型的挑战与应变》，张林等译，北京大学出版社，2019，第103页。

行为。从当前绿色产业相关制度的执行来看，对市场主体绿色行为的激励较充分，但是对市场主体非绿色行为的约束力欠缺，主要表现在以下几方面。

第一，对政府的非绿色行为缺乏约束力。绿色产业制度不仅依靠政府作为主导力量推动制定执行，同时政府行为也应当受绿色产业制度约束。分税制财税体制往往容易导致地方政府保护主义，甚至"各自为政"，而绿色产业的外部性和市场失灵问题却使得相关制度的实施要各地区各部门协同共进，对于地方政府不符合绿色产业制度的非绿色行为却约束乏力。另一方面，在部分政府的公共支出活动中非绿色行为也是层出不穷。为了促进绿色产业发展，政府的公共支出应该偏向于绿色产业及其相关的绿色产品，但是在当前政府公共支出活动中，无论是政府采购还是公共项目投资等制度与绿色产业制度衔接得较少，导致政府在公共支出活动中非绿色行为司空见惯，而且约束乏力。

第二，对企业非绿色行为约束有限。企业是绿色产业相关制度的主要作用对象，可通过制度改变和调整企业相对成本及预期促进企业进入和发展绿色产业。然而，现行的绿色产业相关制度对企业的非绿色行为约束有限，突出表现在以下两点。一是企业违规成本低。如前文所述，部分地方政府过度依赖企业提高 GDP，导致部分企业频现非绿色行为。二是政府监督企业非绿色行为的成本高。即使是政府依据相关绿色产业制度监督企业的非绿色行为，这其中的监督成本也是高昂的。企业是否真正实施和推进清洁生产，政府很难有效监督；企业排放和技术标准是否达标，政府也很难事事监督，最终导致绿色产业制度实际的有效约束有限。

第三，对公民个人的非绿色行为约束欠缺。在绿色产业发展中除了政府、企业会产生重要影响之外，公民个人的消费行为也会对绿色产业带来不可忽视的影响。因此，绿色产业相关制度安排中理应考虑到对公民个人行为的引导和约束，但是当前制度安排中欠缺对公民个人非绿色行为的约束，主要表现在以下两点。一是公民绿色消费行为引导乏力。对绿色产业发展来讲，培养公民的绿色消费习惯是产业持续健康发展的有力保证。虽然我国在相关节能环保绿色产品上要求进行规范标识，对新能源汽车等产品进行了消费补贴，但是从整体效果来看，公民环保观念绿色意识比较淡薄，从小到餐盒大到家电住房等生活消费，公民大都关注自身的利益获取，而对资源环境的消耗和破坏比较漠视，说明现有制度安排对绿色消费行为的引导乏力。二是对公民个人的非绿色行为约束手段欠缺。当前绿色产业相关制度对公民个人行为主要以激励为主，鼓励和倡导公民绿色消费，而对公民非绿色行为的硬约束较少，比如：公民对水资源的破坏，焚烧秸秆造成空气污染，日常生活铺张浪费等。对于这些公民个人的非绿色行为，现有的制度安排中的约束手段欠缺，甚至产生了"破窗效应"。

二、优化绿色产业发展路径制度创新的必要性

如前文所述，完备的制度体系是绿色产业持续稳定发展的保障。现有的绿色产业相关制度是在我国传统工业基础和产业发展的基础上发展演变而来的，从根本上说，当前的绿色产业制度环境是以高耗能、高污染高投资的传统产业为基础而进行的拓展，因而，在绿色产业发展的实践中常常会遇到制度不匹配、制度交叉、制度空白等问题，因此要真正优化绿色产业发展路径必须构建与其相适应的制度环境，进行系统性的制度创新，其必要性主要体现在以下三方面。

1. 为企业进入绿色产业领域提供制度保障

在市场经济条件下，企业的追求目标是利润最大化，在市场失灵和外部性问题出现时企业会比较进入和发展绿色产业与当前产业的相对成本和收益，在缺乏针对性的制度激励约束情况下，企业会偏好于原先的产业，因为一方面沉淀成本的存在会使企业对原先产业寄希望于利润最大化，另一方面若制度不完善，将会使发展绿色产业的交易成本高昂，导致企业对进入绿色产业的动力不足，且对破坏生态环境和资源过度开发利用的约束欠缺。因此，我们亟须通过一系列的制度创新构建经济与资源、生态环境协调发展的制度框架，鼓励企业技术创新，激发产业绿色转型的内在动力，为企业进入绿色产业领域提供稳定的制度保障。

2. 为约束政府行为提供制度依据

发展绿色产业的核心在于创新，从而通过"创新驱动"激发市场活力，而这些都离不开制度创新来有效约束政府行为。一方面，利用制度明确市场与政府的边界。在绿色产业发展中，政府要重点科学制定绿色技术标准，严格落实资源与环境保护制度，约束政府"有形之手"发挥市场机制，配置绿色资源的决定性作用。另一方面，利用制度重塑政府发展理念。通过制度创新促使地方政府坚决执行"绿水青山就是金山银山"的绿色发展理念，打击地方保护主义行为，把追求 GDP 目标转化为追求绿色可持续发展目标，激发政府发展绿色产业的积极性和主动性。

3. 为激发公民绿色消费提供制度红利

绿色产业的发展离不开绿色消费的拉动，而公民的绿色消费更是消费驱动的关键。当前，公民绿色消费意识不强，绿色观念比较薄弱，必须通过制度创新来释放制度红利，从而激发和带动绿色消费。一方面，要通过制度创新把市场机制引入绿色消费之中，让公民切实感受到绿色消费的利益；另一方面，通过制度创新规范公民的非绿色消费行为，提高其相对消费支出水平以及限制消费范围等，使公民感受到绿色消费是"人人为我，我为人人"的互利行为，逐渐建立绿色消费观，进而在社会中形成绿色文化和绿色风尚。

第八章　促进中国绿色产业发展路径优化的制度创新

如前所述，我国绿色产业发展的三大路径选择中无论是传统产业绿色转型升级，还是绿色科技创新衍生绿色新兴产业，抑或通过国有资本引领绿色产业发展，其间都会遇到诸多问题和障碍，最为突出的是绿色产业发展的路径选择与当前经济发展在制度体系上的一系列不适应和"摩擦"，导致绿色产业发展宏观的制度成本和微观的交易成本高，阻碍绿色产业健康持续发展。因此，本章节着重从构建适应新时代绿色产业发展路径优化的制度体系入手，探索通过一系列制度创新举措，构建与绿色产业发展路径选择激励相容的正式和非正式的制度体系和框架。

第一节　促进中国绿色产业发展路径优化的产权制度创新

所谓产权制度，是关于产权界定、运营以及保护等一系列体制安排和法律规定的总和。[①] 如前文所述，绿色产业的发展必须进行制度结构性创新，而产权制度是一切经济制度的基础，不仅会对绿色产业的发展带来影响，还会对绿色产业其他相关制度的安排产生重要影响。在新时代，中国经济站在了新的历史高度，绿色产业成为国富民强的必由之路，而滞后的绿色产权制度制约和阻碍了我国绿色产业的发展路径，我们必须认真思考

---

① 陈银娥等:《绿色经济的绿色制度》，中国财政经济出版社，2011，第140页。

这一问题。结合本书前文的研究，笔者认为，新时代绿色产业产权制度创新应着力从产权界定、绿色技术产权保护以及绿色产权交易等三方面进行突破和实践。

一、绿色产业产权界定的制度创新

产权说到底就是对某项有形资产或无形资产的所有权、使用权和处置权，产权具有排他性、可分割性和可交易性等特征。围绕产权的有效界定是一系列产权行为的基础，而我国当前绿色产业的产权界定基本沿用传统的产权界定方法，在实践中往往出现产权不明晰、不准确和权责不匹配等现象，因此，在新时代我们必须转变观念，竭力从以下两个方面创新绿色产业的产权界定。

1. 绿色产业产权界定主体的制度创新

产权的界定主体就是谁可以赋予合法合规的权利给相关团体、组织或个人。一般来说，产权的界定主体是政府，政府通过制定相关的法律法规等制度，利用颁发牌照、许可证等手段明确产权的归属者，但是面对绿色产业的特殊性，政府往往对绿色产业的产权界定"力不从心"。笔者认为针对绿色产业我们应该大胆进行制度创新，拓宽界定主体，着力从以下两方面考虑。

第一，完善政府的绿色产权界定职能。现有的制度框架基本把绿色产权与一般产权等而视之、同等对待，这样就会导致要么绿色产权使用效率低下，要么绿色产权外部性问题突出，人们不用付费也可以享有绿色收益。正如科斯定理所指出的，在无交易成本的状态下，产权安排可以通过谈判使有关各方的资源配置达到最优。因此，政府应该完善以绿色为核心的产权界定职能，通过制定绿色产业的相关法律规章制度明确绿色产权的范畴，比如技术标准、服务标准以及产品标准等，来规范绿色产权的界定，并通过信息公开接受社会监督，从而降低交易成本。完善绿色产权界定的政府职能不仅可以通过产权界定保护绿色产权的收益，提供使用效率，还可以更好地服务于绿色产业发展。

第二，利用市场机制确定产权归属。政府在规范和界定产权问题上具有天然的制度优势，但是由于政府效率以及信息不对称等问题，在绿色产业产权界定上政府会"捉襟见肘"。纯粹的政府界定往往不能反映绿色产业相关产权资源的价值，因为从绿色产业所涉及的资源与环境问题来看，产权很难界定得绝对清楚，还要受到社会和市场的制约。因此，从当前绿色产业的发展水平来看，利用市场机制可以进一步弥补和完善绿色产业的产权界定问题，可以从以下两方面来着手。第一，构建绿色产权市场。由于绿色产业仍处于产业幼稚期，绿色产权市场不完善甚至缺失，如绿色资源（如水、森林、矿产等）、排污权、绿色技术、碳交易等，需要通过构建专门的绿色产业产权市场，利用市场机制来有效配置绿色产权资源，确定产权归属。第二，利用市场机制改进政府产权界定的弊端。政府虽然可以依法依规界定绿色产权，但在发挥绿色产权的经济效益和社会效益问题上却激励不足，而这就需要发挥市场机制来进行改进和完善。按照科斯的观点，政府应少用收费、补贴等手段干预环境与资源问题，更多地利用市场机制来影响企业和相关主体决策，发挥市场在界定产权价值、交易和归属方面的决定性作用。

2. 绿色产业产权界定客体的制度创新

绿色产业的产权不仅有有形资产，更多的还涉及无形资产，其界定客体更加复杂且多样化，需要通过制度创新给予准确的认识和界定，笔者认为主要的客体可以归纳为以下几种。

第一，绿色资源。绿色资源是绿色产业发展的基础，没有资源的支持，绿色产业就会成为"无根之木"，而从绿色产业的发展来看我们需要对绿色资源进行重新界定和规范。从传统资源的角度看，狭义的绿色资源就是指水、矿产、森林、土地等。这些资源主要表现为可以直接利用，也可以用于绿色产业再生产，产权界定相对容易；从产业角度来看，广义的绿色资源还包括跟绿色产业发展密切相关的人才、资本、品牌、可再生资源以及制度等。今后我们应该在绿色产业的相关规章制度中对绿色资源进行明确界定，也有利于绿色资源市场价值的体现。

第二，绿色环境。在古典和新古典经济中都是假设环境是给定的，也没有把环境纳入要素变量加以考察，因此，在制度经济学中外部环境也只是作为制度变迁的附属品，把环境作为一种公共产品对市场主体来说都是同等的。但是随着生态环境破坏的日趋严重，绿色环境已然成为一种稀缺资源，正如"绿水青山就是金山银山"，绿色环境的经济价值将会逐渐提升，而当前我国的相关制度对于绿色环境产权的界定是缺乏的，而且大都从控制环境污染的角度来制定法律法规。因此，今后我们应加大对绿色环境产权界定相关制度的创新，使保护和改造绿色环境得到相应的产权安排，要让绿色环境的外部性问题通过制度使其内在化，挖掘和赋予绿色环境合理的市场价值。

第三，绿色技术。绿色产业发展的核心动力是绿色技术。当前，我国相关制度对绿色技术的产权界定不完善且滞后，导致绿色技术成果交易迟滞，使得绿色技术的经济效益和社会效益没有得到充分发挥。未来在绿色技术产权界定方面，还应逐步完善，一方面，要建立绿色技术标准动态调整制度。绿色技术是不断发展和提升的，因此对应的绿色技术产权的界定要动态调整，对低端的绿色技术要通过制度限制交易、限制价格、限制时间，促进绿色技术"优胜劣汰"。另一方面，延伸和扩展绿色技术的制度含义。当前规章制度一般把绿色技术定义为应用和服务于生产的新技术、新材料或者新工艺等，而对于绿色产业来说这是不够的，绿色产业本身就覆盖了传统的一、二、三产业，因此，今后应该在相关制度中延伸和扩展绿色技术的制度含义，应该说一切有利于节约资源和环境保护的技术或服务都是绿色技术，尤其要把在流通、销售以及售后服务中的技术提升并纳入绿色技术产权范畴。

第四，绿色服务。随着生产性服务业在国民经济中的地位和重要性的不断提升，绿色服务在未来将成为绿色产业的重要构成，因此，绿色服务的产权界定也需要相关制度创新。今后在相关制度中应完善绿色服务的产权制度，一方面，要构建界定绿色服务的标准。绿色服务提供的是无形产品，但是绿色需要有标准，对符合绿色服务标准的、具有独占性的绿色服务，可以予以产权保护。另一方面，完善绿色生产性服务业的产权制度。

绿色产业理应追求全产业链的绿色，作为绿色产业发展重要支撑的生产性服务业也应向绿色转型，今后应通过产权制度安排来约束和激励绿色产业的生产性服务业提供绿色服务。

二、绿色技术产权保护的制度创新

如前文所述，绿色产业发展的关键因素是绿色技术，但是绿色科技创新过程又充满了风险和不确定性，绿色技术的扩散效应和外部性问题是制约市场主体进行技术研发的主要影响因素。绿色创新效率与知识产权制度密切相关，只有完善知识产权保护制度才能为企业创造出良好的绿色创新环境。[①] 因此，新时代为了促进绿色产业发展路径的有效推进，必须对绿色技术产权保护制度进行创新，可以从以下三方面推进。

1. 构建和完善绿色技术产权审查制度

新时代绿色产业的发展遇到了诸多机遇与挑战，其中突出的问题就是绿色技术知识产权的审查。当前，绿色技术专利审查周期长而且不透明，缺乏"绿色通道"，而有效的产权审查制度是促进绿色技术创新的保障。笔者认为可以从以下两方面完善绿色技术产权审查制度。

第一，完善绿色技术知识产权优先审查制度。很多国家对绿色技术的知识产权审查制度都采取了针对性举措，以促进绿色产业在本国发展。其中如何实现优先和快速审查是制度创新的重点。例如，美国专利商标局于2009 年推行的绿色专利加速审查项目，使绿色技术专利申请时间可以缩减一年；日本、韩国、澳大利亚、英国等国也相继实行了绿色技术知识产权的优先审查制度。然而，在我国关于绿色技术产权快速审查的规范性文件，只有国家知识产权局于 2017 年 8 月 1 日施行的《专利优先审查管理办法》，但是这一制度在绿色专利申请方面针对性不强，在具体绿色技术的适用方面存在不平等、数量限制、降低申请人的期待利益等问题。[②] 因此，

---

① 李玉婷、祝志勇：《制度供给与中国地区绿色创新效率》，《北京理工大学学报（社会科学版）》2019 年第 1 期。

② 马治国、秦倩：《论新时代我国绿色专利快速审查制度的再确立》，《上海交通大学学报（哲学社会科学版）》2019 年第 3 期。

可以借鉴美、日、韩等国家关于绿色专利优先审查制度的相关规定，优化我国"绿色专利优先审查"制度，完善《专利优先审查管理办法》和《中华人民共和国专利法》等法律法规，开设专门用于绿色专利的审查窗口，缩短绿色专利的审查时间，提升绿色专利的审查效率。[①]

第二，构建绿色技术知识产权跟踪审查制度。除了对绿色技术知识产权给予优先审查之外，由于知识产权的审查与授权具有滞后性，而且对于相关绿色技术的真正市场反响和环境改善情况也难以预测和评估，因此，我国亟须构建绿色知识产权的跟踪审查制度。针对环境因素难以标准化的问题，可根据结果导向原则授予或撤销授予绿色专利，即某项专利在转化过程中对环境产生正向影响，则予以补偿，反之，可撤销授予该专利。[②]其根本目标就是对具有专利权的绿色技术进行市场化的"优胜劣汰"，一方面对绿色技术的专利审查过程进行加速，另一方面建立相关机制跟踪审查，促使绿色技术知识产权申请人诚实申报、持续改进，也有利于激发绿色技术的不断提升。

2. 完善绿色技术产权共有共享制度

产权虽然有利于保护所有者的利益，保障了市场交易顺畅高效，有利于节约交易成本，但是绿色技术知识产权保护却是一把"双刃剑"，一方面保护了绿色技术产权所有者的合法利益，激励研发人员和组织不断进行绿色技术的研发和创新，但另一方面知识产权也束缚了绿色技术的扩散和使用，不利于提升整体的社会福利。新时代为了提高绿色技术的使用效率，改善环境，造福人类，我国应逐步完善绿色技术产权的共有共享制度，笔者认为应着重做好以下两点。

第一，完善绿色技术专利联盟机制。如前文所述，绿色技术研发具有高投资、风险大、系统性和复杂性，一个企业或组织往往很难独自完成技术研发，需要企业间进行分工合作，而绿色技术的知识产权归属问题往往成为重要障碍。为了有效提升绿色技术的研发速度和转换效率，我国应该

---

① 吴鸣宣：《我国绿色专利制度困境与发展路径研究》，《法制与经济》2019 年第 5 期。
② 彭衡、李扬：《知识产权保护与中国绿色全要素生产率》，《经济体制改革》2019 年第 3 期。

积极建立绿色技术专利共有共享制度，其有效途径是完善绿色技术专利联盟机制。专利联盟是一个正式或非正式的联盟组织，其中多个专利持有人可以分享彼此的专利技术或者统一对外进行专利许可。① 绿色技术专利联盟共享合作的基础在于改善环境和节能减排。因此，政府应该以完善绿色专利联盟机制为抓手，以专利共享为核心，探索建立绿色技术专利共享制度。以自愿为基础，绿色专利联盟中的成员可将其绿色专利捐赠于专利池，成员通过建立协商机制确定专利投放年限、领域以及互相免费使用的条件等；对联盟外则通过市场交易的形式对国内外其他企业、组织或个人开放使用。例如，我国新能源汽车产业成立了 T10 联盟，通过企业间共同研发关键技术和零部件，共同制定电动车整车和零部件的相关标准，② 大大提升了我国新能源汽车绿色技术专利的使用效率。

第二，探索绿色技术专利强制许可与当然许可相结合制度。绿色技术知识产权保护不仅要保护产权人的利益，还要考虑绿色技术对生态环境的公共利益，因此，必须把两者结合起来，做到严保护、促使用，为了促进我国绿色技术的共享使用，我们必须探索绿色技术的专利强制许可与当然许可相结合的共享制度创新。绿色专利强制许可，是指国家专利行政机关为了环境保护、维护公共利益，在未经绿色专利权利人同意的情况下，依法授权特定对象，使用其绿色专利技术并支付相应费用的制度。③ 应该在《中华人民共和国专利法》中把生态环境利益纳入"公共利益"范畴，放宽并细化绿色技术强制许可的适用条件，与此同时，我国也应该探索建立绿色技术专利的当然许可制度。当然许可申请以专利权人自愿为原则，以书面形式向专利行政机关提出申请，明确表示公开专利的使用，并由国家知识产权局进行审核，审核通过后予以公告。当然许可制度一般采用普通许可方式，绿色技术产权所有人可以与被许可对象就许可费用进行协商，费用标准对所有专利使用人适用，当然许可制度可以大大提高绿色技术产

① 郑书前：《我国绿色专利联盟构建的法律思考》，《电子知识产权》2013 年第 11 期。
② 陈熹：《论新能源汽车技术创新的保护与共享——基于绿色专利联盟的进路》，《华北电力大学学报（社会科学版）》2018 年第 4 期。
③ 张金艳：《绿色专利强制实施许可制度的立法实施及完善》，《河南科技》2018 年第 18 期。

权的转化率和使用率，对提高绿色技术扩散和促进绿色产业发展，改善生态环境大有裨益。因此，对于应积极探索绿色技术强制许可与当然许可相结合的制度，一方面促进技术市场自由竞争，不断提升绿色技术水平；另一方面也有利于加快绿色技术专利的市场化、产业化应用。

3. 创新新时代绿色技术产权包容性保护制度

绿色技术具有节约资源、改善生态环境的特点，因此，对于绿色技术的产权保护不能仅仅像保护一般知识产权一样，还要考虑绿色技术的社会化问题，即绿色产品、绿色技术或者绿色工艺进入生产、消费和流通的整个环节，该过程需要社会力量的广泛参与和积极配合。[①] 因此，对于绿色技术来说，更应该创新包容性知识产权保护制度，笔者认为可以从以下两方面入手。

第一，摒弃维护私利的攫取性产权制度，促进绿色技术社会化。绿色技术获取知识产权后，若是被独占或收取高额专利使用费或转让费，则使得绿色产权保护变成了攫取性的产权保护制度，会导致整体社会福利下降。因此，为了促进绿色产业发展，必须摒弃攫取性产权制度，促进绿色技术社会化。绿色技术社会化实现的基础是绿色专利权的社会化，而后者又依赖于公权力的干预，这是在环境保护和绿色创新双重条件下化解专利权内部权利冲突的一种理论探索。[②] 因此，在加强绿色技术知识产权保护的同时，还要规范绿色技术产权的市场行为，打击绿色专利权的滥用行为。相关法律制度应严格规范界定绿色专利权的使用权限、范围等，有效规制绿色技术专利权人的权利滥用行为。例如，可以制定相关的管理规定，要求绿色技术专利人必须在规定时间内实施或转让该专利，否则对专利权予以撤销等，以促进绿色技术社会化。

第二，创新以生产者责任延伸为代表的包容性制度。如前文所述，绿色技术知识产权保护的根本目标是绿色技术的推广和应用，将技术转化为

---

① 汪安娜：《王明远论绿色技术专利权社会化：含义、原则和方式》，《中国地质大学学报（社会科学版）》2017年第4期。

② 汪安娜：《王明远论绿色技术专利权社会化：含义、原则和方式》，《中国地质大学学报（社会科学版）》2017年第4期。

绿色生产力，服务于人类和社会。保障绿色技术创新的制度体系应涉及法律保障制度、政府调控制度、市场制度、评价监督制度、教育制度及国际合作制度。[①] 因此，应构建适宜绿色技术产权保护与应用的包容性制度，笔者认为当前需要不断完善生产者责任延伸制度，引导生产者承担从产品设计、生产、流通到回收的整个绿色生命周期的生态环境责任。[②] 通过生产者责任的延伸，不仅促进了绿色专利的推广使用，也有利于激发企业实施全产业链、价值链的"绿色化"，从而带动其他包容性制度的构建与认可。

三、绿色产业产权交易的制度创新

市场需求是绿色技术创新的主要动力源泉，引导和促进绿色技术产权交易，提高技术成果市场转换率，是促进绿色产业发展并提高绿色产品需求的必由之路，也是鼓励企业不断进行绿色技术创新的必要之路。因此，新时期需要不断结合绿色技术市场的发展状况，进行有针对性的绿色产业产权交易制度创新，笔者认为以下两方面应该着重加强改革创新。

1. 利用大数据建立绿色技术知识产权数据库，规范绿色技术产权交易市场

随着国家对绿色技术研发投资和补贴力度的增加，市场中的个人、企业或组织都加大了对绿色技术研发的投入，也产生了大量绿色技术成果，但是如何对大量的绿色技术进行规范管理和推广是政府面临的一道制度难题。笔者认为当前可以从以下两方面着手。

第一，利用大数据建立绿色技术知识产权数据库，并建立信息公开制度。当前随着大数据技术的日臻成熟，政府应该利用这一技术将全国的绿色技术建立一个统一的数据库，英国在 2010 年就推出了"绿色专利数据库"，并取得了良好的效果。我国可以借鉴这一做法尽快建立绿色技术知

---

① 宗楠、孙育红：《新常态下绿色技术创新的制度保障探析》，《东北师范大学学报（哲学社会科学版）》2018 年第 5 期。
② 张琦、李欢：《知识产权制度的生态化研究》，《嘉应学院学报》2018 年第 6 期。

识产权数据库，并且完善信息公开制度，力争做到"可公开的全部公开"。这样，一方面可以为以企业为主的市场主体提供准确的、既有的绿色技术相关知识产权信息，为进一步绿色技术创新提供有效信息，避免技术资源浪费，也弥补了知识产权审查部门对绿色技术重复授权以及重复审查等制度上的漏洞；另一方面，也为绿色技术需求者提供权威信息，为供求双方搭建交易平台，有利于节约交易成本，增加绿色技术产权的交易数量和频率。

第二，建立分类管理制度，规范绿色技术产权交易市场。绿色技术知识产权的所有者比较复杂，既有个人也有企业和组织等，而不同类别的产权人具有不同的技术研发动机，有的是职务使然，有的是个人行为。因此，我们亟须从绿色技术研发人源头建立分类管理制度，激发不同类别的研发人员的积极性，从而根据不同类别的研发人员的权属关系规范建立不同的交易市场，才能有利于提高绿色技术产权交易的效率。2019 年，我国发明专利申请量为 140.1 万件，共授权发明专利 45.3 万件。其中，国内发明专利授权 36.1 万件，而这中间的职务发明为 34.4 万件，占 95.4%。① 由此可见，通过制度创新、合理分配职务发明中的利益比例，能够有效地激励研发人员，也便于职务专利的应用推广。

2. 构建以社会认同为核心的绿色产权交易制度

一般来说，产权交易要么依据市场机制进行交易，要么是政府通过"有形之手"进行协调，换句话说，一般的产权交易遵循的是市场或者政府价值认同。但是，由于绿色产业的特殊性，绿色产权交易不管是有形的产权还是无形的知识产权，都应该追求的是一种社会认同，而这就需要绿色产权交易制度作为支撑，对此可以从以下两方面着手。

第一，建立绿色产权交易主体社会评价制度。绿色产权交易对于交易双方来说，是权利的交换，而对于社会来说，更多的是追求交易所带来的增进社会福利，但是倘若买卖双方的任何一方并非为追求社会福利的增

---

① 《国家知识产权局就 2019 年主要工作统计数据及有关情况举行新闻发布会》，国家知识产权局网站，http：//www. gov. cn/xinwen/2020-01/15/content_ 5469519. htm

进，那么这种交易带来的资源重新配置就不是帕累托最优。因此，我们需要逐步推行绿色产权交易主体的社会评价制度，主要是对交易双方的"绿色性"进行评价，发挥公民参与的力量和优势，对交易双方的前期市场行为、当前技术水平以及交易目的等进行社会评价，进而有针对性地选择交易对象，甚至对社会评价认为不利于绿色产权效率提升的交易行为予以阻止或中断。例如，当前需进一步完善"企业环境行为评价体系"，将企业环境行为评价制度深入推进，向社会公开，完善企业的社会信用评价体系，促使企业将环境影响作为一个重要的考量指标，在技术引进、转让、许可过程中更多地选择绿色专利技术，[1] 而对不具有绿色技术消化应用能力的企业，则阻止其参与绿色技术交易。在绿色有形资源产权，诸如绿色设备、土地、厂房等的交易中，重点通过社会评价制度考察交易对象是否对环境友好，交易目的是否是发展绿色产业，交易能否提高绿色产权的使用效率，如果社会评价是正面的就积极支持并促成交易达成，相反则应进行绿色产权交易预警，提高交易的附加条款，以防交易对象的机会主义行为。总之，建立绿色产权交易主体的社会评价制度的核心要旨就是防止交易双方利用绿色产权交易攫取非绿色发展收益，而真正通过绿色产权交易服务于提升绿色产业发展水平和提高整体社会福利。

第二，建立绿色产权交易绩效的社会监督制度。前文所述交易主体的社会评价制度主要针对交易事前的预防和甄别，但是由于不完全信息和有限理性的约束，事前很难完全有效鉴别交易双方的真正动机和目的，那么事后监督就格外重要，对于绿色产业发展来说，亟须构建绿色产权交易绩效的社会评价制度。从社会监督的制度安排来看，有以下两点需要着重关注。第一，要监督绿色产权的使用情况。通过建立相关的法律法规，要求绿色产权交易完成后的一定期限内要向社会公开产权使用情况，包括产权使用的方向、绿色化提升情况等，并建立相应的公众监督程序，提高绿色产权使用信息公开化水平，把绿色产权的使用情况纳入征信体系。结合《社会信用体系建设规划纲要（2014—2020 年）》，建立绿色产权使用诚

---

① 陈峥嵘：《绿色专利优先发展政策体系研究》，《科技与法律》2016 年第 4 期。

信档案，利用大数据和人工智能技术构建起全国统一的查询平台，建立绿色产权使用积分制度，向全社会公开，并纳入今后绿色产权交易主体的审核指标中。第二，要监督绿色产权使用的绿色绩效。绿色产权的使用最终要产生一定的经济和社会效益，能否产生社会期待的绿色绩效是需要持续监督的。一方面，对使用中发现的绿色绩效低的绿色产权应该在产权再交易中予以限制，对绿色绩效高的则应该大力推广；另一方面，建立绿色产权使用举报奖励制度。对一些绿色产权使用偏离绿色方向的或者使用不足的，发挥社会监督作用，督促绿色产权使用者沿着绿色发展的轨迹，不断提升绿色效益。

第二节 促进创新中国绿色产业发展路径优化的激励机制

新时代加快绿色产业升级换代，产权制度安排是重中之重，但是要真正推动发展还需要有效的激励机制支撑，从近年来的供给侧结构性改革成效来看，仅仅依靠政府推动产业转型升级和产业结构调整收效甚慢，激发内生动力至关重要。因此，为了高质量地推动我国绿色产业发展，必须进行系统的激励机制创新，把政府、市场和社会的力量有机融合，共同促进绿色产业发展。

一、促进传统产业转型升级路径优化的激励机制创新

如前文所述，传统产业转型升级本身就是发展绿色产业的有效路径，但是我国在传统产业转型升级过程中也遇到了许多障碍和困难，主要原因在于虽然政府对高污染、高能耗的传统产业采取了诸多环境规制和约束性政策，但是面对不完全信息和机会主义行为，我们还必须完善对传统产业转型升级的激励机制，笔者认为主要从以下两方面着手。

1. 扩大政府公共支出，促进传统产业绿色转型升级

需求的变化能影响企业的生产决策，除了个人需求之外，政府还应该

发挥公共支出的特殊功能，引导传统企业向绿色方向升级转型，促进绿色生产，提供绿色产品。笔者认为可以从以下两方面完善公共支出的激励机制。

第一，设立传统产业绿色转型升级的专项基金。如前文所述，传统产业转型升级存在大量沉淀成本，制约着相关传统企业绿色转型的动力，而政府公共支出可以设立传统产业转型升级的专项基金来予以有效激励：一方面，通过专项基金弥补相关企业的转型成本，降低高沉淀成本的顾虑，激发企业脱离传统产业向绿色产业转型升级的内生动力；另一方面，利用专项基金可以给予绿色转型的相关企业资本支持。资本具有逐利性，总是偏好于带来高回报的产业，而发展绿色产业并非一帆风顺，还存在一定的风险和不确定性。因此，市场中资本供给难以满足传统产业转型升级的需求，而专项基金可以弥补不足，通过资本支持激励传统产业进行绿色转型升级。

第二，加大对绿色转型升级传统企业的政府采购。政府采购是公共支出的重要构成，应该进一步完善《中华人民共和国政府采购法（2014 修正）》等法律法规制度，加大对进行绿色转型升级的传统企业的政府采购，促进传统企业绿色转型发展，实现生产销售的良性循环，也激励传统企业向绿色方向升级转型，而这里需要着重注意以下两方面问题。一方面，要严格政府采购的企业绿色资质。要发挥政府采购对绿色转型企业的激励作用，就必须严格企业资质，对试图参与政府采购活动的传统企业要进行绿色专项审核，对其是否真正进行了绿色转型升级、对其产品单位资源消耗以及能耗等进行评估，完善评价体系，不符合要求的不能参加政府采购，对符合审核要求的政府可进行采购的企业的绿色资质进行公示，增加透明度和公信度。另一方面，要不断完善和提高政府采购的绿色标准。随着绿色技术的不断发展，政府采购产品的绿色标准也需要不断完善和提高，这样可以激励相关传统企业不断采用新型绿色技术进行产品升级换代，从而带动整体产业的绿色转型升级发展。

2. 保护和激发新时代的企业家精神

传统产业转型升级不仅需要外部激励机制，更需要发挥企业家精神，鼓励传统产业的企业家敢于冒险，勇于创新，就像柯兹纳①所指出的，企业家善于发现非均衡，是非均衡的敌人，企业家的敏锐性将使得非均衡状态难以持续。当下是我国推进供给侧结构性改革的关键时期，更需要保护和激发新时代企业家精神，笔者认为应该着力做好以下两方面制度建设。

第一，激发传统产业企业家的创新精神。企业家精神的内核是创新，企业家通过重新配置资源和创新活动，打破现有的均衡，发现不均衡，使市场经济在均衡和不均衡之间动态演变，增强了经济活力，也激发了经济增长的内生动力。因此，我国在传统产业转型升级过程中要更加注重保护和激发企业家精神，传统产业在绿色转型发展过程中风险与机遇并存，需要发挥企业家敢于冒险的精神和对市场敏锐的洞察力，抓住时机推进绿色转型升级，这就需要从制度上为企业家创新精神的发挥创造良好的环境：一方面，构建鼓励创新的制度环境。对于传统产业企业家的创新活动，要在人员、技术、资本、税收以及政府监管等方面构建完备的制度环境，对于企业家进行的绿色转型创新给予制度支持，降低企业家创新活动中的制度性交易成本。另一方面，健全企业家创新活动的市场显示机制。传统产业企业家的创新活动不仅对于企业绿色转型升级至关重要，作为稀缺资源的企业家，其创新精神需要得到市场的认可，因此，我们要逐步健全传统产业企业家创新活动的市场显示机制，例如，对传统企业的绿色转型升级进行行业评价以及对企业家的突出创新进行宣传等，真正体现企业家的市场价值，通过市场机制激励企业家勇于创新，敢于担当。

第二，构建传统产业企业家容错纠错机制。企业家精神的发挥不仅需要激发，更需要保护，企业家也是理性人，对自己创新活动的风险具有识别能力，而要想持续激发企业家精神，就需要有效降低企业家的风险成本。换句话说，就是使企业家"无后顾之忧"。对于传统产业的转型升级来说，尤其要加快构建传统企业家容错纠错机制，主要包括两点：一方面，对于企业家的决策失误要建立容错机制。市场瞬息万变，作为有限理性的企业家，不可能也无法保证每一项决策都成功，对于不可预见、无法

---

① Israel M. Kirzner, *Competition and entrepreneurship*, Chicago：University of Chicago Press, 1973.

避免的客观原因造成的决策失误，从企业内部和政府监管上要建立相应的容错机制，对于企业家创新活动的失败给予足够的宽容，鼓励其持续创新。另一方面，完善企业家行为纠错机制。在传统产业转型升级中，企业家的行为不仅受客观环境影响，还受主观的知识、能力、经历等影响，因此，企业家行为一旦不利于转型升级，企业或政府监管部门要有纠错机制，促使企业家及时纠正错误，降低损失，以减少对企业和社会的不利影响。例如，政府可以针对传统企业及时发布相关的绿色新兴产业的信息，尤其产业的新动向、新技术等，给纠正企业家行为提供充分信息；也可以建立产业预警制度，对传统产业以及绿色新兴产业状况进行预警通报等，帮助企业家及时纠错。

二、促进绿色产业发展路径优化的投融资激励机制创新

绿色产业三大发展路径的优化和推进，需要有完备的投融资体系给予持续的资本支持，因此，绿色产业发展路径优化的投融资制度建设和创新尤为重要。所谓绿色产业投融资制度，是指引导和促使政府、国有资本、金融机构、中介机构以及相关企业等利益主体，对绿色产业相关的基础设施、技术创新、市场推广等给予持续稳定的投融资行为的一系列制度安排。有效的投融资制度安排可以推进绿色产业全产业链有序发展，在制度创新中应该摒弃攫取性的制度，即打着绿色产业的旗号，谋取短期的高额利润，损害绿色产业的长期健康发展，也降低了整体社会福利。因此，笔者认为绿色产业投融资激励机制创新应从以下三个方面着手推进。

1. 完善国有资本投资绿色产业的激励制度

如前文所述，国有资本的带动和支持是绿色产业发展的现实路径，但是国有资本在保值增值的压力下也有一定的逐利性，因此，如何有效激励国有资本投资绿色产业是需要认真思考的，笔者认为当前可以从以下两点着手。

第一，完善国有资本投资绿色产业的方式和途径。国有资本投资绿色产业的方式和途径可以灵活和多样化，按照不同绿色产业的发展状况来完

善国有资本的投资机制。对于市场竞争充分的绿色产业，国有资本应以参股、入股或财务投资者的角色参与，着重追求国有资本的保值增值，促进绿色产业持续发展；而对于市场失灵的环保产业、废弃资源回收利用产业等绿色产业，国有资本应该发挥引领作用带头投资，主要以独资或控股的形式发挥国有资本纠正市场失灵的功能，谋求长期的经济效益和社会效益，逐步带动社会资本投资这类绿色产业的发展，发挥国有资本投资绿色产业的杠杆效应。

第二，健全国有资本投资绿色产业的绩效考核制度。在未来的"十四五"期间，从国家到地方对各类国有资本的投资绩效考核要加大绿色产业的比重，把绿色 GDP 理念引入国有资本的投资经营活动，这里需要从制度上健全两方面的问题。一方面，健全国有资本对绿色产业投资的制度约束。为了规避国有资本投资风险，激励国有资本投资绿色产业，必须通过健全国家和地方的相关制度，对国有资本投资绿色产业的范围、占投资总额的比重、投资方式等进行制度规范，激励和约束国有资本把投资绿色产业和促进转型升级纳入日常的公司投资运营活动中。另一方面，健全国有资本绿色产业投资的独立核算制度。绿色产业整体上处于产业幼稚期，具有一定的不确定性和风险性，有些绿色产业需要持续投资且短期经济效益却不明显，甚至还可能是亏损的，因此，为激励国有资本投资绿色产业，必须逐步健与全国有资本相关的独立核算制度。对于国有资本投资绿色产业只要是遵循相关的制度规定，符合国家绿色新产业发展战略的，就应该纳入投资绩效的独立核算之中。而对于有些绿色产业投资出现的经济效益低乃至亏损，要理性分析整体发展情况，不能一味简单地追求国有资本的保值增值，要从国有资本带动和引领绿色产业发展以及对国民经济长期影响的角度考察国有资本的投资行为，逐步健全分类别、差异化的国有资本投资绿色产业绩效考核制度。

2. 构建绿色金融支持绿色产业的制度体系

我国绿色金融起步晚但发展速度快。2016 年，中央政府才提出绿色金融发展的初步规划；2017 年，国务院决定建设 5 个绿色金融改革试验区。

这表明国家已充分认识到绿色金融对加快绿色产业发展，促进传统产业升级、改善生态环境有不可替代的作用，必须加以关注和推进。绿色金融是指在绿色投资、融资活动中，加强对环境的保护，通过金融的引导作用，促进经济与环境的协调发展。① 由此可见，绿色金融是对传统金融的继承和创新，也是金融业发展的未来趋势，但是绿色金融发展也并非一帆风顺，尤其是引导绿色金融促进绿色产业发展仍有许多问题有待创新，笔者认为，当前构建绿色金融、支持绿色产业的制度体系应着重从以下两方面着手。

第一，加快绿色金融的制度供给。十九大提出了"加快生态文明体制改革，建设美丽中国"，而绿色金融为促进绿色产业发展提供了重要的要素资源。然而，绿色金融在我国刚刚起步，很多制度不完善、不健全，因此亟须加快与绿色金融相关的制度供给，笔者认为当前要着力解决以下几点。首先，要加快绿色金融相关法律法规的制定。我国在绿色金融相关的法律法规方面较为滞后，导致绿色金融出现种种乱象，不仅不利于促进产业结构调整及升级和绿色产业发展，反而制约了绿色金融的发展，因此，应该大力推进绿色金融相关法律法规的建设，做到绿色金融有法可依、有序发展，为绿色金融健康发展提供良好的制度保障。其次，要加快完善绿色金融的标准体系。绿色金融标准体系是促进绿色金融发展的关键，须立足国情，建立具有中国特色的绿色信贷标准体系。② 通过标准体系的建设，不仅可以有利于各类金融机构统一标准、规范操作、推广业务，也有利于绿色金融支持绿色产业发展，而对高能耗、高污染的传统产业限制资金，倒逼传统产业转型升级。最后，要健全绿色金融的监督制度。为了防止金融机构及其相关人员被"俘获"和寻租行为，相关部门还要尽快建立健全绿色金融的监督制度，避免绿色金融被违规骗取。一方面要建立相关的组织机构，专门负责监督绿色金融相关制度与政策的执行和落实；另一方面要建立对绿色金融全流程的监督，并进行信息透明公开，从制度上保障绿

---

① 张洪梅：《绿色经济发展机制与政策》，中国环境出版社，2017，第 136 页。
② 龚晓莺、陈健：《绿色发展视域下绿色金融供给研究》，《福建论坛（人文社会科学版）》2018 年第 3 期。

色金融真正地履行"绿色"社会责任。

第二，完善绿色金融投资绿色产业的制度体系。近年来，绿色金融投资绿色产业的理论研究和实践推进取得了长足的进步，有效地弥补了政府财政和国有资本投资的不足，但是在投资制度体系建设上仍有待进一步完善，笔者认为应该着手做好这几方面工作。首先，进一步完善绿色信贷制度。裴育等研究发现绿色信贷促进了绿色产业发展与地区经济增长，并且绿色产业发展对地区经济增长也带来了积极作用。① 因此，我们必须着力完善绿色信贷政策和绿色产品，促使金融机构在贷款融资过程中把环境因素和社会影响作为制度性考核指标，通过信贷制度来激励信贷主体主动降低能耗，减少污染，并积极支持绿色产业发展。其次，完善绿色债券发行制度。债券是一种到期还本付息的融资方式，债券融资具有效率高、流动性强、融资规模大的特点，因此，在欧美国家绿色债券一直是绿色产业融资的重要途径。我国目前有关绿色债券的制度主要有国家发改委发布的《绿色债券指引》和央行出台的《绿色债券支持项目目录》，但这两个文件对绿色项目的界定范围和标准存在差异，导致在实践中存在种种障碍，因而我们亟须进一步完善绿色债券发行的相关制度，着力降低融资成本，比如建立绿色环保信息披露制度、第三方绿色债券认证制度、绿色债券的风险分担制度以及政府差异化的绿色贴息政策等。最后，加强绿色金融国际合作制度创新。可持续发展是全球性议题，加强绿色金融国际合作是全球趋势。因此，必须大胆进行制度创新，一方面，大力吸引国际资本投资我国绿色新兴产业，在绿色金融发展中积极寻求国际风险投资（VC）和私募基金（PE）的投资，完善我国绿色金融的资本结构；另一方面，通过国际合作积极推进我国绿色金融的国际化水平，也有利于学习借鉴国外的发展经验。比如：当前我们可以通过国际合作促进企业参与绿色金融国际认证、绿色环境信息公开、绿色标准国际化等制度建设，以及国际绿色投资基金和绿色金融国际协作机制建设等。

---

① 裴育等：《绿色信贷投入、绿色产业发展与地区经济增长——以浙江省湖州市为例》，《浙江社会科学》2018 年第 3 期。

3. 持续加大科技投资，激励重大绿色技术创新

前文对绿色科技创新作为绿色产业发展的根本路径进行了分析，再比较我国从中央到地方对科技创新与欧美国家的发展经验，很容易发现我国的科技创新投资、重大科技成果以及绩效等方面仍有较大差距，而从根本上看我国在通过制度创新促进绿色产业发展方面存在不足，制约了绿色技术创新。因此，一方面在"十四五"期间要持续加大科技投资，另一方面也要围绕激励绿色技术进行相关制度创新，笔者认为当前我们应着手从以下三方面推进。

第一，加强科技与金融的融合机制建设。国家经济高质量发展的内在动力需依靠科技和金融的支持。金融是国家经济的"总调度师"，通过指挥资金配置来协调人、财、物等各种资源，支撑经济增长和科技创新。[①]科技与金融的有机结合可以有效地推动绿色技术创新，科技创新能够获得稳定而充裕的资金支持，而科技成果的转化和绿色技术的推广可以为金融部门带来可观的投资回报，金融也可以利用科技创新推进金融业发展，优化资金的配置效率，但是科技金融与传统的普惠金融有着明显的区别，因此，要通过一系列制度创新来促进科技与金融的有机融合，当前主要从以下几方面着手。其一，构建金融与科技相结合的长效机制。如前文所述，科技创新是绿色产业高质量发展的内核。然而，刘传哲和管方圆研究表明，科技金融与高质量发展呈"U"形关系，也就是科技金融投入对高质量发展存在一个阈值：大于阈值时，科技金融对高质量发展存在显著的促进作用，而小于阈值时，则存在一定的抑制作用。[②] 因此，必须构建持续加大科技投资的长效机制，促使科技金融投资跨过实现高质量发展的"门槛"。要着力改变"政策激励侧重于实力雄厚的企业，或国家战略扶持企业，而对风险高、成长转型期、创业危险期的企业激励较弱"[③] 的现象，

---

① ARESTIS P, DEMETRIADES P. *Financial development and economic growth*：*assessing the evidence*，*Economic Journal*，1997，107（442）：783-799.

② 刘传哲：《管方圆科技金融投入对高质量发展的门槛效应研究》，《金融与经济》2019 年第12 期。

③ 成海燕等：《科技金融政策促进科技企业发展的资源配置效率研究——来自北京市的实证调查》，《科技进步与对策》2019 年第12 期。

政府应该逐步建立引导科技金融加大对绿色技术创新研发活动的投入，尤其是对处于风险高、初创期的企业研发持续投入的长效机制。其二，健全科技金融监管制度。近年来，科技金融得到了快速发展，但由于监管不力，导致资金配置效率较低，甚至有的偏离了为科技创新投融资的轨道。因此，在新时代背景下，应树立"激励型"监管理念，通过奖励合规创新来降低违规创新的概率。① 一方面通过激励科技金融企业加强自我约束，如奖励合规创新来树立科技金融行业的榜样，激发各类科技金融企业进行合规创新。另一方面政府要逐步健全科技金融企业的监管制度，明确不同层级政府部门的职责，明确奖惩制度，防止监管漏洞和制度空白，营造良好的制度环境。对此，我国可以借鉴 2015 年英国金融行为监管局推出的"监管沙盒"机制，从而创新我国的科技金融监管体制。

第二，完善基础科学研究投资的制度保障。国外对与绿色科技创新相关的基础科学研究一直给予持续的关注和巨大的投入，因而也带来了绿色技术创新的持续动力。反观我国，科技创新活动在基础科学研究领域明显投入不足，导致一些关键技术和"卡脖子"技术尚未掌握，绿色产业的整体技术创新水平和效率不高。要达成这些，首先要完善基础科学研究投资的相关制度，引导政府和市场对基础科学研究的持续关注和稳定投资，笔者认为当前主要应从以下两方面着手。其一，加大基础科学研究的政府补贴制度。基础科学研究不像应用技术的发明创新那样具有一定的市场，市场机制也能够发挥作用，基础科学研究市场失灵问题比较突出，政府必须给予大量补贴。当前我国在科技创新以及绿色产业补贴方面主要偏向技术应用和终端市场，今后要逐步加大对基础科学研究的补贴制度，一方面补贴基础研究机构的设备采购、基础设施建设等，另一方面国家要建立基础科学研究专项制度，设立基础科学专项研究基金，组建基础科学专门的研究机构，着重通过基础科学研究的重大突破带动绿色产业关键技术和核心技术的自主创新。其二，完善从事基础科学研究的人才培养与引进制度。

---

① 卜亚、李晖：《演化博弈视角下金融科技创新监管问题研究》，《内蒙古社会科学（汉文版）》2019 年第 11 期。

人才是科学技术的核心要素，而基础科学研究的长期性和艰巨性往往使相关人才流失严重，因此，政府要完善基础科学研究人才的相关制度，一方面要加大基础科学研究的人才培养制度，建立人才培养体系和梯队，加大对人才的持续投资。人才培养要与人才稳定相结合，提高从事基础研究的科研人才的待遇，建立专项人才补贴制度，使其能够稳定而长期地从事基础科学研究。另一方面要加大海外"引智"投资。人才国际化是世界潮流，我国应鼓励高校和科研院所加大海外"引智"，尤其是加大对基础科学研究领域先进国家的人才引进，国家和各地方应该建立专项人才引进制度，努力实现人才"引进来、留下来、用起来"，为我国基础科学研究和绿色技术研发贡献智力支持。

第三，构建重大绿色技术联合攻关利益共享机制。绿色技术研发具有高难度、复杂性和系统性，因此，在重大绿色技术研发上往往需要协作，这样可以大大节约研发时间和提高科技资源利用效率，对绿色产业的发展和推进起到重要作用。但是无论是国内还是国际上绿色合作在机制上还比较滞后，我国应该着力推进构建重大绿色技术联合攻关利益共享机制，可以从两方面着手。其一，在国内完善绿色技术创新的顶层设计。一方面，通过制度建设理顺纵向和横向的责任和利益关系，明确在重大绿色技术创新方面中央和地方的职责以及各部门、各地方的协作关系，健全相关的制度体系和配套政策，为联合攻关和利益共享提供有效而可靠的制度环境。另一方面，利用市场机制进行绿色技术联合攻关和利益共享。联合攻关和利益共享要符合市场化运作，不仅在技术研发的路线、方向、投融资等方面要市场化，而且在成果共享和利益分配上也要市场化，主要是发扬契约精神，明确各方的责任和利益，而政府主要提供完善的制度保障。其二，加强重大绿色技术创新的国际合作制度建设。绿色技术应该是造福全人类的，重大绿色技术研发也需要各国协作，发挥比较优势进行联合攻关。绿色技术创新仅仅局限于本国的内部研发力量是远远不够的，而应该利用和整合全球绿色技术创新资源。因此，加强重大绿色技术创新的国际合作制度建设，可以促进全球科技资源的有效利用，同时还可以加强与生态环境和绿色发展相关的重大项目的联合攻关，这对世界各国是有益的。当前，阻碍协同联合创新的主要问题是利益分配，对此，可以充分发挥国际组织的协同效应，构建合理的利益分配机制，提高科技创新动力，推动绿色科技成果的转换与应用。①

三、促进绿色产业发展路径优化的绿色税收制度创新

绿色税收最早可以追溯到英国经济学家庇古 1920 年在《福利经济学》中提到的"利用政府税收调节环境污染行为"，这被后人称为庇古税。这种税收主要是通过外部性内在化，促使市场主体节约资源减少污染。直到现在，庇古税依然是政府对企业进行环境约束的重要手段之一，但是随着绿色产业的不断兴起，对于绿色税收的认识也在不断深入和拓展。"绿色税收"在《IBFD 国际税收辞汇（第 2 版）》中的定义为：绿色税收是指对投资于防治污染或环境保护的纳税人给予的税收减免，或对污染行业和污染物的使用所征收的税。② 通过前文的研究，我们发现税收制度对于企业市场行为的选择具有激励约束作用，对绿色产业发展的路径优化也有重要影响，因而，如何有效推进新时代绿色税收制度创新，对于我国供给侧结构性改革、产业结构调整升级以及绿色产业健康发展具有长效作用。笔者认为，当前的绿色税收制度创新主要从以下两方面推进。

1. 完善绿色产业税收制度，纠正市场失灵

在前文的研究中，无论是国外的绿色产业发展经验还是国内绿色产业发展的实践，都充分体现了税收支持在绿色产业发展过程中的不可替代作用，但是新能源汽车和光伏产业发展的现实，验证了税收是把双刃剑，运用得好可以大力促进绿色产业发展，相反可能会制约甚至拖累绿色产业发展，因此，在"绿水青山就是金山银山"的绿色发展理念下，新时代我们必须完善绿色产业税收支持政策，主要从以下两方面着手。

第一，发挥税收的引导作用，激励企业不断进行绿色创新。从当前税

---

① 陈洪昭、郑清英：《全球绿色科技创新的发展现状与前景展望》，《经济研究参考》2018 年第 51 期。

② 吕敏、齐晓安：《我国绿色税收体系改革之我见》，《税务与经济》2015 年第 1 期。

收支持绿色产业发展的现状来看，相关支持政策主要侧重于税收补贴、减免税费等，而突出税收的引导功能的政策明显缺乏，从绿色产业发展的角度来看，发挥税收的引导功能远比具体的税收优惠政策更重要，因此，笔者认为今后应该围绕突出引导功能来完善税收支持政策，这主要包括两方面。一方面是完善绿色产业相关税收优惠的"门槛+等级"制度。当前对绿色产业相关税收支持政策重在"门槛"限制，即被认定或评价为绿色产业、绿色产品的，一律享受税收优惠政策，这导致绿色新兴产业重认定、轻发展的现象很普遍，因此，今后应该对于税收优惠政策推行"门槛+等级"制度。随着绿色产业的不断发展和壮大，税收优惠应该采取等级制，绿色等级越高，税收优惠越大，以此激励企业不断进行技术创新和绿色产品开发，带动绿色产业不断持续发展。另一方面是增加对高污染、高耗能产业的相关税收，促进外部性内在化。与绿色产业的税收优惠相反，为了引导高耗能、高污染产业进行绿色转型，必须辅之以高税收，大幅降低其税后利润，通过对其实施严格的外部性内在化，引导高污染、高耗能产业主动实施绿色转型发展。因此，我们要加快改革对高耗能、高污染产业的税收政策，尤其要加大对环境与资源相关税种的征收力度并提高税率，真正有效地发挥税收的引导功能。

第二，完善税收政策，纠正市场失灵，促进绿色产业健康发展。从欧美国家发展绿色产业的历史经验来看，在政府纠正市场失灵的主要政策工具中，税收对纠正市场扭曲优化资源配置具有明显的效果，而当前我国的税收政策在扶持绿色产业发展中还有待进一步完善，以更有效地发挥税收的调节作用，笔者认为有两方面需要着重改进。一方面，完善对绿色消费的税收调节。当前，我国的税收政策主要侧重于绿色产业相关生产企业的生产和流转环节，这虽然有利于推进绿色产业的发展，但是绿色产品和绿色服务消费需求的兴起才是给予绿色产业持续发展的内生动力。因此，我国今后要逐步制定和完善绿色消费的税收支持政策，对于绿色消费的不同等级给予不同的税收补贴减免等差异化政策，建立积分税收奖励政策，发挥税收杠杆对公民消费行为的调节作用，促进绿色消费需求，纠正市场失灵，以带动绿色产业健康发展。另一方面，矫正税收政策中的"反绿色"

问题。当前我国的税收政策中一方面有不少政策促进绿色产业发展，但是另一方面还有一些税收政策存在隐性的"反绿色"问题，抑制了绿色产业的发展。因此，我们必须逐步完善税收政策，纠正市场失灵，解决税收政策中隐性的"反绿色"问题，为绿色产业发展创造良好的税收政策环境。

2. 完善绿色税收体系，稳定市场预期

从绿色产业的长远发展来看，仅仅完善绿色产业相关税收的支持政策是不够的，我们还应该着手考虑进一步完善绿色税收体系，通过合理的绿色税收制度体系来稳定市场预期，给予绿色产业发展以持久动力。绿色税收体系是指对环境保护有利，有益于污染防治和社会经济可持续发展的税收体系。它是一个系统的税收体系，不是某个单一的税种，各税种分别发挥作用，只有相互配合才能达到污染治理、环境保护的作用。[1] 因此，笔者认为，从促进绿色产业长远发展来看，必须加快完善绿色税收体系，主要从以下两方面推进。

第一，推进现有税种绿色转型。完善绿色税收体系，首先要从现有税种的绿色转型开始，如前文所述，现有税种虽然在近年的调整改革中增加了对环境与资源的保护和调节力度，但是总体来看，中国税收制度的绿化程度依旧处于较低水平[2]，仍然需要进一步绿色转型。笔者认为，当前需要做好以下两方面工作。一方面，推进资源税和增值税绿色化改革。资源税要进一步拓展征税范围，扩大到与绿色相关资源，如水资源、森林资源和海洋资源等，并进一步完善资源税差别化税率，对不可再生资源逐步提高税率，而对森林、水资源等则根据不同的使用用途，以及资源破坏和保护率进行差别化征税，从而促进资源绿色使用与保护相结合。同样，增值税绿色转型应该根据绿色化程度实施差别化税率，促使企业加快绿色技术改造，保护环境；在增值税转型改革中，应充分发挥税收优惠政策，对环境治理有保护作用但经营有一定困难的企业，应给予税收减免或者即征即

---

① 吕敏、齐晓安：《我国绿色税收体系改革之我见》，《税务与经济》2015年第1期。
② 王军、李萍：《绿色税收政策对经济增长的数量与质量效应——兼议中国税收制度改革的方向》，《中国人口·资源与环境》2018年第5期。

退政策，保障企业有充足的资金进行日常生产。① 另一方面，加快消费税和所得税的绿色转型。为促进企业与公民的绿色生产和消费，发挥税收的引导作用，在与产销息息相关的消费税和所得税领域，应该加快绿色转型。所得税改革应该逐步增加和完善税前的绿色抵扣和优惠项目，例如，增加绿色技术引进与研发投入、企业绿色投资、环保投入与绿色公益投入等项目的税前抵扣和税收优惠。而在消费税领域则应该秉持绿色消费理念，完善和扩大消费税涉及的领域，对消费绿色产品给予税收减免和优惠，而对消费诸如塑料产品、一次性产品及涉及二氧化硫、碳排放等的非绿色产品则应该提高税率。另外，应该逐步推进消费税价外税改革试点，使消费者对税收有明确而清晰的认识，从而引导绿色消费。

第二，健全和完善绿色税种体系。虽然税收是促进保护环境和控制污染的重要手段，我国也相继出台了《排污费征收使用管理条例》等规章制度，但是排污费的收取过程呈现强制性不足、地方标准不一，甚至出现设租、寻租现象和地方保护主义，因此，我国亟待健全和完善环境污染治理方面专门的绿色税收制度体系。笔者认为，当前在条件允许时应逐步完善和开征以下两个税种：环境污染税和能源税。首先，加快开征环境污染税。在供给侧结构性改革背景下，国家和地方政府大力推进产业结构调整升级，但高能耗、高污染企业仍有生存环境，他们对绿色产业升级转型动力不足，主要原因就在于外部性内在化不足，企业仍然存在盈利空间，而开征环境污染税可以大大改变高耗能、高污染企业的投入产出比，有利于推动企业绿色转型发展。其次，逐步开征能源税。我国能源结构偏重煤炭和石化，这些是不可再生能源，随着社会经济的发展，这些资源越来越紧缺，对外依存度也逐步走高，当前我国既是全球最大的能源生产国也是最大的能源消费国，为了保护环境节约资源，能源税的开征理应提上议事日程。一方面加大对传统石化和煤炭等能源的税收征管，另一方面对使用和开发新能源给予税收优惠，鼓励使用和推广新能源和可再生能源，通过逐步开征能源税推进绿色能源产业的发展，也有利于我国改变能源结构。

---

① 吕敏、齐晓安：《我国绿色税收体系改革之我见》，《税务与经济》2015 年第 1 期。

第三节 促进创新中国绿色产业发展路径
优化的非正式制度

如前文所述，制度创新对加快绿色产业发展的路径选择具有重要影响，而从制度环境的整体塑造来说，非正式制度也是制度安排的重要构成。非正式制度是指在人们长期交往中逐步形成的共同遵守的一套规则和制度，主要包括价值观、风俗习惯、道德伦理、文化行为等。前文所述发达国家绿色产业的发展经验表明，绿色文化、绿色社会组织以及绿色社会责任履行等非正式制度的创新，对绿色产业发展具有潜移默化和深远的影响。因此，在新时代绿色产业发展的路径优化中必须重视非正式制度的创新。

一、绿色文化与绿色产业发展路径优化

文化是一种社会现象，也是一种隐形的力量。在现代文明社会，文化作为一种软实力，不仅约束着人们的行为决策，还可以凝聚力量推进人们共同关心和认可的事务发展。因此，绿色产业发展的路径优化需要培育绿色文化的土壤。绿色文化指在倡导绿色可持续发展的当下，人们在与自然和谐相处的各种活动中所产生的、能被人们感知和接受、能对人类绿色发展行为产生影响的精神现象的总和。① 从绿色产业发展的路径优化来说，一方面要在企业内部营造良好的绿色文化，让绿色文化融入企业的生产经营活动；另一方面，需要在全社会培育绿色文化氛围，让绿色文化引领绿色消费，因此，笔者认为当前我们必须在以下方面进行制度创新。

1. 构建企业绿色文化融合制度

新古典经济学把企业作为一种生产函数，文化是被忽视的，而新制度经济学则把文化作为非正式制度对企业的生产经营活动产生各种影响。为

① 杨玉珍：《绿色文化的理论渊源及当代体系建构》，《河南师范大学学报（哲学社会科学版）》2018 年第 6 期。

促进绿色产业发展，我们应该有意识地构建企业绿色文化融合制度，把绿色文化的塑造嵌入企业内部治理之中，笔者认为，有两点需要着重关注。

第一，企业经营活动的各个环节体现绿色文化。企业绿色文化的培育和塑造必须通过生产经营活动中具体的行为来逐步影响员工的观念，进而逐步认同并内化于心，并逐渐形成企业内部上至高管下至普通员工共同遵守和坚持的信念。具体来说，在生产环节，从原材料和生产设备的采购、能源的使用、生产环境的维护，到员工劳保用品的使用等方面，应做到绿色环保；在企业行政管理中，办公设备、办公用品、办公环境等，要秉持绿色节能环保和循环使用；在产品销售环节，产品的物流、包装、营销活动等环节要体现节约资源的绿色环保。总之，在企业日常经营的各环节活动中，通过具体行为营造崇尚绿色的氛围，潜移默化地塑造企业的绿色文化，从而把绿色文化融入共同的绿色行为。

第二，构建绿色文化融入企业决策行为的指标体系。企业要塑造绿色文化，必须把绿色文化融入企业的日常决策行为中，而要想把绿色文化的软约束"硬化"，至关重要的就是构建企业决策行为的绿色文化指标体系。相关指标体系主要从企业生产、研发、产品设计、产品回收利用、企业投资、企业绿色环境建设、节能环保投入、绿色公益等方面，明确提出绿色指标的要求，从而逐步使绿色指标成为企业决策的重要考量要素。张长江等发现，绿色文化给企业环境绩效信息披露带来正面影响，具有正向调节作用。[①] 由此可见，绿色文化与企业的决策行为相互影响，我们应该在企业绿色文化建设中响应国家提出的"五位一体"总体布局的要求，健全相关的指标体系，使内外部压力有机结合，共同塑造企业的绿色文化。

2. 完善全社会绿色文化培育制度

绿色文化的培育涉及社会的方方面面，具有系统性和复杂性，不可能一蹴而就。因此，我们要从全社会角度逐步系统地完善绿色文化的培育制度，从促进绿色产业发展的角度看，笔者认为，当前应该着重从以下两方面着手。

---

① 张长江等：《绿色文化、环境绩效与企业环境绩效信息披露》，《财经论丛》2019 年第 6 期。

第一，完善绿色消费激励机制，倡导绿色消费文化。新时代我国经济发展越来越受到资源环境的约束，因此，在全社会提倡绿色消费已成为不二的选择。中华民族有勤俭节约的优良传统美德，但是在市场经济条件下如何完善激励机制，引导社会崇尚绿色消费是一个崭新的课题。笔者认为有以下两点需要重点关注。一是建立绿色消费教育激励机制。绿色消费文化的培育首先要进行绿色消费教育，应该在各类、各层次教育中建立绿色消费教育的激励机制。鼓励从娃娃抓起，把绿色消费理念贯穿到学前教育、中小学教育等各类教育之中，通过专项补贴等举措激励各类学校和社会组织共同参与全社会的绿色消费教育。二是构建绿色消费的奖励制度。对于绿色消费行为要通过一定的奖励，使其逐渐形成一种生活习惯和生活方式。这里可以是物质奖励也可以是精神奖励，在物质奖励方面，对于绿色消费可以通过价格补贴、税收减免以及阶梯价格等形式，奖励绿色消费行为，也可以通过建立绿色消费积分制度、舆论宣传等，倡导绿色消费时尚，使绿色消费人员得到社会的认同和精神的愉悦，给予绿色消费精神奖励。

第二，提高绿色产品的顾客价值，促进绿色消费。要想促进全社会的绿色消费，关键还要利用相应的经济手段加强对社会消费的引导，其中最为重要的就是加大对绿色消费的扶持力度。提高绿色产品的顾客价值，当前应着重做好以下两方面。一是完善绿色消费的文化引导机制。绿色消费不仅需要正式制度的支持也离不开文化引导，尤其是当今市场产品琳琅满目，应该通过一系列文化引导普通消费者，有效传递绿色产品的顾客价值给消费者，激发绿色消费的潜在顾客。例如，可以在绿色出行和绿色建筑等方面给予文化引导，鼓励使用公共交通、绿色交通，限制大排量汽车，鼓励购买节能环保新能源汽车；限制传统建筑的发展，鼓励使用绿色建筑材料开发无污染节能环保型建筑，引导消费者对绿色环保节能住宅的理性消费。二是给予绿色生产企业非正式制度的支持。绿色产品的生产研发投入巨大，因此，其价格和成本要高于传统产品，但是只要消费者的心理效用大于价格，绿色产品依然能广受欢迎，而这不仅需要正式制度的支持，也需要一定非正式制度的支持。因而，我们需要通过培育绿色社会环境、创造绿色时尚、舆论引导等一系列非正式制度，提升绿色产品消费的效用和人们对其的感知程度，提高绿色产品的顾客价值，激发全社会潜在的绿色消费需求。这既有利于形成全社会的绿色消费文化，也有利于促进绿色生产企业健康可持续发展。

二、企业绿色社会责任与绿色产业发展路径优化

传统经济学理论认为，企业的性质就是资本、劳动各要素的组合，企业的唯一目标就是追求利润的最大化。但是随着社会经济的发展，企业因为外部性问题、内外部的压力、追求长期利润等，开始关注社会责任问题，企业不仅要不断提高生产力，还要处理好经济与社会的关系。近年来，为了促进我国绿色产业发展路径的优化，企业履行绿色社会责任作为一种非正式制度安排越来越得到重视。笔者认为，当前为了促进企业履行绿色社会责任，应该着重从以下两方面推进。

1. 完善企业绿色社会责任评价机制

企业的绿色社会责任，是指企业在追求利润的同时，还要节能环保、降低能耗、保护生态环境、减轻地球负担、实现人类社会的可持续发展，实现人类与自然环境的和谐共存。[①] 随着社会经济的发展，与企业绿色社会责任密切相关者越来越多，公众也对企业的绿色生产和环境保护越来越关注，因此，企业绿色社会责任的履行需要建立包容性的社会评价机制，发挥社会各方面的力量使信息充分公开，这也有利于培育公民的绿色意识。笔者认为，可以从以下两方面突破。

第一，促进政府和企业转变观念，正确评价企业绿色社会责任的特殊价值。在传统的经济发展理念下，在 GDP 迅速增加的同时，资源消耗和环境污染严重。因此，我们要正确认识企业绿色社会责任的特殊价值。从政府的角度讲，应该纠正以 GDP 为核心的政绩观，树立科学的绿色发展观。为此，政府应该完善相关法律制度，定期对企业的绿色社会责任信息进行披露，建立奖惩机制，有奖有罚。从企业的角度讲，企业应该把利益与绿

---

① 叶六奇、张静：《企业的绿色社会责任》，《经营与管理》2010 年第 1 期。

色社会责任履行相统一。消费者在做购买决定时，对承担绿色责任的企业及其产品会更加关注，对绿色品牌、绿色产品的积极态度会转变为强烈的购买意愿，促使消费者购买和使用这些绿色产品，并积极将相关产品推荐给其他消费者。[1] 由此可见，企业应该从生产到销售全面践行绿色社会责任，获取良好的社会评价，这有利于企业获取绿色社会责任特殊价值。

第二，发挥社会舆论的引导功能。在现代社会，社会舆论具有重要的引导功能，能够发挥政府和市场所不可替代的作用。应当积极利用电视、报纸、网络等大众媒体，对重视和积极履行绿色社会责任的企业给予表扬和宣传，为其他企业树立良好的绿色形象。而对环境污染严重，资源消耗大的企业，也给予媒体曝光，发挥舆论压力，促使企业履行绿色社会责任，实施绿色转型升级。由此可以发挥社会舆论的引导功能，使各企业竞相履行绿色社会责任，进而使绿色产业发展成为企业转型升级的理性选择。

2. 构建企业履行绿色社会责任的诚信制度

在不完全信息条件下，企业具有隐藏信息的动机，企业是否履行了绿色社会责任？力度和效果如何？这些企业自身的内部信息要比市场外部信息以及政府监管获取的信息真实且全面得多，因此要激发企业内生动力使其主动担当、诚实守信，构建企业履行绿色社会责任的诚信制度。笔者认为主要应从以下两方面着手。

第一，培养企业履行绿色社会责任的诚信意识。在生态文明的时代，绿色责任应该成为企业的行为准则与形象标志。[2] 在现代社会，无论是政府还是消费者抑或社会公众，对企业履行绿色社会责任都有很高的要求和期盼，也会对积极履行绿色社会责任的企业给予信任和支持，对相关企业的产品也更加信赖和偏爱。因此，企业应该积极通过履行绿色社会责任提高社会信任度。要想获取社会信任，首先企业自身要诚信。对不同企业以及企业的不同发展阶段来说，履行绿色社会责任的能力和投入会有所不

---

① 刘腾飞等：《企业绿色责任对消费者购买意愿影响分析》，《商业经济研究》2016 年第 1 期。
② 李鸣：《绿色责任：生态文明时代中国企业的神圣使命》，《企业经济》2017 年第 2 期。

同，但是培养企业履行绿色社会责任的诚信意识却是一脉相承而且效用等价的。企业根据自身的发展情况，首先要培养员工诚信。关爱顾客，关爱社会，不欺骗消费者，培育员工的社会责任心。其次是企业要诚信经营。企业在经营活动中要以绿色社会责任作为准则，如实详细地披露自身绿色社会责任的履行情况和发展规划。最后要培育企业的诚实竞争意识。在市场竞争中不采取非法违规和不道德的手段进行恶意竞争，不为了打压竞争对手而不择手段，鼓励企业向社会展示诚实竞争意识，营造良好的公平竞争环境，避免资源配置扭曲，而践行这些行为的过程就是履行绿色社会责任。

第二，建立企业履行绿色社会责任的诚信监督制度。一方面培养企业履行绿色社会责任的诚信意识，但也不能放任其自由发展；另一方面要建立企业履行绿色社会责任的诚信监督机制，使企业不能把履行绿色社会责任当成一句空话，尤其要打击不诚信行为，在全社会范围内营造一种良好的企业诚信风气。首先，加大对企业履行绿色社会责任失信的惩罚。通过完善相关的法律法规，对企业承诺履行或应该履行而没有履行的绿色社会责任进行诚信调查，对于确实属于失信行为的应该给予惩罚，加大监督力度促使企业规范自身行为，促进企业履行绿色社会责任"言必信、行必果"。其次，在企业征信系统中纳入履行绿色社会责任失信行为。在市场经济中，诚信不仅是美德，也是一种信任资本，从非正式制度的角度来说，社会资本中的信用机制是一种非正规金融，是产业集群由低级向高级转换过程中重要的融资制度安排。① 因此，我们应该把履行绿色社会责任失信行为纳入企业征信系统中，企业要对自己的失信行为后果负责，利用信用机制使企业在履行绿色社会责任方面"不敢失信、不愿失信"。最后，加大企业履行绿色社会责任的舆论监督力度。企业履行绿色社会责任本身就是回馈社会，而加大舆论监督可以赏优罚劣，对积极履行绿色社会责任的企业进行大力宣传，树立榜样，通过舆论监督对履行绿色社会责任失信的企业进行督促，促进企业及时转变观念，采取诚实守信的态度履行绿色

---

① 牛艳梅：《基于非正式制度的绿色产业集群融资问题研究》，《企业经济》2012年第12期。

社会责任。

三、非政府绿色组织与绿色产业发展路径优化

非政府组织（NGO）是指，不以营利为目的，独立于政府和市场之外的具有公益性质的社会组织。[①] 因此，非政府组织具有其他正式组织不具备的独立性、客观性和公益性。在现代社会，公民自治是趋势，而非政府组织是重要载体。当前，公众越来越关注绿色环保和绿色发展问题，逐渐成为促进绿色产业发展的社会动力，而发展公益性绿色组织可以有效监督和促进企业进行绿色升级转型，有效发挥政府的不可替代作用。近年来，我国非政府绿色组织也得到了一定的发展，但对于绿色产业发展的路径优化来说仍有待进一步提升。笔者认为，当前应着重从以下两方面推进。

1. 提高非政府绿色组织的专业化水平

绿色产业属于战略性新兴产业，其具有高科技、专业性强的特点，非政府绿色组织从公众和消费者的角度对绿色产业的相关领域进行监督，可以有效弥补政府失灵。然而，非政府绿色组织开展学术研究、演讲、技术展示、国际交流等活动都要有一定的专业性知识来支撑，因此，我们必须有意识地提高非政府绿色组织的专业化水平，笔者认为可以着重做好以下两点。一是大力扶持专业性非政府绿色组织。当前，我国非政府绿色组织主要集中在环保、污染治理等领域，今后我们应该借鉴国外经验大力扶持专业性非政府绿色组织，作为社会资源的有效整合机构，非政府绿色组织应该积极推进技术专家、经济学家、环保专家、社会学家等领域专业人士进行合作，这样可以使非政府绿色组织更具有专业性，也有利于塑造专业化形象。二是鼓励独立性组织参与绿色产业发展。非政府绿色组织应该有意识地保护其独立性，发挥其对政府工作的补充作用。并鼓励其对相关企业违反绿色产业发展的目标进行调查，以及定期公布水、空气、污染、能源、森林、矿产等资源和环保数据，独立调查绿色产业相关的生产、销售

[①]　陈银娥等：《绿色经济的绿色制度》，中国财政经济出版社，2011，第260页。

以及消费者意愿等情况，促使非政府绿色组织独立且专业化地为绿色产业发展建言献策。

2. 完善非政府绿色组织的监管体系

我国非政府绿色组织发展较为滞后，有一定的历史原因，由于我国改革开放40多年来，主要以粗放式发展为主，绿色环保理念淡薄，非政府绿色组织发展自然也是"叫好不叫座"，但是自十八大以来，我国对绿色发展越发重视，也形成了全社会的共识，而此时非政府绿色组织发展不足的弊病就显现出来。因此，为了促进绿色产业健康发展亟须进一步完善非政府绿色组织的监管体系，笔者认为应该着重做好以下两点。一是简化非政府绿色组织的审批制度。本着建设服务型政府的理念，进一步简政放权，简化对非政府绿色组织的审批制度。对于公民申请成立的非政府绿色组织，只要组织的章程、宗旨，组织的活动范围、方式、人员构成符合法律和相关规则制度，就可以注册登记或者备案登记，摒弃传统的多头管理、交叉管理，以激发非政府绿色组织发展的动力和活力。二是健全非政府绿色组织的监管制度。一方面，要建立一个自上而下统一的监管体系。可以考虑在民政部专门成立一个非政府绿色组织管理部门，理顺相应的责、权、利关系，统一规范地对非政府绿色组织管理进行日常监管和进行特定活动监管，也有利于更好地根据非政府绿色组织的发展情况动态调整相关政策。另一方面，依法依规监管非政府绿色组织的相关行为。为了保持非政府绿色组织的公益性和独立性，政府相关部门要依法依规监管其相关行为，使非政府绿色组织在自身章程和组织活动范围内开展相关的绿色活动，而不能直接或间接从事营利性活动，以及与组织性质不相符的活动，也有利于提高非政府绿色组织的社会公信度，更好地服务于绿色产业发展。

结　论

中国绿色产业发展的路径选择和制度创新问题，是一个涉及范围很广的研究课题，主要包括产业结构升级调整、产业组织演化、科技创新、传统产业绿色转型、产权改革、绿色投融资以及绿色文化等。因此，本书在研究我国传统产业发展路径的局限性以及绿色产业发展动因的基础上，对发达国家发展绿色产业的路径选择经验进行了研究，并选取国内近年来发展迅速的新能源汽车产业和发展过程中经历波折的光伏产业进行对比研究；对中国绿色产业的全要素生产效率及其影响因素进行了实证研究，结合实证结果从理论上提出中国绿色产业发展的三大路径选择；进一步分析了三大路径在实践推进中遇到的障碍和困难，并从现有制度安排上存在的问题着手，提出优化绿色产业发展路径必须进行制度创新。最后，在前面研究的基础上，本书对促进我国绿色产业发展路径的优化提出了相关制度创新建议。

通过以上研究，本书得出以下结论。

（1）在中国发展绿色产业的动因分析中，本书指出环境和资源约束迫使我们发展绿色产业，生产要素供给充分为绿色产业发展提供了支持，人类文明发展和绿色消费需求促进了绿色产业发展，国家竞争力提升需要发展绿色产业。另外，本书还总结了近年来部分具有代表性的绿色产业，诸如新能源汽车产业、环保产业、风力发电等产业的现状，发现绿色产业发展不仅取得了可观的经济效益，还大大降低了工业废水、工业废气、工业固体废物排放量等，实实在在地降低了资源能耗，保护和改善了生态环境，为我国实现了高质量的经济发展，取得了良好的社会效益。

（2）在产业组织视角下重新审视和思考市场经济条件下发展绿色产业的路径选择，拓展了对中国发展绿色产业发展路径问题的认识角度。从产业组织的角度来看，市场经济的发展是不断完善的过程，市场经济与产业组织的发展是互相促进的，市场经济发展也不断催生新的产业诞生。同样，绿色产业是市场经济下产业组织发展的必然结果，市场经济是竞争经济。另外，在市场经济条件下，企业为了不断提高自身的竞争力，会不断研发新技术和新产品，创新管理方法，进而会对传统的产业组织发起挑战。因此，绿色产业是市场经济的必然发展阶段和组成部分，科技创新为绿色产业发展提供了有力的保障，人类需求层次和水平的提升是拓宽绿色产业发展路径的市场保障。

（3）在对国外绿色产业的发展经验及路径选择的分析中，通过对美国、法国、日本等国绿色产业发展的历程和发展路径经验进行总结和梳理，发现它们之间既有共同点又有着自己国家的鲜明特色，这与各国的资源禀赋、产业基础、制度环境、人文环境乃至政治体制有着密切关系。总体来说，绿色产业发展离不开国家产业政策的扶持和帮助，绿色产业发展要循序渐进，要与传统产业发展有序衔接；科技创新是绿色产业发展的内生动力，绿色产业持续健康发展依赖于有效的绿色管理机制创新；培养绿色消费文化是推动绿色产业发展的"助推器"。以上经验对我国绿色产业发展的路径选择具有很好的启示和借鉴作用。

（4）通过对新能源汽车产业和光伏产业发展路径的对比分析，发现新能源汽车产业通过产业链协同发展，提高资源使用效率，提升了新能源汽车的市场化、商业化进程，从而使新能源汽车产业不断发展壮大，并逐步获得市场认可；光伏产业在发展过程中盲目扩张，发展路径过于依靠政策补贴，发展战略混乱，技术创新不足，最终不但没有使光伏产业获得市场竞争力反而在短时间内造成产能过剩，致使整个行业停滞不前，甚至曾经的行业领军企业也濒临倒闭。通过这两个产业案例的对比，笔者发现发展路径的选择、产业政策的运用、完整产业链的发展以及相关制度的创新，对绿色产业的可持续健康发展具有重要作用。

（5）对中国绿色产业生产效率及其影响因素的实证研究得出，我国以高技术产业为代表的绿色产业生产效率总体上呈现上升趋势，技术进步对生产率的带动作用也是明显的，但是规模效应并不明显。实证研究的结果表明，影响绿色产业生产率的因素主要与行业内企业的研发创新意愿相关，然而，目前国有资本和政府扶持绩效较低，因此，国有资本更应该加大对传统产业转型升级和科技创新的投资，带动和吸引非公资本参与绿色产业发展。另一方面，绿色产业的生产效率提升与行业技术交易市场规模呈现弱负向相关性，主要原因在于我国产权保护制度不健全，知识产权保护力度不够，这些都阻碍了绿色产权交易市场的发展，遏制了投资者、企业对绿色产业的投资热情。

（6）在对中国绿色产业发展路径选择的理论分析中，本书在案例和实证研究的基础上，提出当前中国发展绿色产业的三大路径：其一，传统产业转型升级是绿色产业发展是有效路径。分析了传统产业转型升级的必要性和可行性；其二，科技创新是促进绿色产业发展的根本路径，分析了推进科技创新与绿色产业发展的互动机理；其三，国有资本引领绿色产业发展是现实路径，本书从外部性、市场失灵和政府管制等理论出发，研究认为国有资本理应发挥"有形之手"的作用，引领绿色产业发展。

（7）在分析中国绿色产业发展路径的实践障碍中，发现利用传统产业转型升级的路径障碍，主要表现为：与战略新兴产业发展结合不到位、推进传统产业"绿色化"转型发展迟滞、与新经济形态融合发展存在不足。本书在构建模型对地方政府科技创新绩效进行评估的基础上，发现科技创新加快绿色产业发展路径障碍的症结主要表现为：绿色科技创新的重点技术领域不突出不明显、绿色科技资源配置效率较低、绿色科技政策失灵预警机制滞后、绿色科技资源和知识共享机制缺失、绿色科技创新市场导向机制不完善。而国有资本引领绿色产业发展的路径障碍则表现为：供给侧结构性改革背景下国有资本有序进退不足、国有资本对重点发展的绿色产业引领乏力、国有资本对绿色技术研发投资不足缺少关键核心技术突破。

（8）在促进中国绿色产业发展路径优化的制度创新问题上，着重从构建绿色产业发展路径的制度体系入手，探索通过一系列举措构建与绿色产业发展路径激励相容的正式和非正式制度体系和框架。其一，从产权角度，阐释了新时代推进中国绿色产业发展的产权制度创新问题，主要从绿色产业的产权界定、绿色技术产权保护、产权交易等方面进行制度创新。

参考文献

Andrew Jarvis; Adarsh Varma; Justin Ram, *Assessing green jobs potential in developing countries: A practitioner's guide*, Geneva: International Labour Office, 2011.

Auty, R. M, *Sustaining development in mineral economies: the resource curse thesis*, London: Routledge, 1993.

Chris Freeman; Luc Soete, *The Economic of lndustrial Innovation*, London: Penguin Books, 1974.

Lance E. Davis; Douglas C. North, *Institutional Change and American Economic Growth*, Cambridge: Cambridge University Press, 1971.

Lester R. Brown, *Eco-Eeonomy: Building an Economy for the Earth*, New York: W. W. Norton&ComPany Ine, 2001.

Israel M. Kirzner, *Competition and entrepreneurship*, Chicago: University of Chicago Press, 1973.

Sehum Peter, *Capitalism*, *Socialism and Democracy*, New York: Harper Perennial Modenl Classics, 2008.

Workforce Information Council, *Measurement and analysis of employment in green economy*, WIC Green jobs study group final report, 2009.

Alan W. Hodges et al, Economic Contributions of the Green Industry in the United States in 2013, *HortTechnology*, Vol. 25, No. 6, 2015.

Philip Arestis; Panicos Demetriades, "Financial development and economic growth: assessing the evidence", *Economic Journal*, Vol. 107, No. 442, 1997.

Beg Marija; Sekur Tomislav; Smolic Sime, "Industral Policies of Today:

The Green Industry Concept", *Economic and Social Development: Book of Proceedings*, 2018.

Charles R. Hall; Alan W. Hodges; John J. Haydu, "The Economic Impact of the Green Industry in the United States", *HortTechnology*, Vol. 16, No. 2, 2006.

Chamroo, Dev, "Developing Green Industry in Mauritius", *International Trade Forum*, No. 4, 2012.

Dakshina G. De Silva; Timothy P. Hubbard; Robert P. McComb; Anita R. "Schiller, Entry, growth and survival in the green industry", *Regional Studies*, Vol. 51, No. 12, 2017.

Daugbjerg C.; Svendsen "G. T, Government intervention in green industries: lessons from the wind turbine and the organic food industries in Denmark", *Environ Dev Sustain*, Vol. 13, No. 2, 2011.

David Siap; Christopher Payne; Alex Lekov, "The United States Federal Energy Management Program lighting energy efficiency 2017 update and impacts", *Applied Energy*, Vol. 233-234, 2019.

Gunno Park; Jina Kang, "Entry conditions, firm strategies and their relationships to the innovation performance of an emerging green industry: The case of the solar cell industry", *Asian Journal of Technology Innovation*, Vol. 18, No. 2, 2010.

Gert Tinggaard Svendsen, "Environmental Reviews and Case Studies: From a Brown to a Green Economy: How Should Green Industries Be Promoted?", *Environmental Practice*, Vol. 15, No. 1, 2013.

Charles R. Hall; Alan W. Hodges; John J. Haydu, "The Economic Impact of the Green Industry in the United States", *HortTechnology*, Vol. 16, No. 2, 2006.

Hui Wang; Jing Wang; Baofeng Shi, "Model and application of green industry evaluation based on fuzzy control", *Journal of Intelligent & Fuzzy Systems*, Vol. 29, No. 6, 2015.

Kim Schumacher; Zhuoxiang Yang, The determinants of wind energy growth in the United States: Drivers and barriers to state-level development, *Renewable and Sustainable Energy Reviews* 97 (2018).

Robert F. Brzuszek; Richard L. Harkess, Green Industry Survey of NativePlant Marketing in the Southeastern United States, *HortTechnology*, Vol. 19, No. 1, 2009.

Lin Q; Liu Q, "Analysis on the Policy Mechanism and Optimization of Green Technology Innovation in Manufacturing Industry—Based on the Data of Listed Companies in the New Energy Vehicle Industry", *IOP Conference Series*: *Earth and Environmental ence* 3 (2020).

Hongna T; Kexin B, "The evolution of green process innovation system for the manufacturing industry based on self-organization theory", *Science Research Management*, 2012.

Shyi-Min Lu; May-Yao Huang; Pu-Ti Su; Kuo-Tung Tseng; Falin Chen, "Development strategy of green energy industry for Taipei—A modern medium-sized city", *Energy Policy* 62 (2013).

Tsai W. ; Shang-Yu L. , Green production planning and control model with ABC under industry 4. 0 for the paper industry, *Sustainability*, Vol. 10, No. 8, 2018.

Tong Zhang; Hongfei Yue; Jing Zhou; Hao Wang, "Technological innova-tionpaths toward green industry in China", *Chinese Journal of Population Resources and Environment*, Vol. 16, No. 2, 2018.

Valerie J. Karplus et al, "Should a vehicle fuel economy standard be combined with aneconomy-wide greenhouse gas emissions constraint? Implications for energy and climate policy in the United States", *Energy Economics* 36 (2013).

Jonas Meckling; Jonas Nahm, "The politics of technology bans: Industrial policy competition and green goals for the auto industry", *Energy Policy* 126 (2019).

Wei-Feng Guo; Jian Zhou; Chih-Lang Yu; Sang-Bing Tsai; You-Zhi Xue; Quan Chen; Jiann - Jong Guo; Po - Yu Huang; Chia - Huei Wu,

"Evaluating the green corporate social responsibility of manufacturing corporations from a green industry law perspective", *International Journal of Production Research*, Vol. 53, No. 2, 2018.

Wenhui Chen, Jiancheng Chen, Danyun Xu, Junchang Liu, Nana Niu, "Assessment of the practices and contributions of China´s green industry to the socio-economic development", *Journal of Cleaner Production* 153（2017）.

Yajuan Li；Palma Hall；Hayk Khachatryan；Oral Capps Jr, "Measuring the effects of advertising on green industry sales：a generalized propensity score approach", *Applied Economics* 10（2018）.

Zheng-Xin Wang；Ling-Yang He；Hong-Hao Zheng, "Forecasting the residential solar energy consumption of the United States", *Energy*, Vol. 178, 2019.

陈银娥等：《绿色经济的绿色制度》，北京中国财政经济出版社，2011。

陈静生：《人类—环境系统及其可持续性》，北京商务印书馆，2001。

［美］丹尼斯·米都斯等：《增长的极限——罗马俱乐部关于人类困境的报告》，李宝恒译，吉林人民出版社，1997。

［美］德内拉·梅多斯、乔根·兰德斯、丹尼斯·梅多斯：《增长的极限（珍藏版）》，李涛、王志勇译，北京机械工业出版社，2013。

焦必方：《环保型经济增长：21世纪中国的必然选择》，上海复旦大学出版社，2001。

曲格平：《中国的环境与发展》，中国环境科学出版社，1992。

［美］汤姆·蒂坦伯格、琳恩·刘易斯等：《环境与自然资源经济学》第十版，中国人民大学出版社，2016。

苏东水：《产业经济学》，北京高等教育出版社，2010。

［瑞士］卢卡斯·布雷斯彻：《绿化经济与构建可持续社会：向可持续发展转型的挑战与应变》，张林等译，北京大学出版社，2019。

刘志彪等：《产业经济学》，北京机械工业出版社，2015。

［美］迈克尔·波特：《国家竞争优势》，李明轩、邱如美译，华夏出版社，2002。

喆儒：《产业升级——开放条件下中国的政策选择》，中国经济出版社，2006。

肖兴志：《中国战略性新兴产业发展研究》，科学出版社，2011。

[美] 威廉·鲍莫尔：《企业家精神》，孙智君译，武汉大学出版社，2010。

张洪梅：《绿色经济发展机制与政策》，中国环境出版社，2017。

林毅夫、张维迎：《政府的边界》，民主与建设出版社，2017。

张帆、夏凡：《环境与自然资源经济学》，格致出版社，2015。

邹俊：《中央企业战略重组及其国际竞争力提升研究》，经济日报出版社，2016。

白泉、吕正：《日本能效领跑者制度的经验与启示》（上），《中国标准化》2016 年第 1 期。

蔡建军、任庚坡、王婷：《日本能源概况和推进节能减排工作的政策、举措和启示》，《上海节能》2013 年第 9 期。

陈飞翔、石兴梅：《绿色产业的发展和对世界经济的影响》，《上海经济研究》2000 年第 6 期。

崔如波：《绿色经济：21 世纪持续经济的主导形态》，《社会科学研究》2002 年第 4 期。

陈扬、王学锋：《产业链视角下的中国新能源汽车发展策略与瓶颈分析》，《兰州月刊》2014 年第 8 期。

陈清泉、郑彬：《创新思维下的新能源汽车发展理念》，《中国工程科学》2019 年第 3 期。

陈峥嵘：《绿色专利优先发展政策体系研究》，《科技与法律》2016 年第 4 期。

陈洪昭、郑清英：《全球绿色科技创新的发展现状与前景展望》，《经济研究参考》2018 年第 51 期。

陈昭锋：《政府主导式的中国光伏产业成长困境研究》，《现代经济探讨》2013 年第 7 期。

陈熹：《论新能源汽车技术创新的保护与共享——基于绿色专利联盟的进路》，《华北电力大学学报（社会科学版）》2018 年第 4 期。

成海燕等：《科技金融政策促进科技企业发展的资源配置效率研究——来自北京市的实证调查》，《科技进步与对策》2019 年第 2 期。

［日］川村雅彦：《第二代环境商务的重点与投资机会的发掘》，《ニッセイ基礎研所報》2009 年第 56 期。

董秋云：《供给侧结构性改革背景下的制造业绿色转型路径探讨》，《生态经济》2017 年第 8 期。

邓伟、王高望：《资源红利还是"资源诅咒"？——基于中国省际经济开放条件的再检验》，《浙江社会科学》2014 年第 7 期。

杜永强、迟国泰：《基于指标甄别的绿色产业评价指标体系构建》，《科研管理》2015 年第 9 期。

何建奎：《发展绿色产业与开发绿色产品问题研究》，《生态经济》2005 年第 8 期。

姜彦秋：《增强可持续发展意识 拓展绿色产业》，《经济理论与经济管理》2000 年第 3 期。

黄海燕：《循环经济理论的起源及其概念的内涵和外延》，《经济参考》2010 年第 19 期。

何潇：《加快我国绿色产业发展探析》，《吉首大学学报（社会科学版）》，2008 年第 5 期。

何爱平、安梦天：《习近平新时代中国特色社会主义绿色发展思想的科学内涵与理论创新》，《西北大学学报（哲学社会科学版）》2018 年第 5 期。

何文韬：《进入波动、产业震荡与企业生存——中国光伏产业动态演进研究》，《管理世界》2018 年第 1 期。

李忠：《大力发展绿色经济 加快转变经济发展方式》，《宏观经济管理》2011 年第 9 期。

叶敏弦：《城市绿色转型的产业形成机理与对策思考》，《福建论坛（人文社会科学版）》2013 年第 9 期。

刘蓉：《我国产业绿色化对策探析》，《农村经济》2003 年第 4 期。

李俊生、姚东旻：《财政学需要什么样的理论基础？——兼评市场失灵理论的"失灵"》，《经济研究》2018 年第 9 期。

刘晶、黄涛、张楚：《从产业主导权审视战略性新兴产业的发展路径——以光伏产业的双反争端为例》，《科学管理研究》2010 年第 5 期。

刘小清：《绿色产业——迎着朝阳走来的新兴产业》，《商业研究》1999 年第 9 期。

刘辉：《市场失灵理论及其发展》，《当代经济研究》1999 年第 8 期。

刘景林、隋舵：《绿色产业：第四产业论》，《生产力研究》2002 年第 6 期。

刘传哲、管方圆：《科技金融投入对高质量发展的门槛效应研究》，《金融与经济》2019 年第 12 期。

刘绍敏：《河北钢铁业绿色产业链构建》，《开放导报》2016 年第 1 期。

刘励敏：《中国大湖区域绿色产业发展模式研究——以洞庭湖生态经济区绿色工业化为例》，《求索》2013 年第 12 期。

李春才：《略论绿色产业》，《江西财经大学学报》2004 年第 5 期。

李稻葵：《未来十年中国需要绿色产业革命》，《中国物流与采购》2011 年第 18 期。

李士梅、张倩：《国有经济向战略性新兴产业集中的理性思考》，《学习与探索》2012 年第 7 期。

李晓：《战后五六十年代日本产业结构政策的形成与发展》，《现代日本经济》1993 年第 5 期。

李向阳：《产业转型的国际经验及启示》，《经济纵横》2013 年第 10 期。

刘勇：《新时代传统产业转型升级：动力、路径与政策》，《学习与探索》2018 年第 11 期。

吕敏、齐晓安：《我国绿色税收体系改革之我见》，《税务与经济》2015 年第 1 期。

刘腾飞等：《企业绿色责任对消费者购买意愿影响分析》，《商业经济研究》2016 年第 1 期。

李鸣：《绿色责任：生态文明时代中国企业的神圣使命》，《企业经济》

2017 年第 2 期。

李宁宁：《中国绿色经济的制度困境与制度创新》，《现代经济探讨》2011 年第 11 期。

李烨等：《资源型产业绿色转型升级的驱动因素》，《技术经济》2016 年第 4 期。

李瑞琴：《环境规制、制度质量与绿色技术创新》，《现代经济探讨》2019 年第 10 期。

李杰、陈子钰：《制度优势转化：政治关联与企业绿色创新》，《财经科学》2020 年第 9 期。

牛艳梅：《基于非正式制度的绿色产业集群融资问题研究》，《企业经济》2012 年第 12 期。

李晓西、王佳宁：《绿色产业：怎样发展，如何界定政府角色》，《改革》2018 年第 2 期。

秦书生、胡楠：《中国绿色发展理念的理论意蕴与实践路径》，《东北大学学报（社会科学）》2017 年第 6 期。

田文富：《制度均衡下的绿色发展及其机制创新》，《河南社会科学》2016 年第 4 期。

尹艳冰：《基于 ANP 的绿色产业发展评价模型》，《统计与决策》2010 年第 23 期。

让-克洛德·拉雅尼厄：《绿色革命十年总结》，宇泉译，《国际经济评论》1978 年第 1 期。

石宝峰、迟国泰：《基于信息含量最大的绿色产业评价指标筛选模型及应用》，《系统工程理论与实践》2014 年第 7 期。

牛艳梅：《基于反梯度推移的绿色产业发展问题研究》，《农村经济》2012 年第 7 期。

罗毅：《一定要使黄土高原改名换姓变黄土高原为绿色高原》，《黄河建设》1960 年第 4 期。

《美国鼓吹"绿色革命"——进行政治控制和推行经济侵略》，《云南农业科技》1975 年第 4 期。

左峰辑：《什么是绿色产业》，《内蒙古财经学院学报》1994 年第3 期。

梅洪常、申雄、沈民：《开拓绿色产业须把握好五个重要关系》，《农业经济问题》1999 年第 8 期。

甄炳禧：《美国经济结构的调整》，《理论参考》2010 年第 9 期。

赵燕：《法国绿色经济和绿色生活方式解析》，《社会科学家》2018 年第 9 期。

朱俭凯：《法国绿色产业政策与影响》，《理论界》2015 年第 3 期。

孙巍、刘阳：《日本能源管理分析及对我国的启示》，《现代日本经济》2015 年第 2 期。

臧爽：《能源约束下日本产业结构调整的行政机制的效果及其特点——以第一次石油危机为例》，《学术论坛》2013 年第 9 期。

孙巍、刘阳：《日本能源管理分析及对我国的启示》，《现代日本经济》2015 年第 2 期。

苏竣、张芳：《政策组合和清洁能源创新模式：基于光伏产业的跨国比较研究》，《国际经济评论》2015 年第 5 期。

徐康宁、邵军：《自然禀赋与经济增长：对"资源诅咒"命题的再检验》，《世界经济》2006 年第 11 期。

宋德勇、杨秋月：《环境规制打破了"资源诅咒"吗?》，《中国人口·资源与环境》2019 年第 10 期。

田学斌等：《新形势下我国产业转型升级认识纠偏和政策调适》，《当代经济管理》2019 年第 7 期。

贾品荣：《民生科技的政策实施绩效评价》，《中国管理科学》2014 年第 11 期。

陈洪昭、郑清英：《全球绿色科技创新的发展现状与前景展望》，《经济研究参考》2018 年第 51 期。

李玉婷、祝志勇：《制度供给与中国地区绿色创新效率》，《北京理工大学学报（社会科学版）》2019 年第 1 期。

马治国、秦倩：《论新时代我国绿色专利快速审查制度的再确立》，

《上海交通大学学报（哲学社会科学版）》2019 年第 3 期。

耿曙：《发展阶段如何影响产业政策：基于中国太阳能产业的案例研究》，《公共行政评论》2019 年第 1 期。

龚晓莺、陈健：《绿色发展视域下绿色金融供给研究》，《福建论坛（人文社会科学版）》2018 年第 3 期。

裴育等：《绿色信贷投入、绿色产业发展与地区经济增长——以浙江省湖州市为例》，《浙江社会科学》2018 年第 3 期。

卜亚、李晖：《演化博弈视角下金融科技创新监管问题研究》，《内蒙古社会科学（汉文版）》2019 年第 11 期。

胡滨、杨涵：《英国金融科技"监管沙盒"制度借鉴与我国现实选择》，《经济纵横》2019 年第 11 期。

杨玉珍：《绿色文化的理论渊源及当代体系建构》，《河南师范大学学报（哲学社会科学版）》2018 年第 6 期。

叶六奇、张静：《企业的绿色社会责任》，《经营与管理》2010 年第 1 期。

彭衡、李扬：《知识产权保护与中国绿色全要素生产率》，《经济体制改革》2019 年第 3 期。

苏竣、张芳：《政策组合和清洁能源创新模式：基于光伏产业的跨国比较研究》，《国际经济评论》2015 年第 5 期。

韩玉军、李雅菲：《美欧对华光伏产品反倾销的成因与影响》，《国际贸易》2013 年第 7 期。

郁建兴、王茵：《光伏产业财政补贴政策的作用机制——基于两家光伏企业的案例研究》，《经济社会体制比较》2017 年第 4 期。

俞国平：《制度创新是建立绿色技术创新机制的关键》，《财经论丛》2002 年第 6 期。

王军、井业青：《基于钻石理论模型的我国绿色产业竞争力实证分析——以山东省为例》，《经济问题》2012 年第 11 期。

王正环等：《构建福建绿色产业集群发展的评价指标体系》，《福建论坛（人文社会科学版）》2008 年第 4 期。

吴传清、黄磊：《长江经济带绿色发展的难点与推进路径研究》，《南开学报（哲学社会科学版）》2017 年第 3 期。

王霞等：《国家高新区产城融合度指标体系的构建及评价——基于因子分析及熵值法》，《科学学与科学技术管理》2014 年第 7 期。

王文佳、熊涓：《制造业创新发展中的制度供给效应研究》，《技术经济与管理研究》2020 年第 5 期。

汪安娜、王明远：《论绿色技术专利权社会化：含义、原则和方式》，《中国地质大学学报（社会科学版）》2017 年第 4 期。

汪明月等：《市场导向的绿色技术创新机理与对策研究》，《中国环境管理》2019 年第 3 期。

吴鸣宣：《我国绿色专利制度困境与发展路径研究》，《法制与经济》2019 年第 5 期。

王军、李萍：《绿色税收政策对经济增长的数量与质量效应——兼议中国税收制度改革的方向》，《中国人口·资源与环境》2018 年第 5 期。

王立国、鞠蕾：《光伏产业产能过剩根源与对策找寻》，《改革》2015 年第 5 期。

王冰：《市场失灵理论的新发展与类型划分》，《学术研究》2000 年第 9 期。

王吉霞：《发展绿色产业过程中的企业行为分析》，《山西财经大学学报》2009 年第 2 期。

余稳策：《新中国 70 年开放型经济发展历程、逻辑与趋向研判》，《改革》2019 年第 11 期。

邹俊、徐传谌：《国有资本支持战略性新兴产业发展——理论溯源与现实推进》，《经济与管理研究》2015 年第 3 期。

曾健民：《论中国绿色产业的发展》，《江汉论坛》2002 年第 10 期。

宗楠、孙育：《红新常态下绿色技术创新的制度保障探析》，《东北师大学报（哲学社会科学版）》2018 年第 5 期。

郑书前：《我国绿色专利联盟构建的法律思考》，《电子知识产权》2013 年第 11 期。

郑宇冰等：《战后日本科技政策演变及其执行力研究》，《科学管理研究》2013 年第 5 期。

宗楠、孙育红：《新常态下绿色技术创新的制度保障探析》，《东北师大学报（哲学社会科学版）》2018 年第 5 期。

朱春红、马涛：《区域绿色产业发展效果评价研究》，《经济与管理研究》2011 年第 3 期。

赵枫：《在新形势下我国光伏产业持续发展的思考》，《可再生能源》2017 年第 8 期。

赵国珍、王甫仁：《造起绿色长城 战胜洪水风沙——喀喇沁旗下水地乡营造护岸林介绍》，《内蒙古林业》1958 年第 9 期。

赵春明：《"一带一路"战略与我国绿色产业发展》，《学海》2016 年第 1 期。

周颖等：《基于因子分析的绿色产业评价指标体系构建模型及实证》，《系统管理学报》2016 年第 2 期。

张中华、张沛：《西部欠发达山区绿色产业经济发展模式及有效路径》，《社会科学家》2015 年第 10 期。

张玉等：《区域绿色产业发展的评价与对策研究》，《生态经济》2017 年第 9 期。

张长江等：《绿色文化、环境绩效与企业环境绩效信息披露》，《财经论丛》2019 年第 6 期。

周俊霞：《碳关税对我国纸制品出口贸易的影响分析》，《对外经贸实务》2016 年第 7 期。

张平平、李红卫：《基于嫡值法的中部六省旅游竞争力测评研究》，《中北大学学报（社会科学版）》2011 年第 2 期。

张安忠：《我国绿色产业投资机制建立与启动》，《中国人口·资源与环境》1999 年第 4 期。

张杰：《中国产业结构转型升级中的障碍、困局与改革展望》，《中国人民大学学报》2016 年第 5 期。

张金艳：《绿色专利强制实施许可制度的立法实施及完善》，《河南科技》2018 年第 18 期。

张玉等：《区域绿色产业发展的评价与对策研究》，《生态经济》2017 年第 9 期。

张琦、李欢：《知识产权制度的生态化研究》，《嘉应学院学报》2018 年第 6 期。

张芳、汪张林、邹俊：《我国新能源汽车推广策略研究——基于特斯拉推广模式的借鉴》，《价格理论与实践》2015 年第 9 期。

张芳、邹俊：《促进新能源汽车充电基础设施建设运用 PPP 模式的对策》，《重庆科技学院学报（社会科学版）》2017 年第 4 期。

张芳、邹俊、葛杨生：《地方政府科技创新政策绩效评价研究——以芜湖市为例》，《重庆工商大学学报（社会科学版）》2018 年第 4 期。

张芳、汤吉军：《新中国成立 70 年来我国绿色产业发展的历史脉络、政策现状与未来展望》，《企业经济》2019 年第 11 期。

张芳、汤吉军：《"危机"与"转机"：全球疫情蔓延背景下我国外贸企业的纾困策略》，《当代经济管理》2020 年第 7 期。

杨宜勇、温鹏莉：《日本代表性战略性新兴产业的发展》，《市场论坛》2014 年第 4 期。

张昌勇：《我国绿色产业创新的理论研究与实证分析》，武汉理工大学博士学位论文，2011 年。

《可持续发展是科学发展的基本要求》，人民网–中国共产党新闻网，http：//dangjian. people. com. cn/GB/18184772. html。

《郗彦辉：特朗普政府产业政策的基本特征》，搜狐网，http：//business. sohu. com/20181116/n555540379. shtml。

《广东省创新监测与国际对标研究智库：特朗普政府的科技创新政策给我们的启示》，搜狐网，http：//www. sohu. com/a/307470970_ 610510。

《法国出台一系列政策发展绿色经济》，新华网，http：//www. bioon. com/bioindustry/bioenergy/427866. shtml。

《日本 2019 年工业机器人订单额或减少 2.3%》，中国日报网，https：//baijiahao. baidu. com/s？id=16343719212146222398&wfr=spider&for=pc。

《深度日本光伏市场详解》，集邦新能源网，http：//www. sohu. com/a/260006185_ 115863。

《习近平对垃圾分类工作作出重要指示》，中国新闻网，http：//www. chinanews. com/gn/2019/06-03/8854595. shtml。

《新鲜出炉 2018《BP 世界能源统计年鉴》》，搜狐网，https：//m. sohu. com/a/244542655_ 719729。

《麻烦来了！研究显示：今年全球温室气体排放量达到历史最高点》，https：//baijiahao. baidu. com/s？id=1619085081684412421&wfr=spider&for=pc。

《全球新能源车销量激增 国内车企或受益》，凤凰网，http：//auto. ifeng. com/pinglun/20141010/1025735. shtml。

《2009 年中国汽车产销量跃居世界第一》，https：//www. autohome. com. cn/news/201003/98962. html？from=pc。

《2018 年中国汽车产销量连续 10 年蝉联全球第一增幅回落》，中国新闻网，https：//www. autohome. com. cn/news/201003/98962. html？from=pc。

《2018 年汽车工业经济运行情况（中国汽车工业协会信息发布会通稿）》，中国汽车工业协会统计信息网，http：//www. auto-stats. org. cn/ReadArticle. asp？NewsID=10406。

《中国充电联盟：2018 年充电基础设施同比增长超七成》，新浪网，https：//finance. sina. com. cn/roll/2019-01-16/doc-ihqfskcn7521147. shtml。

《2019 新能源汽车补贴政策出台!》，新浪网，http：//auto. sina. com. cn/j_ kandian. d. html？docid=hsxncvh5795136&subch=bauto&hpid=00042。

《国务院办公厅关于加快新能源汽车推广应用的指导意见》，中国政府网，http：//www. gov. cn/zhengce/content/2014-07/21/content_ 8936. htm。

《石油对外依存度 70%引焦虑，真的那么可怕吗》，财经网，http：//finance. ifeng. com/a/20180503/16233277_ 0. shtml。

《2018 中国油气对外依存度分别攀升至 69. 8%和 45. 3%》，搜狐网，http：//www. sohu. com/a/290713651_ 99944680。

《厉害了! 2017 中国专利统计数据出炉（附各项排名）》，IPR daily 中文网，http：//www. iprdaily. cn/article1_ 18125_ 20180118. html。

《中国专利申请数量继续在全球领先》，新华网，http：//www. xinhuanet. com/tech/2019-10/17/c_ 1125113929. htm。

《国家知识产权局就 2019 年主要工作统计数据及有关情况举行新闻发布会》，国家知识产权局网站，http：//www. gov. cn/xinwen/2020-01/15/content_ 5469519. htm。

《石油对外依存度 70% 引焦虑，真的那么可怕吗》，财经网，http：//finance. ifeng. com/a/20180503/16233277_ 0. shtml。

《搜狐财经 2018 中国油气对外依存度分别攀升至 69.8% 和 45.3%》，搜狐网，http：//www. sohu. com/a/290713651_ 99944680。

《2012 光伏企业亏损意料之中》，北极星太阳能光伏网，http：//guangfu. bjx. com. cn/news/20130515/434340. shtml。

《2013—2018 中国新增光伏装机量蝉联世界第一》，北极星太阳能光伏网，http：//guangfu. bjx. com. cn/news/20190705/990887. shtml。

《太阳能电池出口增长 47.5% 2019 年中国外贸竞争力不降反升》，北极星太阳能光伏网，http：//guangfu. bjx. com. cn/news/20200120/1037824. shtml。

《2019 年光伏组件出口：总出货量 63.61GW 晶科、晶澳、阿特斯出口额排名前三》，北极星太阳能光伏网，http：//guangfu. bjx. com. cn/news/20200203/1039612. shtml。

《2019 年光伏逆变器出口：总出货量 51.91GW 华为、阳光、锦浪出口额排名前三》，北极星太阳能光伏网，http：//guangfu. bjx. com. cn/news/20200206/1040714. shtml。

《组件出口大国印度 2020 年市场需求会发生这些变化》，北极星太阳能光伏网，http：//guangfu. bjx. com. cn/news/20200110/1035319. shtml。

《光伏业二次扩张背后的尴尬：产能过剩问题集中爆发》，新华网，http：//finance. sina. com. cn/chanjing/cyxw/2018-02-27/doc-ifyrvnsw9557750. shtml。

万钢：《各方共议新能源汽车发展》，中国能源报，2010 年 9 月 13 日，第 25 版。

后　记

　　本书是在我博士论文基础上修改而成的，其出版过程既是对我过去研究的回顾与总结，也是我探寻新的研究问题的开始。

　　在本书即将出版之际，首先我要感谢我的导师汤吉军教授，感谢汤老师让我和吉林大学经济学院结缘，感谢汤老师一直以来对我的精心指导和悉心关怀。汤老师以其严谨求学的治学态度、孜孜以求的工作作风和大胆创新的进取精神深深影响了我，他渊博的学识、开拓的思维以及敏锐的思想给了我深深的启迪。在此向汤老师致以诚挚的谢意和崇高的敬意！师恩之重，难以言表，我将在今后的学术道路上牢记老师的教诲，"百尺竿头，更进一步"，不辜负老师的殷切期望。

　　我还要感谢吉林大学经济学院和中国国有经济研究中心的各位老师，他们不但学识渊博，而且平易近人，在学习和生活上给予了我极大的关心和帮助，让我在吉林大学的学习和生活更加顺利。我还要感谢各位师兄、师姐、师弟和师妹们，他们热心又真挚、善良又体贴，他们的陪伴让我的读博生活更加愉快。

　　同时，我还要感谢我的工作单位安徽工程大学给予我读博进修的宝贵机会，感谢经济与管理学院的领导们给予出版本书的支持与帮助，本书的出版还获得了校级一流学科及校级科研项目（XJKY05201907）的资助。

　　最后，我要感谢我的家人，他们是我强大的后盾，是我温暖的港湾，是我所有动力的源泉。我要感谢我的父母和公婆，是他们一直默默支持我，无私奉献，牺牲了很多退休时光帮助我，希望他们永远健康！我还要感谢我的爱人，在我读博期间给了我精神上莫大的支持，让我后顾无忧，他总是鼓励我不要放弃，没有他的包容、体谅、理解和支持，我无法安心顺利地完成博士学业。最后，我还要感谢我的一双儿女，他们聪明、活泼、乐观、向上，看到他们可爱的身影，我觉得一切困难都是暂时的、一切努力都是值得的，希望他们学习进步、健康成长！

谨以此书献给所有帮助和支持我的人！

张 芳

2021 年 11 月 8 日